KB049313

법철학자로서의 칸트
Kant als Rechtsphilosoph

라이너 차칙 지음

손미숙 옮김

박영사

법이란 한 사람의 자의(자유로운 의사)가
타인의 자의와 자유의 보편법칙에 따라
공존할 수 있는 조건들의 총괄개념이다.

임마누엘 칸트

역자 서문

2024년은 근대 철학사에서 가장 위대한 인물 중의 한 사람인 임마누엘 칸트의 탄생 300주년 되는 해이다. 이 책은 칸트의 법사상을 다시 한번 되새기고 현재화하기 위해 독일의 저명한 칸트 전문가인 라이너 차칙 교수의 칸트 법철학에 관한 글들을 우리말로 옮긴 것이다. 칸트는 공동체의 법질서를 인간의 법적-실천이성의 능력이라고 하였으며, 공처럼 생긴 닫힌 지표면 위에서 모두가 자유롭게 공존하는 삶의 조건들의 본질, 즉 법의 근본틀을 인류에게 선물한 사람이기도 하다. 이 책에 나오는 내용의 키워드는 자유, 인간존엄, 정의, 형벌로 요약할 수 있으며, 또한 이 개념들은 법의 중심개념으로서 우리가 처해 있는 법현실이 나아가야 할 구체적인 방향을 제시하는 지표라고도 할 수 있다. 이 책을 통해 언어적으로나 사유적으로 결코 쉽지 않은 칸트의 법사상을 이해하고 공동의 법적인-삶으로 옮기는 계기가 되었으면 한다.

끝으로, 부족한 역자를 언제나 믿고 응원해주신 이 책의 저자, 학문적으로는 매우 엄격하고 철저하지만 인간적으로는 너무나 따뜻하고 자상한 (칸트적 의미에서) 진정한 법의 형이상학자(법의 모든 대상을 경험에 앞서 하나의 구조 속으로 둘 줄 아는 사유의 능력자),

차칙 교수님께 깊이 감사드리며 한없는 존경을 표한다.

2024년 일월
손미숙

역자 해제

Ⅰ. 이 책의 개요

이 책은 독일의 저명한 법철학자이자 형사법학자인 라이너 차칙 교수의 (강연문을 포함한) 12편의 글을 우리말로 옮긴 것이다. 저자의 사유적이고 학문적인 특징은 칸트 법철학의 토대 위에서 법의 근거를 밝히고 형사법의 (근본)문제들에 대한 근원적인 해결방안을 제시한다는 것이다. 칸트 (법)철학의 핵심은 인간의 자유라고 할 수 있으며, 자유는 법의 중심개념이기도 하다. 법은 실천철학의 영역으로서 법에 대한 근원적인 성찰은 현실과 유리된 단순한 사고적 유희가 아닌 실제로 자신의 세계를 변화시키는 인간의 행위와 관련되는 인간 삶의 필요 불가결한 한 부분이다.

이러한 배경 위에서 이 책의 내용은 크게 세 부분으로 나뉘어 있으며, 순서는 다음과 같다: 제1장에서는 「칸트 법철학 입문」이라는 표제하에 칸트 법철학에 대한 일반적인 인식을 얻기 위해 법철학의 존재이유와 법철학자로서의 칸트를 조명하는 동시에 칸트 법철학의 중심개념인 자유와 이에 근거를 둔 인간 존엄의 의미를 고찰하고 있다. 1장에 실린 네 편의 글들은 저자가 일반대중과 철학도 등을 [§4는 법(철)학자와 철학자 및 일반인을] 대상으로 한 강연문으로서, 문체 또한 강연의 현장감을 살려 구어체로 번역하였다; 그리고 이 내용들은 출판의 형태로는 한국에서 처음 소개되는 것이다.

제2장에서는 「칸트와 법」이라는 제목하에 칸트의 법(철학)에 대한 주요 언명을 담고 있는 저작들에 나오는 ― 해석학적으로 매우 논란이 많은 ― 칸트의 입장을 (단편적인 문어적 해석을 넘어) 칸트 철학의 전체적 맥락에서 분석하고 있다. 여기서 저자는 '법이란 무엇인가'라는 물음에 대한 칸트의 대답을 비롯하여 ― 법철학사적으로도 중요한 의미를 지니는 ― '정의' 개념 및 '도덕성과 합법성'의 구분 그리고 '법과 거짓말'에 관한 칸트의 견해를 칸트 실천철학의 바탕 위에서 탁월한 방식으로 풀어내고 있다.

제3장에서는 「칸트와 형사법」이라는 표제가 암시하는 바와 같이 (1장과 2장에서 살펴본 법의 일반적 차원과 법의 기초가 되는 보편 개념들에 대한 고찰을 넘어서) 칸트의 자유의 법철학의 지반으로부터 독일 형사법이 당면한 문제들을 분석하고 이에 대한 대안을 제시하고 있다; 법학교육을 포함한 법의 이론과 실무의 관계 및 형벌에 대한 비판적 숙고는 한국의 현상황에도 시사하는 바가 많다. 또한 잠입수사관에 관한 독일 형사소송법의 규정과 관련하여서는 이 제도가 한국에서는 낯선 것이라 하더라도 범죄 척결이라는 형사법의 일반적인 경향에 비추어 본다면 법치국가에서의 형사소송에 대한 저자의 통찰이 한국 형사소송에 주는 함의와 교훈

은 적지 않을 것이다.

Ⅱ. 칸트의 법철학, 도덕형이상학 법론의 의미

이 책의 구성에 관한 간략한 소개와 함께 칸트의 법철학에 대한 이해를 돕기 위해서는 약간의 예비적인 사전 설명이 더 필요하다. 칸트 법철학의 집대성이자 법에 대한 그의 최종언명이 들어 있는 곳은 1797년에 발간된 『도덕형이상학』의 「법론」이다. 그러나 이 법론은 — 출간 당시 저자의 나이는 73세였으며, 텍스트의 내용도 불완전하다고 평가되어 — 오랫동안 진지하게 받아들일 수 없는 노쇠한 철학자의 저작으로 간주되어 이 작품에 대한 실질적인 연구가 이루어지지 않았다. 그러다 지난 세기의 중반부터 독일에서 이러한 평가에 대한 반전이 일어났다. 끈기 있는 철저한 연구들을 통해 칸트의 법론은 법의 정신사에서 지금까지 전해진 가장 밀도 있는 것으로 판명되었다. 특히 차칙은 절대적인 확신을 가지고, 칸트의 법론이 정신적 힘이 더 이상 확실치 않은 노인의 만년작과는 정반대의 것임을 이 책을 통해 다시 한번 확인시켜 주고 있다:

칸트는 이미 (18세기의) 60년대부터 자연법에 관한 강의를 하였고, '법론'을 저술하려는 계획을 늘 가지고 있었다. 그러므로 칸트는 삼십년 동안이나 『도덕형이상학』의 텍스트에 천착하였다고 할 수 있는데, 한 천재가 어떤 저작에 이 정도의 시간을 투자할 때는 그 자체만으로도 이 작품을 진지하게 받아들여야 하는 충분한 이유가 된다. 또한 차칙에 의하면, 칸트의 법론은 그 핵심 언명들을 사유적으로 엄격하게 세부적인 것까지 하나하나 형상화한 작품으로 이해할 때에만, 즉 모든 문장이, 아니 더 정확하게는 모든 사고가 있어야 할 자기 자리에 있는 것으로 그렇게 이해할 때에 그 내용을 전체적으로 파악할 수 있다고 한다. 이 말은 칸트의 법론에 관한 그동안의 논쟁과 함께 법론의 텍스트에 대한 올바른 이해가 내용적으로는 물론이고 언어적으로도 얼마나 어려운 것인지를 간접적으로 보여주는 것이라 하겠다.

이런 맥락에서 한 가지 언급해 두어야 할 점은, 위대한 한 철학자의 사상을 접하고 이해하기 위해서는 직접 원문을 읽는 것이 가장 좋은 방법이겠지만, 칸트 법철학의 경우 법론의 텍스트가 지닌 난해함을 고려한다면 (칸트 법철학의 대가인) 차칙과 같은 뛰어난 해석자의 안내를 받으며 칸트 법사상의 세계로 입문하는 것도 칸트의 법철학뿐 아니라, 칸트의 전 철학을 이해하는 데 좋은 방도가 된다는 것이다.

나아가 칸트에서 비롯하는 독일 관념철학의 법사상에 관한 올바른 이해는 칸트에 대한 정확한 이해 없이는 불가능하며, 이런 의미에서 칸트 법철학에 대한 심도 있는 고찰과 인식은 ─ 칸트를 계승하는 ─ 피히테와 헤겔의 법철학을 이해하는 데도 꼭 필요한 것이라 할 수 있다.

Ⅲ. 칸트에게 있어 법의 문제

칸트에게 있어 법의 문제는 지상에 있는 수많은 사람들이 어떻게 자유 속에서 공존하며 살아야 하는가의 문제를 의미한다. 이 문제에 대한 답을 찾기 위해서는 경험이나 사실 이전의 선험적 통찰이 전제되는데, 단순히 경험적인 법이론은 — 칸트에 의하면 — 조각가가 만든 머리처럼 아름다울지는 모르나 뇌가 없기 때문이며, 그리고 법이 (가령 실정법과 같은) 사실성에만 방향을 맞춘다면 법은 자신을 권력과 폭력에 넘겨주는 것이나 다름없기 때문이다.

이러한 이해를 바탕으로 법의 형이상학은 인간의 이성(= 자유)으로부터 나오는 (자기의 정립과 세계의 정립에 대한 부분 영역의 체계로서) 법의 정립에 대한 체계를 말한다. 칸트는『도덕형이상학』법론에서 법의 정립에 관한 이 체계를 '법적-실천이성'이라고 부른다. 지구라는 하나의 단일한 공간에서 자유로운 개인들이 다수 공존한다는 것은 자유의 규정들을 요구하며, 이 규정들이 자유 속에서의 공동생활을 가능하게 만든다. 이러한 규정들을 만들어내는 것은 바로 인간의 법적-실천이성이다.

법적-실천이성의 능력은 법에서는 특수한 문제를 야기하는데, 이는 경험적인 토대에서 비롯하는 두 가지 논거로 인하여 생긴다: 하나는, 세상에는 나 혼자가 아닌 수많은 인간들이 존재한다는 것이며, 다른 하나는 이 수많은 인간들이 지구라는 닫힌 단일체 위에서 자유롭게 살 수 있어야 한다는 것이다. 이런 연유로 칸트의 법론에는 두 개의 곡선이 걸쳐 있는데, 한편으로는 인간의 인간으로서의 존재로 인한 모든 인간의 자유이며, 다른 한편으로는 지구라는 단일체 때문에도 항상 존재하는, 한 행위의 권능이 동시에 타자들을 제한하는 경우에 그 근거를 밝혀야 하는 어려움을 지닌 외적인 행위들이다. 그래서 법에서 문제가 되는 것은 하나의 단일한 세계에서 서로 만나게 되는 많은 주체들의 외적인 행위들이라고 할 수 있다. 지구가 구처럼 둥근 닫힌 원이 아니고 무한한 지표면으로 이루어져 있다면 이런 문제들은 생겨나지 않을 것이다. 칸트의 법론은 이러한 법의 문제들에 대한 답이다.

Ⅳ. 칸트에게 있어 자유와 법의 의미

법은 실천철학의 영역이며, 칸트에 의하면 사유의 우위성은 이론철학에 있기보다는 실천철학에 있다. 그러므로 칸트 스스로도 코페르니쿠스적 전회라고 불렀던 인식론의 혁명은 실천에서 더 큰 영향을 미쳐야 한다. 이 맥락에서 한 가지 언급해 두어야 할 중요한 것은 바로 칸트 전 철학의 핵심이자 칸트 법철학의 지반이 되는 자유의 의미이며, 칸트는 '인간의 자유'라는 개념을 근본적으로 완성한 사람이다. 인간은 의지를 지니고, 스스로 어떤 행위를 선택할 수 있으며, 자율성을 지닌 존재로서 자유롭게 존재한다. 이것은 법에도 해당된다. 인간은 자연의 존재처럼 법칙에 따라서 작용하지 않고 법칙의 표상에 따라서 행위한다. 자유는 인간의 의식적인 존재 그 자체를 말하는 것이며, 자유를 무시하거나 경시한다는 것은 인간의 존재 자체를 비이성적으로 만드는 것이나 다름없다.

칸트적 의미에서 자유는 자기결정으로서 이기적이거나 타자와 무관한 것이 아니라, 두 가지 방향에서 사회적 요소를 지닌다: 하나는 자기결정과 자의식은 타자들과의 관계 속에서만 가능하다는 것이다; 왜냐하면 인간은 인간에 의해 양육되고, 오로지 인간들 사이에서만 인간이기 때문이다. 다른 하나는, 지구는 — 서로가 더 이상 만날 필요 없이 공간적으로 무한히 멀어질 수 있는 표면이 아니라 — 공처럼 둥근 원이기 때문에 자유는 오직 사회적 자유로서만 생각할 수 있다는 것이다: 즉 한 사람과 타자는, 더 구체적으로 말하면 한 사람과 많은 타인들은 끝없이 펼쳐진 무한한 지표면이 아니라 그 자체가 닫혀 있는 표면인 살아가는 공간을 공유해야 한다. 여기서 나오는 결론은 — 더 자세한 추가적인 설명이 필요하지만 — 나에게 해당하는 것은 타인들에게도 해당한다는 것이다. 이로부터 또 다른 법철학적인 진리가 도출되는데, 그것은 바로 나 자신이 참된 것처럼 나 이외의 타인들도 참되며, 타인들이 나를 객체로서 파악하는 것이 아니라 동등한 주체로서 대하고 존중해야 한다는 것이다. 타자와의 관계는 법철학에서 승인(= 인정)관계로 설명되었다. 자유와 상호성은 지시개념이며, 하나는 다른 것을 말해준다. (상호)승인관계는 피히테에 의해 체계화되었으나, 사유의 단초는 칸트에게서 비롯되는 것이다.

또한 칸트의 실천철학에서 자유의 개념은 인간의 의식적인 삶의 실행에서의 자기입법으로서 사유와 현실의 연결을 말한다. 사유와 현실은 상호 독립된 별개의 것이 아니라, 서로 지시관계에 있다. 이런 연유로 칸트는 후기 저작들, 특히『영구평화론』과 『도덕형이상학』에서 하나의 단일한 지구 위에서 세계 법공동체의 가능성에 대한 필수조건들을 발전시킬 수 있었다. 이미 언급한 바와 같이, 법에서 관건은 공동의 자유적인 삶을 위한 규칙들을 완성하고 보장하는 것이다. 그래서 법이란, 칸트에 의하면 ─ 이 정의 또한 상세한 설명을 요하는 것이지만 ─ 한 사람의 자의가 타인의 자의와 자유의 보편법칙에 따라서 공존할 수 있는 조건들의 총괄개념이다.

V. 결어

『도덕형이상학』 법론에서 칸트는 법의 기초를 확립하고 법의 기본틀을 만들었다. 법철학자로서의 칸트는 인류에게 서로가 자유롭게 공존하는 삶의 조건들의 본질을 선물한 사람이며, 이런 맥락에서 그가 인류의 원리를 발견했다고 하는 것은 과장된 표현이 아닐 것이다. 칸트가 제시한 법의 토대와 목표는 시공간을 초월하여 모든 자유적인 법-공동체가 지향해야 할 이정표라고 할 수 있으며, 그 실현은 어떤 위대한 철학자의 인식으로 현실에서 바로 이루어지는 것이 아니라, 각각의 법공동체가 언제나 각자의 삶과 시대에 자신의 (법적) 실천이성으로 새로이 구현해야 하는 현재형으로 진행 중인 과제이기도 하다.

끝으로, 칸트의 법철학에 관한 이 책은 언어적으로도, 사상적으로도 이해하기가 쉽지 않을 것이다; 그러나 상호 토론이라는 방법을 통해 칸트의 자유의 법사상에 조금 더 쉽게 다가갈 수도 있다. 이런 의미에서 — 이 책의 저자를 대신하여 — 역자(sonm.korea@googlemail.com)에게 독자들과 칸트의 법사상에 관한 이야기를 나누며 소통할 수 있는 기회가 생긴다면 좋겠다. 또 칸트 법철학에 대한 더 깊은 이해를 원하는 독자들에게는 역자가 번역한 차칙의 〈자기존재와 법, 2018〉, 〈형법상의 불법과 피해자의 자기책임, 2019〉 그리고 〈자유와 법, 2021〉을 읽어 보길 추천한다.

차 례

제 1 장 칸트 법철학 입문

제 2 장 칸트와 법

제3장 칸트와 형사법

제1장

칸트 법철학 입문

§1 무엇을 위해서 법철학을 하는가?

오늘 여러분 앞에서 이 강연을 할 수 있도록 초청해 주신 데 대해 진심으로 감사드립니다. 제가 들은 바에 의하면 이 동아리는 이른바 펜싱 단체인데, 검劍을 가지고 격투하는 것은 전반적으로 평화를 더 좋아하는 나의 노선과는 맞지 않지만, 여러분이 타인들이 아닌 스스로를 치고 괴롭히는 한 나에게 크게 문제될 것이 없다고 생각해서 기꺼이 초청에 응했습니다.

법철학에 관한 강연을 해달라는 제안을 받고 나는 이 제안을 받아들였습니다. 이 강연을 들으시는 분들은 모두 자발적으로 이 자리에 오신 것이길 바라며, 여러분들에게 오늘의 주제는 슬라이드 필름도 없고, 파워 포인트도 없고, 농담도 없고, 오로지 사유의 노력만을 의미할 것입니다. 그러나 이것은 현재 여러 가지 이유들로 인해 정신의 무력증으로 신음하는 독일에 필요한 것이며, 무엇보다도 청년들의 노력을 필요로 하는 것이라 생각합니다.

그럼 주제에 대해서 이야기해보겠습니다: 무엇을 위해서 (무엇 때문에) 법철학을 하는가? 행사 주최 측의 프로그램 안내장에는 오늘 강연의 제목이 '법철학 — 무엇을 위해서 하는가?'라고 소개되어 있습니다. 나 자신은 처음부터 제목을 '무엇을 위해서 법철학을 하는가?'라고 제안했습니다. 법조인으로서, 하지만 또 법철학자로서 언어를 주의 깊고 양심적으로 사용해야 한다는 것을 배웁니다. 자세히 살펴보면 두 표현은, 단어들의 위치에 차이가 있습니다. 공통점은 물음표입니다. 그렇지만 나의 표현은 '무엇을 위해서'를 맨 앞에 배치함으로써 목적관계, 기능에 우선순위를 두는 반면에, 프로그램 안내장의 표현은 법철학 자체를 맨 앞에 배치함으로써 법철학을 우선적인 것으로 규정하고, 그다음에 비로소 그 기능에 대해 묻습니다. 이러한 가벼운 혼란의 특이한 점은 나 자신이 이 강연에서 일차적으로는 바로 이것을 말하고자 했다는 데 있습니다 ― 즉 무엇을 위해서, 무엇 때문에 그것이 존재하는가를 묻기 전에 항상 그것이 무엇인지를 먼저 물어야 됩니다. 이 단계가 여러분들에게 친숙해지도록 하기 위해서 강연의 제목에 관한 이 같은 짧은 객담을 나누었습니다.

그럼 법철학 ― 이것은 무엇인가? 우선은 내가 생각하기에 확실하게 법철학이 아닌 것이 무엇인지를 말함으로써 그 대답에 가까이 가 보도록 하겠습니다: 법철학은 외적인 종류의 교양을 경험하기 위해 들어가는 아름다운 사상들의 박물관이 아닙니다. 여기는 플라톤이 있고, 저기는 헤겔이 있고, 저쪽에는 칸트가 있고, 흐음, 그래 대단하군 ― 그러다 스스로에게 말합니다: 빨리 여기서 나가자. 법철학을 이렇게 본다면 7일 만에 유럽여행을 하는 것과 같은 인식의 가치가 있습니다. 법철학은 완전히 다른 것입니다 — 그리고 완전히 다른 이것은 철학 전체와 관련되고, 이 분야를 공부하는 사람이 지녀야 하는 태도에도 영향을 줍니다. 칸트는 철학을 배울 수 있는 것이 아니라, 철학하는 것만을 배울 수 있다고 말한 바 있습니다. 보시다시피 우리는 주제를 또 한 번 변경했습니다; 법철학하는 것은 무엇인가?라고 이제 질문해보도록 하겠습니다.

그럼 철학을 배울 수 있다는 것은 무엇을 의미하는가? 철학을 배우면 외적인 사상체계들의 큰 흐름; 종종 인상적인 구성의 큰 줄기를 배우지만, 이런 식으로 보면 모방할 수 없는 방식에서 죽은 것을 배우는 것입니다. 갑이라는 철학자는 이렇게 말하고, 을이라는 철학자는 저렇게 말하고, 병이라는 철학자는 또 다르게 말합니다. 반대로 철학하는 것을 배운다는 것은 무엇을 의미하는가? 그것은 철학은 이미 자기 사상의 시작부터 촉구한 것을 파악하는 것이며, 철학은 바로 텍스트로 굳어진 자기사상으로서 삶에 대해 깊이 생각함으로써 자기사상에 삶을 불어넣을 수 있다는 것을 말합니다; 그렇지만 이러한 성찰은 타인의 사상에 수동적으로 매진하고, 그것을 외적으로 파악하려고 노력하며 더군다나 '인지하려는' 방법으로는 안 됩니다: 중요한 것은 타인의 사고를 자기 자신의 생각과 연결하여 자신의 질문이 그렇게 해서 해결되거나 아니면 비로소 자각될 수 있다는 점입니다 — 그러나 이것은 자신의 질문을 항상 자신의 사고를 통해 자기 것으로 삼는다는 것입니다. 누군가는 이렇게 말할 수도 있을 겁니다:

저기는 위대한 플라톤이 있고 ― 여기는 내가 있네! ― 그리고는 쉽게 낙담합니다. 이는 잘못된 것입니다. 다시 칸트를 인용하는데, 이번에는 유명한 계몽의 표어입니다: "너 자신의 오성을 사용할 용기를 지녀라." 이러한 용기는 유감스럽게도 오늘날 그다지 굳건해지지 않았습니다. 그러나 스스로 사유하는 자는 또 확고한 지위를 가진 (기득권층의) 정치권력에게는 너무나 불편하기도 합니다.

그러므로 법철학을 하면 스스로 사유 속에서 열광해야 합니다 ― 그 반대로 냉담하게 있는 것은 있을 수 없는 일입니다. 그렇지만 우리는 지금, 법철학이란 무엇인가?라는 문제 제기를 진전시키지 않으면 안 됩니다.

이것을 분명히 이해할 수 있도록 독일 실정법, 즉 제정법의 임의의 한 문장을 살펴보겠습니다(마찬가지로 임의의 외국 법질서의 임의의 한 문장을 살펴볼 수도 있을 겁니다): 수준을 다소 높게 잡아서 기본법 제14조의 한 문장을 보겠습니다: "재산권과 상속권은 보장된다." 상속권은 무시하고 재산권만 살펴보도록 하겠습니다. 이 권리는 헌법에 의해 보장됩니다; 이것으로 어쨌든 사적 재산권도 인정된다는 것입니다. 이 명제는 유효한 것으로서 현행 독일법입니다. 유효하다는 것은 이 명제는 인정되고, 이 명제는 법의 위계질서에 따라서 토대가 되며, 이 명제는 특정한 의미에서 법원 등에 의해 적용된다는 것을 말합니다. 이 명제는 규범, 본보기이기 때문에 사람들은 이를 따릅니다.

그럼 이것으로 이 명제는 법인가? 이 질문은, 방금 이것은 독일 현행법이라고 말했기 때문에 다소 불필요한 것으로 여겨질 수도 있습니다. 그렇지만 여러분은 미세한 차이를 들었을 겁니다: 그것은 현행 독일법, 실정법, 제정법입니다. 그것은 일정한 절차에 따라서 실현되며 기본법의 효력 내에 있습니다. 만약 헌법에 "재산권은 폐지되었다."라고 적혀 있다면 이 명제도 일정한 절차에 따라 실현될 것이고, 또한 기본법 내에서 효력을 가질 것입니다. 분명히 '법'과 '제정된 법'(실정법) 간에는 차이가 있습니다; 그것은 아마도 '친구'와 '진정한 친구'의 차이처럼 아주 미세한 차이일 수 있으나 차이는 존재합니다.

이 지점에서 분명해지는 것은 현행법은 그 근거를 그 자체로부터 완전히 밝혀낼 수 없으며 근거 위에서 정립할 토대를 필요로 한다는 점입니다 — 여러분은 법철학이 이 토대를 정립해야 한다는 것을 이제 어렴풋이나마 알 수 있을 겁니다. 이 점을 『도덕형이상학』에서의 칸트만큼 잘 묘사한 사람은 없으며, 여기서 그는, 지금 인용하는 이 책은 비록 1797년에 발간된 것이지만, 현행 법조인 양성교육의 한 특성을 뚜렷하게 드러나게 했습니다. 칸트는 『도덕형이상학』에서 다음과 같이 말합니다: 통상의 법(률)학자는 '무엇이 법인가?'라는 질문에 기껏해야 법률이 일정한 지역과 일정한 기간에 말하는 어떤 것을 기계적으로 말할 것이다; 그는 기본법 제14조는 지금 효력을 발휘하는 독일법이고, 이에 대한 연방헌법재판소의 판결은 어떠하며, 문헌에서는 이 조

문을 어떻게 이해하는지 등을 설명할 수 있을 것입니다. 그런데
— 칸트의 말을 다시 보면 — "법학자가 가능한 실정 입법을 위한
토대를 수립하기 위하여 (…) 일시적으로 경험적 원리를 버리지
않고, (법학자에게 실정 법률이 입법을 위한 주된 길잡이가 될 수 있다고는
해도) 판단의 근원을 순전한 이성 안에서 찾지 않는다면, 그들이
원하였던 것이 또한 정당한 것인지를 인식할 수 있는, 그리고 법
과 불법임을 (…) 인식할 수 있는 보편적 기준은 찾지 못할 것이
다." 그러고 나서 칸트는 현재의 법조인 양성교육에도 아무 문제
없이 적용할 수 있는 것을 말합니다: "단지 경험적이기만 한 법이
론은, 즉 단순히 현행법만을 근거로 하는 그러한 법은 조각가가
만든 두상처럼 아름다울지는 모른다; 그런데 그것이 뇌가 없다는
것이 유감이다."

　칸트의 이러한 생각은 법철학적인 모든 성찰의 단초가 되기
때문에 이를 다시 살펴보도록 하겠습니다. 그것은 바로 실정법인
데, 현행법에 정통해지는 것을 과소평가해서는 안 됩니다; 법률
가라면 누구나 이 과제가 지닌 어려움이 어떤 것인지를 알고 있
습니다. 그렇지만 현행법 내에서만 움직이는 것은 무엇이 법인가
에 대한 완전한 인식을 위해서는 불충분합니다. 왜냐하면 이 관
계에서 나치-법률가는 (구동독의) 사회주의통일당-법률가와 구
분되지 않으며, 이 둘 모두는 — 도발적으로 들리겠지만 — 독일
연방공화국의 법률가와 아무런 차이가 없기 때문입니다. 그들은
체계화하고, 해석하고, 적용합니다. 이러한 형태의 법률가는 언

제나 정치권력의 총아였습니다: 그는 권력이 자신에게 시키는 것을 실행하는 좋은 인성을 가진 일종의 한 차원 높은 얼치기입니다. 무엇 때문에 현재 권력을 가진 정치계급이 이 같은 제한적인 두뇌들을 양산해내는 데 그렇게 큰 관심을 가지는지는 생각해 볼 가치가 있습니다.

법학의 일부는 기초에 대한 성찰이며 또 그래야 하기 때문에 온전한 의미에서의 법학은 권력에 내맡겨지지 않습니다. 기초에 대한 성찰이 없는 법학은 내비게이션 없이 대양을 항해하거나, 물리학 없이 우주비행을 하는 것과 같습니다. 법에 필요한 기초에 관한 이러한 성찰을 하는 것이 법철학입니다. 그렇지만 이 맥락에서 ― 분명히 지적해 두고 싶은 것은 ― 철학을, 이 개념을 오늘날 흔히 사용되는 영혼이 없는 천박한 방식으로 이해해서는 안 된다는 것입니다(즉, 아침 식사에 차 대신 커피를 마시는 것이 나의 철학이다 라든지, 아니면 새로 개발한 신형 자동차를 가지고 주행테스트를 암암리에 진행하는 것은 모든 자동차 회사의 철학이 되어야 한다 등등).

오히려 철학은, 그리하여 법철학은 본질적인 기초학문입니다; 이것은 어중간하게 해서는 안 되고 철두철미하게 해야 됩니다. 그러나 이렇게 해서 어려움이 비로소 제대로 시작됩니다. 왜냐하면 철학에 관심을 가져본 적이 있는 사람이라면 누구나 다음과 같은 경험을 했을 것이기 때문입니다: 동서고금의 다양한 철학체계를 앞에 갖다 놓으면 어떤 사람은 참으로 절망에 빠지게 됩니다. 이 중에 도대체 어떤 것이 타당한 것이며, 많은 진실들이 존재하는 것은 아닐까 등등.

　　그렇지만 이것은 피상적인 회의입니다. 철학사는 이 질문 혹은 이 회의에 대해 하나의 답을 얻었습니다. 답의 성격을 쉽게 이해할 수 있도록 하기 위해서는 다소 소급해서 말할 필요가 있습니다. 서양의 철학사에서는 두 번의 정점을 찍은 적이 있는데, 말하자면 그 안에서 정신의 핵융합이 일어났습니다. 첫 정점은 고대 그리스 철학을 통하여, 즉 전승되는 플라톤과 아리스토텔레스의 텍스트에서 이루어졌습니다. 이렇게 해서 지혜는 신에게서 탈취되어 인간의 과제로 파악되었습니다. 약 이천년 후에 사상의 제2 정점을 맞았습니다. 그것은 칸트로부터 비롯되는 독일 관념주의 철학입니다. 이 철학 안에서 모든 철학의 시작부터 그 자체에 내포되었던 사상이 전개되고 완성되었습니다: 그것은 바로 인간의 정신은 모든 개개인 속에 살아 있는 이성이며, 이 이성을 통해서 세상을 경험하고 세상을 구체적으로 만든다는 것입니다. 인간의 이성은 근거를 밝히는 것입니다. 인간의 자기성찰성에 대한 이 관점의 특별한 성격은, 광범위하게 이해한 어떤 개념에서 포착하여 표현하고 요약할 수 있습니다: 그것은 바로 자유입니다. 그리고 이 개념이 가령 근대에서 본질적으로 전개되고 규정되었다 하더라도, 근대에 와서야 비로소 그 힘을 펼칠 수 있었다는 것은 아닙니다: 인간의 사유는 시작하기만 하면 자유는 생깁니다. 디터 헨리히(Dieter Henrich, 1927-2022)는 자유에 관하여 이렇게 말한 바 있습니다: "사유의 길은 자유로 가는 진보이며, 자유로부터 나오는 진보인 동시에 자유 속에서의 진보이다."

어느 기초개념의 이러한 확장으로써 철학은 많은 회의를 물리친 인식을 얻었습니다: 즉 철학은 무감각한 가재도구가 아니며, 지적인 잡동사니나 퇴색한 보통의 잡담이 아니라 살아 있는 사유이기 때문에 그 모든 형식과 형태에서 질문하고 성찰하는 개개 의식과 연결됩니다.

이러한 사고를 확실히 파악하였다면 사유에서 엄청난 행보를 내디딘 것입니다: 즉 각 개인의 인식과 관련하여 모든 사고 가능한 이론의 틀에 대한 하나의 통일된 기준을 발견한 것입니다. 각 인격의 이성능력에는 한 토대가 표현되어 있는데, 이 토대는 사실상 이 토대로부터 시작하여 인간과 인간을 둘러싼 세계 그리고 타자들과 함께 공유하는 세계에 대한 참된 언명을 획득할 수 있게 해줍니다.

이러한 토대는, 독일 기본법 제14조(재산권과 상속권의 보장)와 같은 명제가 내용상 타당한지를 물을 수 있는 이론의 맥락으로부터 사유상 아주 멀리 떨어져 있는 것처럼 보일 겁니다. 그렇지만 한편으로는 현행법의 이해에 대한 통찰을 얻기 위해서는 이러한 토대로부터는 당연히 추가적인 단계들이 필요하나, 이 단계들은 또 설명할 필요가 있으며 공감할 수 있는 것임을 보여주고자 합니다.

이 모든 것에 결정적인 것은 인간은 이성적이고 자유롭다는 출발점인데, 이것은 무슨 의미인가? 이러한 물음에 대한 대답은 타인들을 관찰하고 지켜보는 것으로는 얻기 어려울 것입니다. 이 것이 바로 일반적으로 이 분야에서 나타나는 가장 흔한 오류입니 다. 왜냐하면 자신도 모르게 스스로 부감도(= 위에서 아래로 내려다 보는)의 위치로 이동하여, 그 위치에서 어떤 현명한 사람이 쉽게 타자들에 관하여 말하도록 두는 데 대해 타자들은 사실상 방어할 수 없기 때문입니다. 칸트 이후 철학은 다른 길을 갔지만 (이를 진 지하게 받아들인다면), 그 길은 또한 ― 그 길을 택한 후에 ― 인간 에게 비로소 실제로 그의 존엄을 생각하면서 훨씬 적은 월권을 야기했습니다. 그것은 자기반성의 길입니다. 이성과 자유에 대한 질문은 일차적으로는 타자들에게 하는 것이 아니라, 개개인과 각 개인을 통해 스스로에게 하는 것입니다. 이때 다소 특이한 점은 벌써 여기서 효력을 발휘하는 힘입니다. 인간은 스스로에 대해 성찰하는 힘을 가지고 있으며, 이것은 단순한 능력이 아닙니다; 인간은 스스로에게 '나'라고 말할 수 있으며 ― 그리고 자기 자신 에 관한 이러한 앎은 발전된 의식에 한 방법으로 사용되는데, 이 것은 그 밖의 알고 있는 모든 것과 구별됩니다. 그렇지만 어떤 사 람들은 이러한 '나'를 찾는 데 큰 어려움을 겪습니다; 어떤 사람 은 나를 찾기를 원치 않습니다(오히려 자기를 나라고 하기보다는 달에 있는 한 덩이 용암이라고 생각하도록 해야 하는 사람들이 있다고 언젠가 피 히테는 말한 바 있습니다); 어떤 사람들은 또 자기가 될 수 없으며, 이것은 동일성 형성에서 있을 수 있는 장애를 말해줍니다. 그러 나 원리적으로 보면 그것은 자기성찰의 이러한 능력이며, 그 기반은 자유입니다.

이러한 자유는 이론적 인식에서는 인간이 세계의 사물들을 인식하고 파악할 수 있게 합니다; 인간은 동물처럼 법칙에 따라서 살지 않고 법칙의 표상을 발전시킬 수 있습니다. 인류의 자연에 대한 모든 인식은 심장외과에서부터 천문학까지 이러한 능력 덕분입니다. 인간의 자유는 행위가 문제되는 데서 더 분명하게 드러날 것입니다(이성에 대해서는 곧 이어서 말하도록 하겠습니다): 인간은 자기결정이 가능합니다; 인간은 본능적 진행에 따라 흘러가는 것이 아니라, 어떤 행위상황에서 무엇이 올바른 행동인지를, 말하자면 내적으로 자문하는 능력을 지니고 있습니다. 이때 인간은 내부에 하나의 나침반을 가지고 있으며, 이것은 행위에서 자기결정을 허용하지만 외부세계와 분리되어 있지 않습니다; 이것이 바로 "네 행위의 준칙이 동시에 보편법칙이 될 수 있도록 행위하라."는 정언명령의 유명한 공식입니다. 이것으로 말하고자 하는 것은, 인간은 두뇌를 가지고 대지 위에 떠 있는 보편적 이성의 구름 위에서 부유하는 것이 아니라, 오히려 그 반대로 땅 위에 서서, 그리고 땅 위에서 행위하면서 그럼에도 올바른 것을 실현할 수 있고 자신의 행위를 보편성에 맞출 수 있다는 것입니다. 원리에 따라 자기를 세상과 연결할 수 있는 사유의 이 가능성은 이성입니다.

이렇게 해서 일차적으로 내용상 우회시켜 표현한 모든 법철학의 출발점을 더 상세히 소개하기 전에 한 가지 언급해 둘 것이

있습니다: 자기결정의 이러한 형태를 오늘날 많은 이들이 자유하면 연상시키는 일종의 여피족의 자기애 및 사회망각과 결코 혼동해서는 안 된다는 점입니다. 이 입장에서 '나는 자유롭다'는 '타인들이 무슨 상관인가?' 그리고 인간은 팔꿈치는 두 개지만 머리는 하나이기 때문에, 다수결 원리에 따르면 나의 양쪽에 있는 모든 것을 양보해야 한다는 것이 증명되었습니다. 지난 20년간 강하게 부각되었고, 경제적인 글로벌 플레이어의 시기에 구현된 이러한 시각은 잘못된 것이며, 조속히 제 정신을 차리지 않는다면 오류는 나쁜 결과를 초래하게 될 것입니다. 왜냐하면 자유는 자기결정으로서 두 가지 방향에서 사회적 요소이기 때문입니다: 하나는 자기결정과 자의식은 타자들과의 관계 속에서만 가능하다는 것입니다; 인간은 인간에 의해 양육되고, 오로지 인간들 사이에서만 인간입니다. 다른 하나는 자유는 오직 사회적 자유로서만 생각할 수 있는데, 지구는 공처럼 둥근 원이기 때문입니다: 한 사람과 타자는, 더 현실적으로 말하자면 한 사람과 많은 타인들은 무한한 표면이 아니라 그 자체가 닫혀 있는 표면인 살고 있는 공간을 공유해야만 합니다.

　이 모든 것의 전체적인 결론은 나에게 해당하는 것은 타인들에게도 해당한다는 것입니다. 이것으로부터 또 다른 법철학적인 진리가 도출됩니다: 나 자신이 참된 것처럼 나 이외의 타인들도 참되며, 타인들이 나를 객체로서 파악하는 것이 아니라 동-주체로서 대하고 존중해야 한다는 것입니다. 타자와의 관계는 법철학

에서 승인(= 인정)관계로 설명되었습니다. 그러므로 자유와 상호
성은 지시개념이며; 하나는 다른 것을 말해줍니다.

이제 이러한 토대로부터 개개 인격에 관한 기타 사안의 언명
을 얻을 수 있습니다. 그래서 예를 들면 인격체의 현존재는 육체
의 도움을 통해서만 가능하며, 인격체는 육체 속에서 그리고 육
체를 통해 세상에서 행동합니다. 나아가 인격체는 세상에 존재하
기 위해서 한 덩이의 지면을 필요로 합니다. 인격체는 유한한 존
재이기 때문에 자기 자신을 보존하고 스스로 결정하며 행위하기
위해서도 외부세계의 한 부분을 필요로 합니다; 이 영역이 크든
작든 인격체는 먼저 스스로 결정할 것입니다. 여기서 서두에서 말
한 재산권에 관한 우리의 명제가 빛을 발하는 것을 보게 됩니다.

이렇게 규정된 인격체들이 서로 한 관계에 있게 되면서 대립
과 분쟁의 가능성이 생겨납니다; 이것은 예컨대 인간들 서로가
전제한 악의에 있는 것이 아니라, 한 사람은 오로지 자신의 행위
공간만을 결정할 수 있으며, 타인에게는 법적 효력을 가지고 그
의 행위 공간을 지정해 줄 수 없기 때문에 이미 조건화된 것입니
다. 이 점에서부터 ― 중립을 지키는 ― 법관의 제도까지 노력하
는 것이 인간이성의 근원적인 법능력입니다. 이렇게 해서 법관직
의 차원과 동시에 법의 일반적 차원이 언급되었습니다: 자유의
현존재는 현실적으로 어떤 보편 영역의 존재를 통해서만 가능하
며, 이 보편 영역에서 각 인격체의 법관계가 타당하게 규정됩니
다. 이것을 개인이 할 수는 없고, 이것을 할 수 있는 것은 오로지

한 심급뿐인데, 국가철학사에서는 이것을 루소 이래 '일반의지'
라고 부릅니다. 이것은 국가의 차원이며, 국가는 제정된 일반 자
유이고, 국가 안에서 실정법이 만들어집니다.

　이러한 실정법은 이 점에서 ― 그리고 이제야 원이 완성됩니
다 ― 그것이 개개 인격에 대해 보편적인 것으로 나타난다 하더
라도 각 인격에게 낯선 것이 아닙니다. 자유주의 국가에서 발전
은 인격을 근거로 하여 상호인격성을 넘어 국가로 실현되기 때문
에 실정법은 자유의 본질을 가지고 있습니다 ― 국가가 아직 이
자유의 본질을 가지고 있지 않다면 그것은 수정되어야 하는 법입
니다. 따라서 이렇게 이해한 실체적인 법철학은 현행법에 맞서는
비판적인 가능성을 획득한 것입니다.

　지금까지 언급한 것들은 더 정확한 완성, 심도 있는 근거가 필
요하다는 점을 유념할 필요가 있습니다. 그럼에도 나는 이 같은
상투적인 말 뒤로 숨지 않을 것인데, 나의 법철학에 관한 확신의
본질적인 것은 말했기 때문입니다. 그래서 이러한 배경 위에서
또 종종 이 이성 중심적인 법의 도출에 대해 제기된 이의에 관하
여 살펴보고자 합니다: 이러한 근본적 규정으로부터 어떻게 개별
규범들을 이끌어 낼 수 있는가? 독일 기본법 제14조(재산권과 상
속권의 보장)가 지금처럼 이렇게 표현되어야 하는 것은 무엇으로
부터 나오는 것인가, 혹은 ― 더 전문적으로는 ― 민법의 의사표
시에 관한 규정이나 건축법의 규범 등은 어디에서 도출되어야 하
는가.

이에 대해서는 다음과 같은 것을 말할 수 있습니다.

먼저 구체적 법규정들에 대한 이러한 해결은 법철학의 과제가 아니라는 점입니다. 여기서 규정한 의미에서의 법철학은 기초원리를 결정합니다; 헌법과 국가구조의 원리를 위해 법철학은 이러한 추론의 관계를 요구하고 또한 이것을 얻을 수 있습니다. 그렇지만 이 외에 자유적인 법이해는 그 전제에 따르면 소위 빈 공간(= 여지)을 두고 있어야 하는데, 이 공간은 개인들에 의해 채워집니다. 그리고 이러한 개인들은 살아서 활동하는 주체들이기 때문에 법은 항상 그리고 불가피하게 어떤 역동적인 요소를 가지며, 이 요소는 법의 세부적인 다양한 형태들을 생겨나게 합니다. 그러므로 한 사람의 현자가 실크해트(= 마술할 때 쓰는 검정비단모자)에서 민법의 규정들을 마법을 부려 만들어낸다는 것은 불가능하며; 그 규정들은 그 자체가 반드시 공적인 절차에 따라 만들어져야 합니다.

그러나 이 밖에도 (독일) 민법 제123조(기만이나 협박에 의한 의사표시의 취소가능성)를 비난할 수 있다는 요구에 대해서는 다음의 것을 말할 수 있을 것입니다: 법에 관한 모든 숙고는 영(0)이라는 어떤 시간에 일어나는 것이 아니라, 항상 법이 존재하는 — 그것이 미진하다 하더라도 — 상황으로부터 일어납니다. 우리는 이미 현행법, 존재하는 국가 등을 가지고 있습니다. 이 점에서 사고는 구시대에서 우리에게 온 모든 것을 비이성적이라고 매도하며 거만해지지 않아야 합니다. 그 세대와 더불어 최초로 숙고하기 시작했던 각각의 한 세대의 일정한 발전단계에 속하는 것이라고 믿을 수도 있습니다. 그러나 이것도 다시 진정하고 나면 유감스럽게도 40대에게서 흔히 관찰할 수 있는 일종의 가사 상태의 보수주의에 빠집니다. 올바른 길은 흔히 그러하듯 중도에 있습니다: 또한 칸트에 의하면 현행 실정법은 이성법의 원리들이 어떤 방법으로 만들어질 것인가에 대한 길잡이가 될 수 있습니다. 그렇지만 다른 한편으로 여기서 확고한 것은 비판적인 성찰 자체는 자유롭다는 점입니다; 그것은 역사적으로 전승된 것을 검토할 수 있고, 인정하거나 비판할 수 있습니다. 법을 모두의 자유의 관점에서 발전시키고 향상시키는 것은 항상 촉구되는 것입니다.

무엇이 법철학인지를 지금까지 대략적으로 보여주었습니다. 이것으로 또한 '무엇을 위해서 (무엇 때문에) 법철학을 하는가?'라는 물음이 전혀 제기될 수 없다는 것도 보여주었습니다. 이것은 여기는 현행법이 있고, 그 옆에는 한 희귀과목이 있는데, 이것을 법철학이라고 하며, 이것을 위한 시간은 저녁과 (성탄절과 같은) 대명절에 잡아 놓고서 그때 가서 무엇을 위해서 이것이 존재하는지를 한 번 물어볼 수 있는 그런 과목이 아닙니다. 이렇게 보면 이 강연이 끝난 후에 마침내 이 강연의 제대로 된 제목을 찾았습니다: 그것은 바로 '법철학!'입니다.

§2 법철학자로서의 칸트

    이 강연 시리즈에 초청해 주신 데 대해 감사드립니다. 철학도인 여러분들이 법학자의 이야기를 짧게나마 한 번이라도 경청해 보고자 하는 것이 나에게 얼마나 영예로운 일인지를 잘 알고 있습니다. 그리고 본Bonn대학교 철학과가 칸트 철학에 대한 연구에서 얼마나 뛰어난 전통을 지니고 있는지도 물론 알고 있습니다; 그래서 이 강연은 나에게도 하나의 도전입니다. 그렇지만 이 모든 것은 먼저 칸트의 이름과 그가 한 일들을 애써 말하지 않아도 되는 이점이 있습니다. 이 강연문을 다 쓰고 나서 여러분들이 나에게서 무엇을 기대할 것인가를 자문해 보았습니다. 아마도 복잡한 법조문의 미로 속에서 헤매고 다니며 칸트에게서 위안을 찾거나, 아니면 인격의 개념이나 인간의 존엄이 문제될 때 그를 잠시 찾아보는 법조인의 모습은 아닐까? 미리 말해두건대, 이 모습이라고는 하지 않겠습니다. 나에게 정말 중요한 것은 법철학자로서의 칸트이며, 이 분야에서 칸트의 작품을 사상적으로 분석하는 것은 철학도와 법학도 모두에게 동일한 이익을 가져다준다는 것을 확신합니다.

    이 점에서 당연히 철학 자체에서도 '법철학자로서의 칸트'라

는 주제는 가령 '초월철학의 창시자로서의 칸트'와는 다른 울림
이 있습니다. 그 이유로는 두 가지를 들 수 있는데, 하나는 1797
년에 발간된 『도덕형이상학』에 나오는 칸트의 법론이 오랫동안
진지하게 받아들일 수 없는 노년의 저작으로 여겨졌다는 데 있습
니다. 벡Beck 출판사에서 (2004년) 칸트 서거 200주년을 맞아 베
스트셀러를 기대하고 발행한 만프레드 퀸(Manfred Kühn, 1947-)
의 칸트 전기에서도 칸트의 법론에 관하여 이런 잘못된 설명을
하고 있습니다; 게다가 퀸은 너무나 결함이 많은 이 장에서 안색
하나 변하지 않고 영국의 엘리트 대학들에서조차도 30년은 족히
연구 상황에 뒤처질 수 있다는 것을 보여줍니다. 왜냐하면 사실
지난 30여 년간 이 점에서 많은 변화가 있었기 때문입니다; 이에
대해서는 다시 언급하도록 하겠습니다.

철학자들이 법(= 올바른 것, 권리, 정의)에 대한 연구를 주저하
는 또 다른 이유는 인간의 의식적인 삶에 대한 이 영역의 중요성
을 과소평가하는 데 있으며, 이것은 비단 철학자들만 그런 것이
아닙니다. 철학 자체에서처럼 법에서도 인간의 근본적인 방향설
정 중의 하나가 거론된 것입니다. 모든 인간이 철학을 하는 것처
럼, 모든 인간은 또한 정의에 대한 의견을 가지며, 둘 다 아직 매
우 단편적인 형태로 존재한다고 하더라도 말입니다. 철학에서
위대한 인물들은 항상 이것을 알고 있었습니다; 플라톤의 국가
론에서부터 아우구스티누스의 신국론, 토마스 폰 아퀴나스, 홉
스, 루소, 칸트에 이르는 일련의 중요한 작품들은 수천 년 넘게

영향을 미치고 있습니다. 왜냐하면 인권(= 인간들의 권리)은 신의 눈동자이기 때문입니다 — 이것은 『영구평화론』에 나오는 말의 인용입니다; 인권은 "신이 지상에서 가진 가장 신성한 것"이라고 합니다. 이 지상의 사회운동 중에서 인정을 받으려고 하면서 "정의를 실현하기 위해서"라는 주장을 하지 않는 사회운동은 없습니다. 그러한데 이것이 인문학(그리고 무엇이 인간들을 가장 먼저 인간이 되게 하는가를 연구하는 학문)의 대상이 아니라는 말인가요, 권리(= 법)를 위해 노력하는 것이 인문학의 대상이 되어서는 안 된다는 말인가요?

칸트는 이 일을 했습니다 — 그리고 그가 얼마나 훌륭하게 이 일을 해냈는지를 보여주고자 합니다. 그가 이 일을 훌륭하게 해냈다는 것은 이제 칸트 연구에서도 인정하고 입증되었습니다.

칸트는 이미 (18세기의) 60년대부터 자연법에 관한 강의를 하였고, '법론'을 저술하려는 계획을 항상 가지고 있었습니다. 그러므로 그는 30년 동안 『도덕형이상학』의 텍스트에 천착하였다고 말할 수 있는데, 한 천재가 어떤 저작에 이 정도의 시간을 투자할 때는 그 자체만으로 이 작품을 진지하게 받아들여야 하는 충분한 이유가 됩니다. 그러나 더 나아가 『도덕형이상학』의 경우 이 작품은 칸트 자신의 철학의 전개에도 중요하다는 것입니다: 칸트는 법의 문제들에서 현상계와 예지계의 관계를 새롭게 규정해야 하는 필요성에 직면했습니다.

그렇지만 하나하나 단계적으로 살펴보도록 하겠습니다. 18세기는 계몽의 중심개념, 자유의 기치하에 문자 그대로 왕권을 붕괴시켰습니다 — 어쨌든 프랑스에서는 그랬는데, 헤겔의 유명한 말에 의하면 혁명이 독일에서는 사상으로 표명된 반면에, 프랑스에서는 현실로 휘몰아쳤습니다. 사유에서의 이 혁명은 어디에 있는가? 그것은 인간의 정신에 내재하는 힘이 완전히 개발되어 고대 이후 서양 정신사의 제2의 정점을 위한 토대가 마련되었다는 데 있습니다: 사유는 반성적으로 되었고, 스스로의 근거를 밝히는 힘 속에서 인식되었습니다. 그리고 자신의 초월철학을 가지고 사유의 공간으로 들어가는 문을 연 사람이 칸트였으며, 그를 계승한 철학자들에 의해서 이 사유의 공간은 계속 측량되었습니다. 독일 관념철학은 칸트 없이는 상상할 수가 없습니다. 이미 인식론을 변혁시켰던 코페르니쿠스적 전회는 실천철학에서는 더 혁명적인 영향을 주어야 한다고 말해도 될 것입니다. 왜냐하면 모든 인간의 이성 자체에서 옳고 그른 것, 선악의 기준이 있다는 것의 근거를 제시할 수 있다면 실천의 제1 기준은 모두가 구속되는 보편법칙이 아니라, 스스로 보편법칙으로 가는 길을 찾는 각 개인의 의식이기 때문입니다. 개개 인격들과 그들의 이성은 바로 세상에서 선의 근원이 있는 곳입니다. 그리고 이것으로 또한 인간의 비-결정성에 대한 인식을 넘어서 인간은 스스로 결정한다는 것도 언급되었습니다. 이렇게 해서 인간의 자유를 보여주었습니다.

칸트는 『순수이성비판』에 나오는 순수이성의 제3 이율배반에서 자유를 이론적 앎의 영역에서 모순 없이 일관되게 생각할 수 있는 것으로 입증했습니다. 그러나『도덕형이상학원론』과 『실천이성비판』에서 그는 이 관점을 넘어섰습니다. 자기결정의 방식에서 자유는 가능할 뿐 아니라 현실입니다.『실천이성비판』의 서문에서 칸트는 왜 이 비판을 '순수실천이성비판'이라고 하지 않았는가를 설명하고 있습니다. "왜냐하면 이성이 순수이성으로서 실제로 실천적이라면 이성은 자기의 실재성과 자기 개념의 실재성을 행위를 통해 증명할 것이므로 실천적인 가능성에 반하는 모든 궤변은 쓸데없는 것이기 때문이다." 1785년의『도덕형이상학원론』과 1788년의『실천이성비판』에서는 각 단계에서 자기결정이 실천에서 무엇을 의미하는지를 보여줍니다: 여기서 칸트는 가언명령들을 우선은, 일정한 목적에 이르는 길을 요구하는 처세술로서 전개하고 있습니다; 넓은 의미에서의 기술 ― 그리고 누군가를 살해하고자 하는 독살자와 누군가를 치료하는 의사에게 하는 기술적 심의는 이렇게 본다면 동일한 성질입니다. 그다음에는 모든 인간이 가진 목적, 자신의 행복을 증진하는 목적에 해당하는 가언명령들이 있습니다; 그래서 이 명령은 단언적입니다. 마지막으로는 어떤 행동을 절대적으로 요구하는 명령이 있습니다 ― 그것은 정언명령입니다; 정언명령의 제1 공식은 다음과 같습니다: "네가 원하는 행위의 준칙이 동시에 보편법칙이 되도록 그렇게 행위하라." 이 명령의 핵심은 인간들에게 자신의 행위를 보편성의 관점에서 하도록 하고, 주체 스스로 행하는 주관적 우연의 사유적 경향에서 탈피함으로써 명령의 타당성을 이성 앞에서 일반적으로 심사하도록 하는 것입니다. 정언명령은 질문을 입력하고 나서 잠시 덜커덩거린 후 답을 제공하는 윤리의 자동판매기가 아닙니다. 정언명령을 가지고 주체는 실천적인 물음에서 모든 목적을 넘어 이성적 주체로서의 자신의 고유한 동일성을 만듭니다 — 그리고 개개인이 이것을 잘못한다면 그것은 자신과 관련되는 것이지 타자와 관련되는 것이 아닙니다. 이 점에서 칸트는 — 이것은 계속해서 잘못 주장되고 있지만 — 단순히 행위자의 심정만 염두에 둔 것이 아닙니다. 실제의 자기결정은 옳다고 인식한 것의 실현을 위해서 노력하며, 그리하여 비로소 현실로 되도록 하는 것을 말합니다.

알아차리셨는지 모르겠지만, 법에 도달할 수 있기까지 긴 도움닫기를 하였습니다. 그 이유를 바로 제시하겠습니다. 칸트에게서 인격의 자율성은 이미 법을 한 방식으로 준비하는 저작들에서 얼마나 본질적으로 전개되었던가 하는 것을 먼저 명확하게 할 필요가 있었습니다. 그 밖에도 법의 문제와 법개념의 전체적인 힘이 칸트에게서 드러날 수 있도록 하기 위해서는 토대를 구축해야만 했습니다. 여기서 중요한 것은 좋은 법 혹은 실정법을 정당화하는 결코 피상적인 이야기가 아닙니다. 법과 정의에서 관건이 되는 것은, 여기서 플라톤을 한 번 인용해본다면, 어떤 임의적인 것이 아니라 어떻게 살아야 하는가의 문제입니다 — 이것은 칸트에 의하면, 어떻게 자유 속에서 살아야 하는가를 의미합니다. 그리고 드러나겠지만, 법에서는 특수한 문제가 발생합니다.

1797년에 법론과 덕론 두 부분으로 구성된『도덕형이상학』이 발간되었습니다. 칸트는 이 책의 서문을 다음의 문장으로 시작합니다: "실천이성비판 뒤에는 체계, 도덕형이상학이 뒤따라야 할 것이다"(문장을 짧게 줄였습니다). 본인은 철학도들의 손님으로서 칸트가 형이상학의 개념을 비판 이전의 구 개념으로 이해한 것이 아니라, 코페르니쿠스적 전회 자체의 부분개념으로 이해한 것이라는 점을 굳이 설명할 필요가 없을 겁니다: 법의 형이상학은 인간의 이성으로부터 나오는 자기의 정립과 세계의 정립에 대한 일부영역의 체계이며, 그러므로 여기서는 법의 정립에 대한 체계입니다. 이것을 칸트는『도덕형이상학』에서 법적-실천이성이라고 합니다.

그럼 법의 특수한 문제는 어디에 있는가? 이것을 이 지점까지 착실하게 칸트의 흔적을 따라온 분들에게 쉽게 수긍이 가는 한 생각에서 전개시켜 보도록 하겠습니다: 즉 모두가 이성적이고 — 칸트에 의하면 아주 평범한 사람도 누구나 이성적이라고 하는데 — 모두가 정언명령에 따라 행동한다면, 무엇 때문에 나는 법을 필요로 하는가? 모두가 선하다면 무엇 때문에 법이 존재하는가? 여기서 법이 어떻게 생각되는지를 자세히 살펴보면 이 관점에서 우리는 법이, 말하자면 인간의 자기결정과는 반대되는, 즉 — 가령 아버지와 자식, 왕과 신민, 독재자와 전체 국민과 같이 — 인간을 타율적으로 규정하는 모종의 어떤 것으로 생각된다는 것을 봅니다. 이것은 사실 칸트에 의하면 불가능합니다. 그렇지만 칸트는 실천이성의 비판에도 불구하고 법이 반드시 존재해야 한다는 점을 분명히 밝히고 있습니다. 무엇이 그를 이렇게 하게 하는가? 이것을 명제식으로 첨예화시켜 말해보겠습니다: 법적-실천이성의 능력은 두 개의 논거로 인하여 유발된 것인데, 이 논거들은 우선 경험적인 토대에서 기인합니다: 하나는 수많은 인간들의 존재이며, 다른 하나는 이 수많은 사람들이 지구라는 하나의 단일체 위에서 자유롭게 살 수 있어야 한다는 문제입니다. 칸트의 법론은 이 문제에 대한 답입니다.

우선은 『도덕형이상학』을 아주 표면적으로만 살펴보기로 하겠습니다. 이 작품은 법론의 형이상학적 기초원리와 덕론의 형이상학적 기초원리라는 두 부분으로 구성되어 있습니다. 칸트는 기초원리들이라고 하는데, 가령 법론에서는 모든 사례에 적용될 수 있는 완전한 체계는 만들어낼 수 없지만 원리의 체계는 만들어낼 수 있기 때문입니다. ― 법론의 형이상학적 원리, 즉 작품 전체의 제1부는 도덕형이상학의 개념규정들을 하는 서론 부분으로 이루어져 있으며, 그 외에는 법론과 구분되는 덕론을 포함하고 있습니다. 그다음 특별히 법론에 대한 서론이 나옵니다. 이 서론에서 법의 틀이 만들어졌고 토대가 마련되었습니다. 이의 설명은 법에 관한 정신사에서 지금까지 전해진 가장 밀도 있는 것에 해당합니다. 이 서론 다음에는 서로 맞물려 있으며 서로 보충하는 부분들이 나옵니다: 그것은 소위 사법과 공법입니다. 근대 법철학의 전

통과 비교해본다면 칸트는 여기서 — 가령 홉스와 같이 — 인간
을 먼저 고립된 자연상태에서 규정하고(이것은 사법이 될 것입니
다), 이 상태에서 인간은 자신의 통찰에 따라 (홉스처럼) 자신의 자
유를 보장하기 위하여 국가상태로 들어가는 사유의 구조를 답습
하는 것처럼 보입니다; 그렇다면 이것은 공법의 상태가 될 것입
니다. 그러나 이렇게 본다면 지나치게 단순화함으로써 칸트의 법
론을 오해하는 것이 될 것입니다. 왜 그런가?

　그것은 먼저 외관상 더 외적인 상황에서 드러나게 됩니다. 칸
트는 인간들 상호 간의 자연상태를 '사법'의 상태라고 부르는데,
이것은 이미 이 상태에서 법인격으로서의 인간의 근본규정이 나
온다는 것을 뜻합니다. 인간은 국가 속에서 그리고 국가를 통해
서 비로소 법인격으로 되는 것이 아니라, 인간이 된 것 그 자체로
서 법인격입니다. 생래적인 유일한 권리는 자유입니다 — 그리고
자유는 또 법의 근본개념이기 때문에 인간(이라는)-존재와 권리
를 가지는 것(= 권리의 소유)은 동일한 것입니다. 또한 공존하는
삶의 법형태는 인격에게 부가적인 것, 말하자면 남의 것을 추가
하는 것이 아니라 그 자체가 법인격의 지위 속에 이미 들어 있는
천분天分의 확장입니다.

　그렇지만 앞서 법의 문제라고 지칭했던, 일견에는 경험적인
두 언명을 다시 보도록 하겠습니다: 칸트가 말하는 것처럼 그것
은 닫힌 공간인 지구상에 존재하는 많은 인간들입니다. 이러한
경험적 가정은 주관적 이성의 통일체와 어떤 관계에 있는가? 이

것을 더 확장시킨 명제로 말하고, 그다음 칸트는 어떤 요소들로써 이 명제의 개별 부분들 간의 맥락에 대한 근거를 제시하였는가를 보여드리겠습니다. 명제의 내용은 이렇습니다: 하나의 그 이성은 수많은 인간들로 나뉘며, 수많은 인간들과 그들의 목표설정의 무한성은 그들이 지표면 위에서 자기를 실현하는 지구를 통해 외적으로는 하나가 되었고, 법적-실천이성으로서의 이성은 마침내 외적인 합일처럼 외적인 분리를 자유의 현실로서 하나의 관계 속으로 두는 동시에 자유적인 삶의 역동성이 가능한 형태들을 보여줍니다.

이것이 칸트 법론의 텍스트 형태와 어떻게 일치할 수 있는가? 칸트의 법론은 그 핵심 언명들을 사유적으로 엄격하게 세부적인 것까지 하나하나 형상화한 작품으로 이해할 때에만, 즉 모든 문장이, 아니 더 정확하게는 모든 사고가 있어야 할 자기 자리에 있는 것으로 그렇게 이해할 때 내용을 전체적으로 파악할 수 있다고 생각합니다. 절대적인 확신을 가지고 말하건대, 이 작품은 정신적 힘이 더 이상 확실치 않은 노인의 만년작과는 정반대의 것입니다.

법론의 첫 두 문장은 나의 판단으로는 법의 문제를 지향하고 있습니다. 그 내용은 다음과 같습니다: "욕구능력은 자신의 표상에 따라서 그 표상의 대상에 대한 원인이 될 수 있는 능력이다. 자신의 표상에 따라 행위할 수 있는 존재의 능력을 삶이라고 한다"(강조는 원문). 문헌에서는 종종 정의定義는 『실천이성비판』에서 나오는 것이라는 지적을 하지만 여기서는 다른 관계에 있는데, 이 개념은『도덕형이상학』의 체계에 대한 근거를 밝혀야 하기 때문입니다. 여기서 삶과 표상의 개념에 관한 인간의 의식적인 삶(자유 의지)을 사고과정의 정점에 둔 것은 전체 구상에 당연히 중요합니다.

칸트는 어떻게 이러한 토대로부터 법을 전개시켰는가? 이 강연의 범위에서 논증의 중요한 부분들만 설명할 수밖에 없는 것은 자명하지만, 면밀하게 전개한다면 (이것은 매우 학문적인 방식이긴 하나) 가끔은 전체에 대해 더 분명한 관점을 제공해줍니다.

칸트는 법의 개념과 타인에게 의무를 지우는 자유법칙적으로 (＝ 자유를 중심으로) 근거가 제시된 권능을 연결합니다. 이렇게 해서 언급한 수많은 인간들은 먼저 두 인격들의 관계로 국한해서 보았습니다. 칸트는 한 사람의 것과 타자의 것, 그리고 무엇보다도 나의 것과 너의 것을 말합니다. 이것으로 법의 근본문제, 즉 자유 속에서 공동의 삶을 가능하게 하는 문제가 대두되었습니다. 이 점에서『도덕형이상학』은 벌써 서론부분에서 중요한 구분을 하고 있는데, 이 구분이 칸트의 전 법론을 특별한 빛으로 부상시킵니다: 상위개념으로서의 인간의 권리는 두 종류로 나뉩니다: 하나는 내적인 나의 것과 너의 것, 다른 하나는 외적인 나의 것과 너의 것입니다. 내적인 나의 것과 너의 것은 하나의 권리이며, 이것이 칸트에게 있어서는 놀랍게도 생래적인 것입니다: 이 생래적인 권리는 바로 자유인데, 이것은 타인의 강요에 의한 자의가 아

닌 독립적인 것입니다. 그렇지만 이 권리는 두 사람 혹은 많은 사
람들에게 분배되기 때문에 이 점에서 복수로 사용해도 됩니다:
자유의 한 권리는 모든 사람들 속에서 동시에 나타납니다. 그러
나 그것은 개념상 오로지 하나의 권리이기 때문에 (법론의) 서설
에 넣을 수 있을 것이라고 칸트는 말하며, 법론 전체는 그 자체가
외적인 나의 것 그리고 너의 것과 관련되는 것이라고 합니다; 그
렇지만 이것(= 외적인 나의 것과 너의 것)은 항상 법적으로 먼저 취
득되어야 하는 것이라 합니다.

그러므로 두 개의 곡선이 칸트의 법론에 걸쳐 있습니다: 한편
으로는 인간의 인간으로서의 존재로 인한 모든 인간의 자유이며,
다른 한편으로는 지구의 단일성 때문에도 항상 존재하는, 한 행
위의 권능이 동시에 타자들을 제한하는 영향에서 그 근거를 밝혀
야 하는 어려움을 지닌 외적인 행위들입니다. 이 두 번째 곡선이
법론의 긴장 그리고 법론의 사법과 공법의 구분을 일반적으로 하
게 하지만, 첫 번째 곡선은 또 그냥 존재하는 것이며, 법적인 행위
를 통하여 취득해야 하는 것이 아니라, 모든 법적 행위들의 기반
입니다. 이렇게 칸트는 인간의 외적인 삶의 활력을 예외 없이 기
초가 되는 원리인 인간의 생래적인 자유의 토대 위에서 전개하고
있습니다. 따라서 법은 전체적으로 그 토대에 의거하여 규정을
하면 한 사람의 자의가 타인의 자의와 자유의 보편법칙에 따라서
공존할 수 있는 조건들의 총괄개념입니다.

법에서 다양한 목적들과 이 목적들을 실현하는 행위들은 덕

론의 서두에 있는 언급을 통해서 거론되고 있습니다. 칸트는 이곳에서 좁은 의미의 도덕에서는 목적이 동시에 의무인 것을 찾을 수 있다고 합니다; 따라서 각자의 주관적 원칙인 준칙은 기점이며, 이 기점에서 성찰과정으로서의 정언명령을 통하여 정언명령이 보편법칙으로 가능한지가 해명됩니다. 그렇지만 법론에서 사고는 달리 진행됩니다: 각자가 어떤 목표를 세우는지 법론에서는 각자의 자유로운 의지에 맡기고 있습니다. 하지만 이 모든 행위들의 준칙은 선험적으로 규정된 것이라고 합니다: 즉 행위자의 자유는 모든 타인들의 자유와 보편법칙에 따라 공존할 수 있어야 한다는 것입니다.

그러므로 행위하는 인격들의 상호적 권능은 모든 경험 이전에 (선험적으로) 그들 이성의 본성과 결부된 것으로서 생각되었지만, 동시에 인격들은 실제로 행위하는 자들이기 때문에 외형적으로 놓이게 되었습니다 ─ 법에서 문제가 되는 것은 오로지 사건들로서 서로 영향을 미칠 수 있는 행위들입니다. 이렇게 해서 인간의 외적 행동의 전 범위가 거론되었습니다; 따라서 문제는 넓은 의미에서 세상과의 관계인데, 이것은 항상 상호적으로 이해한 것입니다. 이 점에서 자신을 이성의 주체로서 외적인 (유한한) 형태에서 다시 찾는 것이 가능하다는 것을 칸트는 실천이성의 법적 요청에 관한 매우 복잡한 설명에서 보여줍니다: 나의 자의의 모든 외적인 대상을 나의 것으로서 가지는 것은 가능하다 ─ 이것은 넓은 의미에서 재산권의 근거를 법적으로 밝히는 것입니다.

그러나 — 그리고 이것은 칸트 법론의 핵심 동인입니다 — 세계에 이렇게 영향을 미침으로써 그리고 각 대상들을 나에게 귀속시킴으로써 나는 바로 엄격히 주관적으로 관련된 법만이 현실이 되게 하는 것이 아니라, 이런 방식으로 법이 되는 것(＝법형성)의 전체 과정을 시작한다고 말해도 될 것입니다 — 이것을 극단적으로 표현하여 나타내면, X라는 이 대상이 나의 대상이라고 말할 수 있기 위하여 법에서 나를 전 인류와 연결하는 것입니다. 이것은 어떻게 행해지는가?

칸트는 사법에 관한 장에서 외적인 나의 것과 너의 것을 말하는 가능성의 근거를 제시합니다. 즉, 문제는 가장 보편적 의미에서 영향의 범위입니다. 각 인격들은 이러한 맥락에서 이성적인 개인들로서 생각되었으며, 이를테면 첫 단계를 외적인 것으로 하고, 즉 행위하면서 개별화합니다. 이것으로 넓은 의미에서 소유권에 대한 토대가 구축되었지만, 다만 일차적인 토대일 뿐입니다. 이러한 소유권은 여기서는 임시적으로는 가능하나, 절대적으로, 즉 모든 면에서 유효한 것은 아닙니다. 왜냐하면 개인이 행위한다면 자신의 주관적 영역으로부터 타자를 실제로 저지하는지를 모를 수 있기 때문이며, 그러나 더 나아가서는 개인의 행위는 자기 영역으로서의 세계에 대한 분배로 말미암아, 이 분배가 타인에 의해서도 승인되어야 한다는 것을 입증하기 때문입니다 — 왜냐하면 타인들은 어쨌든 잠재적으로는 무언가를 빼앗기기 때문입니다. 그러나 여기에서 중요한 것은 타자들의 다시 개별적일 수 있는 주관적인 동의가 아니라, 보편적인 승인(= 인정)의 가능성에 관한 문제입니다.

그러므로 실천논리는 사법을 사유적으로 주장하며, 사법의 논리는 공법(또는 시민상태)을 주장하고 요청합니다: 즉 너는 불가피한 공존의 관계에서, 모두와 더불어 그 상태(즉 사법의 상태)로부터 벗어나 배분적 정의의 상태인 법적 상태로 넘어가야 한다.

배분적 정의 상태의 가능성을 칸트는 공법의 형태로 설명합니다. 일차적 단계는 수많은 인간들이 법의 법칙 아래에 있는 국가, 즉 이성국가이지 민족국가가 아닙니다. 칸트는 여기서 다시 이 세상에는 언어, 종교, 문화에서 서로 구분되는 수많은 국가들이 존재한다는 경험적인 확인에서 출발합니다. 국가의 존재가 언제나 상호적으로 승인되고 보장되어야 한다면 이러한 국가들 서로의 관계는 그 자체가 법적 형태를 가져야 합니다. 이러한 형태는 국제법을 제공하고, 이 국제법은 사실 칸트에 의하면 국가들의 법이라고 해야 합니다(칸트 스스로 이것을 지적하고 있습니다). 그렇지만 『도덕형이상학』과 『영구평화론』에서 칸트는 (매우 적절하게도) 세계국가의 이념을 거부하고 국제연맹을 지지합니다 — 이 생각은 100년이 지난 후에 현실로 되었습니다.

칸트의 법론은 세계시민법이라는 개념 속으로 흘러 들어가고, 이 법은 그 자체가 이전의 단계들을 통하여 전 과정을 전제하고, 거기서 보여준 법의 형태들을 또 자기 안으로 모으는 것입니다: 공동생활의 다양한 형태와 색깔들 속에서의 법제정으로 인하여 하나의 세계에서 살고 있는 인간들 간에, 동거인으로서 어디에서나 방문권을 가지며 함께 어울리기 위해서 제안하는 권리가 나옵니다; 칸트는 모든 인간의 환대 또는 친절에 대해 말합니다. 이것은 가령 — 지금 방학 바로 전이기 때문에 분명히 말해두자면 — 세계적인 관광권을 의미하는 것이 아니라, 훨씬 더 심오한 의미의 권리에 관한 것입니다: 함께 어울리기 위해 제안한다는 것은, 예컨대 다른 민족들 그리고 대륙과 무역을 할 수 있다는 것이며, 이것은 오늘날 '공정' 무역이라고 부를 수 있을 겁니다. 칸트는 세계시민법을 다룬 한 곳에서 생각할 수 있는 가장 맹렬한 방식으로 식민지 비판을 덧붙이고 있습니다. 칸트는 얼마 전 조셉 지몬(Josef Simon, 1930-2016)이 어떤 강연에서 말한 바와 같이 사실상 최초의 글로벌인이었습니다. 그렇지만 칸트의 글로벌화는 법의 글로벌화였는데, 모든 취득한 권리와 무관하게 타인과의 모든 만남에는 또 타인의 강요에 의한 자의와는 독립된 것으로서 생래적인 자유인 인권이 생기기 때문입니다; 그러므로 법에 대한 학습극의 끝에서 내적인 나의 것과 너의 것은 전체의 이해에 중요한 의미를 가집니다. (덧붙여서 한 가지만 언급하고자 합니다: 글로벌이라는 말을 실제로 칸트가 말하는 것처럼 이해한다면 독일의 많은 경제지도자들은 또다시 제품생산을 외국으로 이전한다고 알릴 때 수치심으로 얼굴이 붉어져야 될 텐데, — 이것은 이 언명들의 핵심으로서 — 외국에서는 이제 독일에서보다 사람들을 착취하기가 더 쉽기 때문입니다; 그리고 외국의 지하자원을 착취하는 국제 기업들도 마찬가지로 성공적인 발전

의 가면을 얼굴에서 걷어내면 탐욕스런 이윤추구의 추한 모습이 드러날 것
입니다)

　법철학자로서의 칸트 ―『도덕형이상학』이 발간된 후 200년
도 더 지난 지금, 이것은 무엇을 말하는 것일까요? 그것은 자유
속에서 사는 삶의 조건들의 기본틀을 인류에게 선물했다는 것이
며, 이 기획은 그 후 200년 동안 가슴 속에 명심해 두었다기보다
는 더 많이 배반당했던 것입니다. 칸트를 가지고 민족국가를 비
대화시키는 것은 있을 수 없고, 존엄을 부정하는 인종차별주의도
있을 수 없으며, 공산주의 혹은 이와 구조가 동일한 자본주의로
등장하는 유물론도 있을 수 없습니다. 칸트의 법철학은, 우리 인
간이 위대하고 겸손하며 또 그래야 하는 것처럼, 위대한 동시에
겸손합니다.

§3 왜 자유는 가치가 아닌가

왜 자유는 가치가 아닌가 — 강연의 제목은, 왜 자유는 무가치한가, 아니면 왜 자유는 존재하지 않는가가 아니라, 왜 자유는 가치가 아닌가 입니다. 제목은 자유의 개념을 가운데 둠으로써 자유는 가치가 아니라는 것을 말해줄 뿐입니다. 제목은 무엇 때문에 이렇게 말하는가, 그렇다면 자유란 도대체 무엇인가?

사유의 진행은 자유가 처음으로 그 속에 원래 내재하는 힘을 가지고 등장했던 정신사의 계기에서 출발해야 하는데, 그것은 바로 18세기 계몽, 특히 칸트 철학의 시대입니다. 루소는 사회계약론의 서두 부분에서 "인간은 자유롭게 태어나고 도처에서 쇠사슬에 매여 있다."고 명료하게 표현했습니다. 칸트의 전 철학은 인간의 이러한 자유롭게-태어난-존재에 대한 강력한 해석으로 이해할 수 있습니다. 『순수이성비판』에서 칸트는 인식론에 세계에 관한 인간의 모든 앎은 오로지 주체의 오성과 이성의 능력, 각 개인의 주관적인 자각의 능력임을 보여주었습니다. 사유는 자연의 인식에서조차도 수동적 태도를 취하는 것이 아니라, 인식과정에서의 감각적 인상을 이성적으로 하나의 질서로 가져온 다음 또 하나의 통일체로 만든다는 점에서 적극적인 태도를 취합니다. 벌써 여기서도 인간을 광범위하게 규정하는 것 같은 조건들에서 나오는 인간의 탁월성은 이미 자연의 인식에서 드러난다는 것을 보여줍니다. 그것은 『순수이성비판』에서 '나는 생각한다'는 것이지 '그것이 생각한다'는 것이 아닌 것처럼, 바로 '나는 생각한다'는 것이 나의 모든 표상을 수반할 수 있어야 합니다. 칸트 자신은 이렇게 해서 완성된 이 사유의 새로운 정립을 '코페르니쿠스적 전회'라고 불렀습니다: 코페르니쿠스가 행성체계의 새로운 중심을 발견한 것처럼 칸트의 철학은 사유의 새로운 중심을 규정하였습니다.

이미 말한 바와 같이, 이것은 우선 인식론에 해당하는 것이었습니다. 그러나 칸트의 철학을 인식론에 국한하는 것은 큰 오류입니다. 사유의 우위성은 칸트 자신의 견해에 따르면 실천철학에 있었습니다 ─ 그리고 '코페르니쿠스적 전회'의 변화는 인간 실천의 입장에서 더 중요한 영향을 미쳐야만 했습니다; 개개 인간은 스스로 자기 행위의 근거, 더 정확히는 자기 행위의 정당성에 대한 근거를 밝히는 중심입니다. 인간의 의식적인 삶의 영역에서 인간 행위의 근원은 인간 자신이지 다른 어느 누구도 아닙니다. 칸트는 이러한 행위의 총체를 주체의 고유한 성찰 능력에서 결정된 것으로 이해했습니다. 인간은 자연의 존재처럼 법칙에 따라서 작용하지 않고 법칙의 표상에 따라서 행위합니다. 인간은 의지를 지니고, 인간은 스스로 어떤 행위를 선택할 수 있으며, 인간은 자율적입니다. 인간은 자기의 삶과 삶의 관계를 스스로 정할 때에

비로소 온전히 자신으로 존재합니다 ― 그리고 인간은 이것을 할
수 있으며 매일 실행합니다. 인간은 자유롭습니다 ― 인간은 자
유롭게 존재합니다. 그리고 이것은 법에도 해당되는 것입니다.

　희랍에서 출발한 서구 사고의 발전은(희랍의 사고 그 자체의 특징
은 동양의 영향을 받은 것인데, 이에 관하여는 Udo Reinhold Jeck,
Platonica Orientalia, Frankfurt am Main 2004, 보훔대학교의 교수자격
논문을 참조해 주시길 바랍니다), 즉 이 사고의 전개는 이러한 인간의
자기 자신에 대한 인식으로 돌아오는 일에서 정점을 찍었으며,
칸트는 그 전개에서 가장 권위 있는 사상가입니다. 그 사상의 힘
은 말 그대로 왕권을 뒤흔들고, 주지하는 바와 같이 붕괴시켰습
니다. 헤겔은 이것을 그에게 기대할 법하게 개념화했습니다: 즉
혁명은 독일에서는 사상으로 표명되었고, 프랑스에서는 현실로
휘몰아쳤다고 합니다.

　휘몰아쳤다 ― 이것은 적절한 표현입니다. 왜냐하면 프랑스
혁명에 대한 모든 찬미에서는 피의 범람을 잊어서는 안 되는데,
그것은 자유, 평등, 박애의 이름을 걸고 흘린 것이기 때문입니다
(부언하자면 혁명의 이 비극을 찰스 디킨스는 소설『두 도시 이야기』에서
매우 잘 묘사하고 있습니다). 독일에서는 이러한 폭풍이 없었습니다;
1848년(독일혁명)의 소심한 시도는 곧 조용해졌으며, 오늘날의
많은 정치 권력자들을 보면 독재적 사고가 실제로 완전히 극복되
었는지를 묻지 않을 수 없습니다.

　그러나 다시 철학으로 돌아가서, 그리하여 본래의 근거를 밝

히는 문제로 돌아가서 보면 헤겔의 표현에서 주는 인상과 같이 사유와 현실은 정말 서로 별개의 것인가? (헤겔의 철학에서 이 차이가 극복되었다는 것을 부인하지는 않습니다). 칸트의 자유의 개념은 인간의 의식적인 삶의 실행에서의 자기입법으로서 다름 아닌 사유와 현실의 연결이며, 그렇기 때문에 자유에 관한 현재의 생산적 개념은 아닌가?

우선 여기까지 만들어낸 생각의 줄을 이 지점에서 잠시 옆으로 옮겨 놓고 19세기와 20세기의 정신사를 간략하게 살펴보기로 하겠습니다. 물론 뒤에서 상세히 보여주겠지만, 헤겔은 칸트의 실천철학의 힘을 정신의 온실에서처럼 폭발적으로 성장시켰습니다; 그것은 말 그대로 한꺼번에 너무 많은 것이었습니다. 1831년 헤겔의 서거 후 이 철학은 붕괴되었습니다. 그것은 이 철학의 근원에까지 영향을 주었습니다; 칸트는 조소당했고, 헤겔의 제자는 아무도 원거리에서라도 이 사유의 힘을 갖지 못했습니다. 칼 맑스(Karl Marx, 1818-1883)는 삶의 물질적인 측면을 강력하게 끌어들였고, 자연과학적 사고가 점점 더 영역을 지배했습니다. 당시 철학은 그렇게 자기해체를 시작한 것입니다. 알로이스 릴(Alois Riehl, 1844-1924)이 1902년에 19세기 중반의 철학 상태에 대하여 쓴 것을 한 번 경청해 볼 필요가 있습니다: "누군가 이 시대에 공공연하게 철학에 관해 이야기하자는 과제를 제시하였다면 그 계획은 분명 좌초되었을 것이다. 동시대 최고의 지식인들 사이에서도 그는 자기 말을 경청하는 청중을 찾지 못했을 것이

고, 더구나 자연과학의 시대에 연금술 같은 것을 선전하려 한다
는 의혹을 받았을 것이다."

　그러나 곧 인간의 정신적인 다른 측면을 조심스럽게 다시 말
할 수 있었던 순간이 왔습니다. 여기서 다른 전개의 주요 갈래는
특히 학문이론의 문제에 대한 대답으로서 명확하게 표현됩니다:
역사학은 순수한 객관적 과정으로 파악되지 않는다는 것이 역사
학에서는 곧 자명해졌습니다. 문제가 된 것은 하인리히 리케르트
(Heinrich Rickert, 1863-1936)의 유명한 책 제목처럼 "자연과학적
개념형성의 한계들"을 규정하는 것이었습니다. 인문학이나 문화
학에서 다루어야 할 것은 인간의 사고에 대한 정립이 학문에 통
용되도록 하는 것입니다. 그리고 이러한 사고의 정립은 가치에
따라 이루어지는데, 이 개념을 국민 경제로부터 추론하였고 정신
적으로 규정하는 내용들의 이해에 적용했습니다. 이것은 철학의
가치론을 생성시켰으며, 가치론은 종종 칸트 철학, 특히 칸트의
인식론의 주시방향에서 칸트 철학의 입장과 결부되었습니다. 이
에 대해서는 간략하게나마 설명할 필요가 있습니다. 이른바 문화
학에서도 관찰자 관점을 받아들이고, 이러한 문화학은 예컨대 역
사적 과정들을 어떤 범주체계하에서 배열하여 파악하는데, 이 범
주체계는 더 이상 인과범주에만 방향을 맞추지 않고 가치범주의
적용에 방향을 맞추고 있습니다. 이 경우 자연과학자의 이론적
관점은 포기되지 않고, 오히려 인간의 관계에 대하여 전체적으로
객관화하는 관점에 머물게 됩니다. 지금부터는 왜 이것이 또 자

유의 무력화를 의미하는지를 명확히 설명해보려고 합니다.

그렇다면 가치론 또는 가치철학이란 무엇인가? 그 성격을 다음과 같이 규정할 수 있습니다: 인간의 자기 삶과 사유에 대한 의미 부여는 가치들에 기준을 정함으로써 이루어집니다. 가치들은 객관적으로 유효한 동시에 당위와 주체를 포함하기에, 가치를 이해하는 주체는 이러한 가치를 실현하고 이러한 가치에 맞게 행위하는 것을 바로 과제라고 여깁니다. 가치들은 서열관계에 있고 위계질서가 존재합니다. 막스 셸러(Max Scheler, 1874-1928)와 니콜라이 하르트만(Nicolai Hartmann, 1882-1950)은 그들의 윤리학 저서에서 이러한 순위를 발전시켰습니다. 그래서 예컨대 정직과 같은 윤리적 가치들은 가령 재산권 같은 재산 가치보다 더 높은 위치를 차지합니다. 여기서 막스 셸러의 주저작『윤리학에서 형식주의와 실질적 가치윤리학』은 명백히 칸트에 대항하는 것이었으며, 셸러는 칸트에게 윤리에서의 형식주의를 비난하였습니다 — 형식주의는 경직된 공허한 내용이나 마찬가지라는 것입니다. 셸러에 의하면 이러한 형식주의는 반드시 내용으로, 현실로 채워져야 하고, 이러한 정신적 현실은 가치라고 합니다. 그리고 이러한 가치들 가운데는, 이것은 니콜라이 하르트만에게서 아주 분명하게 나타나는데, 자유도 있다고 합니다. 자유는 가치라는 것입니다.

먼저 가치론의 실익이 어디에 있는가를 묻겠습니다. 그것은 당시 그 시대의 정신적 상황에서 보면 가치철학과 더불어 존재,

정확히는 인간의 의식적인 존재를 다시 염두에 두었다는 데 있습니다. 자연과학적으로 각인되어 인간의 본질적 현존재를 본능적인 진행과정으로 단순화하려고 했던 사상에 비해 가치철학은 인식의 확장을 가져다주었습니다. 인간의 정신 영역이라고 부를 수 있는 것은 다시 인간 현실의 일부로 거론할 수 있었으며 접근가능하게 되었습니다.

　이러한데 자유는 가치라고 하는 이 언명에 대해 비판할 것이 무엇이 있는가? 이 지점에서 이제 앞서 잠시 옆으로 치워둔 사유의 줄을 다시 이어가 보겠습니다. 기억을 되살려보면, 우리는 인간의 자기결정에 대한 근거를 밝혔던 칸트의 실천철학까지 왔었습니다. 칸트의 실천철학은 가치철학과 차이가 없어 보이는데, 인간은 항상 무엇을 결정해야 하고 그 '무엇을'이 왜 가치이면 안 되는가 하는 것 때문에 그렇습니다.

　대답은 간단하지만, 미치는 영향은 대단합니다. 자유를 가치라고 하거나, 선이라고 하거나 혹은 자유에 대한 '관심'이 있다고 말하면 주체와 주체의 자유의 특성에 차이를 만드는 것입니다. 한 주체는 ― 그리고 이차적으로도 주체는 자유롭습니다; 주체는 ― 그리고 주체가 자유롭거나 또는 다른 가치에 전념할 때에 비로소 주체는 선합니다. 자유를 이렇게 보게 되면 인간의 현존과 직접 결부된 자유의 현실은 상실되고 그렇게 해서 자유 본래의 고유한 힘도 잃게 됩니다. 자유는 근원적으로 자기의 존재와 동일하지 않은, 우선적으로 획득되어야 하는 무엇으로 여겨짐으로써 인간의 의식적인 삶에 거리를 두게 되었습니다.

칸트의 실천철학에서 사유와 현실이 상호적으로 서로 지시 관계에 있다는 것은 이미 앞에서 지적한 바 있습니다. 이 점을 상세히 설명하기에 앞서 한 가지 중요한 지적을 해 둘 필요가 있습니다. 나는 철학과 철학사를, 시간상 직선으로 진행되는 과정의 이동에 우리들 자신이 있고 우리 시대 뒤에는 당연히 미지의 정신적인 먼 미래로 계속해서 진행되는 한 과정으로 생각하지 않습니다. 나는 철학을 자기에게로 가는 인간 정신의 여정으로 이해합니다. 이렇게 본다면 철학은 또한 자기 자신을 통한 인간의 자기개발입니다. 이에 따르면 정신사에서의 위대한 철학자들은 사유의 여정에서 본보기가 되지만 화석화된 형상은 아닙니다. 그들은 살아 있는 정신의 탁월한 대변인들입니다. 이러한 지적을 하면서 철학에서 하는 일반적인 분류방식에 저항하려는 것입니다. 누구는 칸트파, 누구는 헤겔파, 누구는 구성론자, 체계론자, 담론주의자라고 부릅니다. 칸트에 이르기까지 사상이 가져다 준 입장은 더 깊은 토대가 있습니다 — 그것은 언명까지만 미치는 것은 아닙니다. 누구는 스피노자처럼 생각한다, 누구는 아우구스티누스처럼 생각한다 또는 칸트처럼 생각한다가 아니라, 그는 사유를 통해 자기관계와 더불어 세계에 대한 관계의 근거를 밝히는 것입니다: 그는 존재합니다. 그리고 이것은 — 저기 타자가 존재한다와 같이 — 진부하게 이해한 것이 아니라, 모든 인간을 통한 정신의 대표자에 관한, 즉 의식적인 삶의 나의 것과 너의 것에 관한 본질적 언명으로 이해한 것입니다.

이렇게 파악하면 이러한 사고는 '칸트적'이 아니라, 바로 세계에 관한 사고입니다. 그러므로 칸트가 후기 저작들에서 하나의 단일한 지구 위에서 세계 공동체의 가능성에 대한 필수조건들을 발전시키려고 했다는 것은 놀라운 일이 아닙니다.

그렇지만 먼저 전체의 토대를 형성하는 자유개념으로 돌아가 보겠습니다. 사람들은 칸트의 실천철학과 함께 항상 그 안에서 전개된 '정언명령'을 연상합니다. 그리고 벌써 이러한 언어적 표현만으로도 많은 사람들은 지레 겁을 먹습니다: 정·언·명·령이라는 글자의 울림만으로도(der kategorische Imperativ, 카테고리쉐 임페라티브) 그러한데, 내용(무조건적 명령)은 더 심하게 이 개념을 듣는 많은 사람들의 마음에 프로이센의 장교가 자기 포병에게 오스트리아 사람을 발사하라고 명령할 때 행해지는 그림을 떠올리게 합니다. 이것은 당연히 터무니없는 말이지만, 논증에서 있을 수 있는 오해들을 방지하기 위해 참작하는 것은 때로는 도움이 됩니다.

정언명령을 정확하게 이해하기 위해서는 이를 명령의 영역으로 정돈할 필요가 있는데, 이 명령을 가지고 칸트는 행위에서 인간의 자기결정의 기본 특징을 설명합니다. 이 기본 특징을 모두 유일한 하나의 이유에서 명령이라고 부릅니다: 인간은 합목적인 것과 정당한 것을 인식하는 능력을 가지고 있으나, 동시에 자연물로서 당연히 이러한 인식에서 이에 상응하게 행동하는 것이 아니라, 반대되는 경향과 본능에 반해서도 행동해야 한다는 것을 인식해야 합니다. 쉬운 예를 하나 들자면, 집을 짓겠다는 목표를 세우는 사람은 그전에 건축학의 규칙을 습득해야 합니다; 이것을 하는데 너무 게으르다면 그는 자신의 목적을 소홀히 하는 것입니다. 칸트는 엄밀하게 명령들의 세 가지 형태를 구별합니다. 제1 명령들은 기량(숙련)의 명령들, 가언명령들, 넓은 영역에서 기술적으로 세계를 극복하게 하는 조건-결과-추론들입니다. 제2 명령들은 수완의 규칙들입니다; 이 명령들은 자신의 행복을 증대시키고자 하는 모든 인간이 지닌 목적에 해당됩니다. (괄호를 쳐서 이 자리에서 강조하고 싶은 점은, 칸트가 인간의 이러한 측면을 제대로 인정하지 않았다고 생각하는 것은 칸트의 실천철학을 매우 오해하고 있다는 것입니다. 반대로 칸트는 모든 인간들에게서 자신의 행복을 증대시키려는 목적은 전제되어야 하며, 이 목적은 아주 타당하다는 것을 강조합니다; 칸트가 말하는 것은 단지, 이러한 목적의 철저한 주관적 관계에서는 보편적으로 타당한 규칙을 발전시킬 수 없다는 점입니다) 제3 명령은 단 하나의 명령이며, 이른바 정언명령입니다. 정언명령은 일반적으로 이성적인 삶의 실행에 적용되는 것으로서 다음과 같습니다: "네가 원하는 행위의 준칙이 동시에 보편법칙이 될 수 있도록 행위하라." 칸트는 행위의 이 형식원리에서 인간의 자유가 드러난다는 입장입니다. 인간은 자신의 본능에 방치된 것이 아니라 자신의 행위를 원칙들 아래에 놓을 수 있으며, 더욱이 이 원칙들은 이것이 이성적인 삶을 가능하게 하는 것인가를 묻습니다. 정언명령은 목적이

기반이 되지 않는 행위를 요구합니다; 그 행위는 오로지 이성으로부터 나온 것입니다.

　정언명령에 관하여는 태산처럼 무수히 많은 논문들이 있습니다; 그래서 여기서는 인간의 이 능력에 대한 상세한 분석을 하지는 않겠습니다. 오늘 우리의 주제에 중요한 것은 하나입니다: 칸트는, 모든 인간은 ― 타자가 아니라 ― 자신이 어떻게 행위해야 하는가?라는 질문을 제기하는 한 항상 그가 묘사한 방식으로 행위한다는 것을 지적하였습니다. 준칙, 즉 주관적 원칙을 통해서 인간의 삶의 현실은 정언명령 속으로 함께 흘러 들어갑니다.

　그러므로 정언명령은 십계명 같은 것을 제시하는 것이 아니라 인간 행위의 형성 원리로서 말하자면 한 곳을 필연적으로 개방해 두고, 그곳은 각 개인이 자기결정을 통해 채우는 것입니다. 그 자리는 타인이 대신 채워줄 수 있는 것이 아닙니다 ― 만약 그렇게 한다면 그것은 바로 자기결정에 반하는 후견적 사고입니다. 이렇게 규정한 자유의 개념이 가져다주는 결과는, 모든 인간은 모든 타자들로부터 자기 자신이 근거가 되고 스스로 결정하는 존재로서 존중받을 권리가 있다는 것입니다. 이것은 법에도 광범위한 효과가 있습니다: 칸트는 모든 인간의 유일한 생래적인 권리를 알고 있습니다: 그것은 자유이며, 그는 개념을 그의 법론에서 일차적으로는 타인의 강요에 의한 것이 아닌 독립적인 것이라고 소극적으로 번역합니다. 법은 자기결정에 간섭할 필요가 없다고 말할 수도 있습니다; 법에서 관건은 공동의 자유적인 삶을 위한 규칙들을 완성하고 보장하는 것입니다. "법이란 한 사람의 자의가 타인의 자의와 자유의 보편법칙에 따라서 공존할 수 있는 조건들의 총괄개념이다"; 이렇게 칸트는 법론의 서론에서 말합니다.

그렇지만 이제 자유를 가치로서 이해하든 또는 칸트와 같이 인간의 의식적인 존재 그 자체로서 파악하든, 그것이 어떤 의미가 있는가를 물을 수 있습니다. 이미 말한 바와 같이, 물론 가치철학과 더불어 정신적인 것의 차원 그리고 자유 또한 사유에서도 암시적으로 다시 밝혀졌습니다. 그러나 나는, 여기서 칸트를 가지고 전개한 자유에 관한 다른 모든 견해에 비해 가치론은 매우 불분명하게 규정된 입장이라고 생각합니다. 이것을 세 가지 점에서 보여주고자 합니다.

첫째는 예컨대 요즈음 늘 읽고 듣게 되는 것은 사람들이 다시 가치에 관심을 돌리도록 해야 한다는 점입니다. 그렇다면 묻고 싶은 것은, 누구의 무슨 가치에 관심을 돌려야 한다는 말입니까? 어쨌든 독일의 공인들 중에서 내 가치의 지도자로 삼을 만한 사람은 많지 않은 듯합니다 — 그리고 설령 내 가치의 지도자로 삼는다 하더라도 나는 위에서 아래로의 상명하복식으로 취급당하지 않고 동일한 것에서 동일한 것으로 평등하게, 즉 칸트에 따라 대우받는다면 매우 감사할 것입니다. 더 심각한 것은 — 둘째로 — 가치의 개념과 결부된 가능성들인데, 가치를 마치 무슨 원료와 같은 '상품'처럼 말한다는 점입니다; 이러한 사고의 결과는,

법은, 그래서 예컨대 전형적인 공동의 자유는, 흔히 읽고 듣게 되는 것처럼 '빠듯한 재화'라는 아주 터무니없는 어조로 나타납니다. 이것은 국가라는 가게에 또다시 법이 빠듯하게 되었을 때는 이따금 부당하게 행위할 수도 있다는 것이나 다름없습니다. 물론 나는 가치철학을 이러한 무지로부터 변론해야 하겠지만, 가치철학은 그 실현을 이미 재촉하였습니다; 독일은 무엇보다도 오로지 경제 중심적인 사고를 통하여 야기한 우리 시대의 정신의 초원화를 경험하게 될 것이라는 것을 가치철학은 당연히 예측할 수 없었습니다. 마지막으로 셋째는, 가치철학과 함께 일시적인 부자유를 완전한 자유로 가는 단계로 파악하는 가능성이 열렸다는 것입니다; 왜냐하면 자유의 가치는 주체들의 존재에 대해 거리를 두었기 때문에 주체들의 삶은 이러한 가치로 가는 길로 파악될 수 있기 때문입니다. 이것은 자신의 권력을 목전에 두고 가치개념을 위로의 구호로 값싸게 이용하려는 정치에는 탁월한 수단이 될 수도 있습니다. 그렇지만 자유는 창공에 걸려 있는 것이 아니고 우리들 가운데에 있으며, 관계들이 부자유스럽다면 자유를 부자유스럽게 하는 것은 우리들입니다. 자유를 소홀히 하는 것은 단순히 어떤 가치를 침해하는 것이 아니라, 인간의 현존재 그 자체를 비이성적으로 만드는 것입니다. 자유의 현실과 자유를 가치로서 이해하는 오류에 지양해야 하는 근본모순에 대한 가장 좋은 (현재의, 2006년 당시의) 예는 미국의 이라크에 대한 국제법에 반하는 전쟁입니다.

　그러므로 인간의 의식적인 삶과 직접 결부된 자유의 개념이
어떤 결과를 가져오는지를 다른 측면들에서 묻는다면 다음의 세
가지 사항을 들 수 있을 것입니다:

　첫째, 이렇게 규정한 자유의 개념은 먼저 모든 인간들의 관계
에서 토대가 되어야 합니다. 이것은 하나의 원리이기 때문에 외
부적인 조건과 결부되어서는 안 됩니다. 유년기부터 성인이 될
때까지 인간의 발달과정을 보면 이는 자유와 자립성이라는 원리
에 따라서, 즉 인간적이고 인도주의적인 교육을 통해 지원되어야
합니다. 이러한 관점에서 보면 현재 독일의 대학에서 일어나는
일들은 정신에 대한 범죄입니다(학생들에게 전공을 다방면으로 심도
있게 공부할 수 있는 자율적인 선택의 여지를 주지 않고 일률적으로 정한
기간 내에서 시험 위주로 운영되는 커리큘럼을 비유한 것 ─ 옮긴이).

　둘째, 자유는 인간 실천의 특징으로서 매우 정치적인 개념입
니다. 자유는 인간들의 공동생활을 자유적인 것으로 만들 것을
요구하기 때문에 이 개념에 적절하지 않은 타율적인 질서들을 해
체하는 힘을 가지고 있습니다. 이 점에서 자유는 가령 다른 자원
들과 형량할 수 있는 것이 아닙니다. 의문의 여지없이 자유가 지
니는 한계들은 타인의 자유에서 그리고 그 자체가 오직 자유적인
규칙으로서 이해할 수 있는 사회적인 공동생활에서 반드시 필요
한 것, 공동의 규칙들에서 발견됩니다. 그러므로 자유는 그 개념
에 의하면 형량 같은 것을 통해 제한되는 것이 아니라, 자유 자체
에 내재하고 있는 한계들 속에서 확장됩니다. 논증에는 공동의

숙고가 선행되어야 한다는 것이 전체를 형량의 과정으로 만들지는 않습니다.

셋째, 자유는 의식적인 존재인 인간의 실존과 직접 결부된 개념으로서 보편적입니다. 동시에 이 개념은 세계의 문화들을 동등한 관계로 두는 한 자기제한적입니다. 더욱이 서구의 문화들은 그들 삶의 형태를 광범위한 의미에서 자유로운 것이라고 말할 수도 있다는 확신을 멈추어야 할 것입니다. 나아가 서구의 문화들은 그 자체가 봉건적이며, 식민지적이고, 전제주의적인 시대의 특성을 너무나 많이 가지고 있습니다. 특히 서구 문화들에서 현재 만연해 있는 천박한 물질만능주의를 보면 자신을 세계의 본보기라고 여기는 것을 주의해야 할 것입니다. 세계의 문화들은 우선 인간의 의식적인 존재로부터 나온 것으로 파악해야 합니다; 그 문화들은 항상 인간의 자유의 결과이며, 그러한 것으로서 먼저 절대적으로 존중해야만 합니다. 이 점에서 늘 자유로운 개개인의 사고는 죽을 때까지 발전된다는 것이 확실하게 맞는 말은 아니지만, 인간 정신의 발전 그 자체에 들어 있는 것입니다. 정신이 의식을 찾는다는 것은 인간의 삶 자체의 발전에 따른 것입니다 ― 이것은 천천히 일어납니다. 그렇지만 개념은 존재하고, 그 개념의 소유자들도 존재하므로 이 말의 광범위한 의미에서 이 개념의 현실화가 필요합니다. 로켓이나 탱크로 폭격을 하는 방식으로는 할 수 없습니다. 그러나 이 지구상에서 공정하고 자유로운 삶을 위한 인간의 자유에 들어 있는 발전 가능성의 긍정적이고 적극적인 힘은 아직 다 사용하지 않았습니다.

그래서 마지막 한 명제를 가지고 이 강연을 마무리하려고 합니다: 인류가 자신의 자유로 말미암아 할 수 있는 것을 보면 인류는 아직 역사의 시작 단계에 머물러 있다.

§ 4 인간존엄의 절대성

친애하는 게르하르트 루프(Gerhard Luf, 1943-; 오스트리아 빈대학교 법과대학 법철학연구소 소장 역임 — 옮긴이) 교수님과 귀빈 여러분 반갑습니다.

몇 년 전 나는 루프 교수님과 어떤 대화를 나누다가 우리 둘모두 매우 무모한 청년이었다는 것을 알게 되었습니다. 이것은 암벽등반이나, 대설에 스키를 타거나, 아니면 태평양에서 서핑하는 것을 두고 하는 말이 아닙니다 — 비록 이러한 활동이 매우 남성적이라 할지라도 말입니다; 이것은 우리가 박사학위 논문 주제를 어떻게 풀어 나갔는가를 두고 하는 말입니다. 루프 교수님은 칸트, 저는 피히테에 관해서 썼는데, 이 두 위대한 이름에서 이미 생각했었어야 함에도 불구하고 우리 두 사람은 정말 우리가 얼마나 어려운 영역으로 들어가는지를 사실상 제대로 알지 못한 채 주제를 선택했습니다. 이렇게 제 강연을 시작하며, 인간존엄의 절대성에 관하여 약 45분 정도, 짧은 시간에 정말 큰 주제에 관해서 이야기하는 것에 대해 여러분의 너그러운 양해를 부탁드립니다. 그러나 이 강연은 나의 무모한 동료의 생일에 바치는 것이기 때문에 과감하게 한 번 시도해 보도록 하겠습니다. 또한 이러한 용기는 여러분의 아름다운 도시 빈에서 강연을 한다는 기쁨에서 나온 것이기도 합니다; 오늘 이 자리에 초청해 주신 데 대해 진심으로 감사드립니다.

모든 인간은 존엄을 가진다는 이 언명은 현재 보편적 권리로 등장하고 있습니다. 이것은 어쨌든 서구에서는 세계관의 다원성에 대해 자부심을 가지고, 보편성에 대한 요구 그리하여 진리에 대한 요구를 가진 모든 언명은 쉽게 근본주의라는 혐의를 받는 시대에 다소 놀라운 일이 아닐 수 없습니다. 그럼에도 불구하고 인간존엄에 있어서는 표면상으로는 모두 동의를 하는 것 같습니다. 그리고 이런 것을 오늘날 최소한의 합의라고 부르기는 하나, 근본원리의 문제를 다루는 데서 일반적으로 나타나는 피상성을 드러나게 하는 것은 바로 모든 진리에 대한 요구는 항상 사유의 최대이지, 최소가 아니라는 점입니다.

그 까닭은, 모든 인간은 존엄을 지닌다는 확신에 대한 '근거가 대체 어디에 있는가?'라고 묻는다면 곧바로 제한적으로 영향을 미치는 언명들에 부딪히기 때문입니다. 독일의 평균 법조인들은 독일 기본법 제1조(인간의 존엄은 불가침이다)를 말하겠지만 게르하르트 루프 교수님과 나를 포함한 많은 이들은 내심 회심의 미소를 지으며 칸트의 『도덕형이상학』 법론의 서문 §B의 첫 문단을 생각할 것이며, §B의 첫 문단에서 문제 삼는 것은 실증주의자들이고, 어쨌든 여기서는 실증론자들의 멋진 두뇌를 인정하고 있습니다. 이러한 맥락만으로도 내가 주장하고 싶은 것은, 독일

법의 많은 대리인들이 범한 인간존엄에 대한 최악의 정신적 범죄 중의 하나는 인간존엄을 결국 행정법의 대상으로 만들고 그다음 산만한 형량절차를 진행한다는 점입니다. 시선을 다른 곳으로 돌려보도록 하겠습니다. 왜냐하면 내용적으로 훨씬 더 풍부한 사고과정에서 보편적인 인간존엄의 개념은 인간의 자율성과 결부되기 때문에 근대철학의 성과, 바로 데카르트에서 칸트까지 이어지는 서양철학의 성과와 관련이 있기 때문입니다; 그리고 여기에 또 독일 기본법 제1조(인간존엄의 불가침성)의 존재에 대한 진정한 이유가 있습니다. 인간존엄을 인간은 신과 동일한 형상이라는 기독교 전통과 연결시키는 설명은 더 심오한 데까지 들어가는 것 같습니다. 그러나 이 후자의 논증방식으로써 언명의 보편적 요구권 자체가 서서히 사라지는 것 같은데, 정확히는 복잡한 관계에 있는 두 가지 이유에서 그렇습니다: 한 이유는, 인간존엄의 기독교적 근원을 가정하는 것은 그 근거를 개개의 일신론의 종교와 연결함으로써 국제적 효력을 가지지 못할 것이기 때문입니다. 다른 이유는, 인간의 사유에 절대자로 간단히 근거를 대는 것은 인간이 가진 한계 때문에도 불가능하다는 것을 칸트의 비판철학은 보여주었습니다: 여기에는 구 형이상학으로의 복귀가 있을 것입니다. 이렇게 본다면 현대의 세련된 다원주의가 또한 기본개념들에 관한 최소한의 합의에 있어 자기 자신의 희미한 가정의 올가미에서 얼마나 산란해하는지를 잘 볼 수 있습니다. 그 ― 궁극적으로는 인간존엄에 대한 근거 없는 가정의 ― 결과는 공허한 파토스로서 인간존엄에 관한 말은 현재 지나치게 자주 이 파토스에 이끌려서 행해지고 있습니다: 말하자면, 좋게 들리니까 의미심장할 것이라는 겁니다.

언급한 추론들이 인간존엄의 타당한 개념에 충분하지 않다면, 두 가지 가능한 결론이 존재합니다: 그것은 바로 개념이 무의미하거나, 아니면 이 개념은 추가적인 방식으로 근거가 제시되어야 한다는 것입니다. 인간존엄에 관한 말이 다른 개념들과 더불어 근거 없는 형이상학이며 무의미하다는 것은 실제로 19세기와 20세기의 몇몇 철학자들이 한 가정 중의 하나였습니다. 인간존엄의 문제가 단지 이론상의 문제라면 그것으로 만족할 수 있을 것입니다. 그러나 인간존엄은 실천철학의 한 주제입니다. 바로 20세기는 인간존엄 개념의 무의미성에 대한 이러한 언명을 진지하게 받아들임으로써 주체를 먼저 피상적으로만 사유 속에서 말살하지만, 실제로는 주체를 현실에서 밀어붙이면 어떻게 되는지를 보여주었습니다(나치의 만행 ― 옮긴이). 세계는 이 현실화되는 허무주의를 수백만의 죽음으로써 대가를 치렀습니다. 사유는 역사로부터 배워야 할 것이며, 우리는 이러한 허무주의가 다양한 모습으로 변장하여 여전히 막강한 영향력을 행사하는 것에 속아서는 안 될 것입니다.

이렇게 해서 인간존엄의 개념과 그 논증을 다시 한 번 정확하게 철저히 사고하며 그 개념의 진정성과 내용을 묻고, 무엇보다도 서양뿐 아니라 모든 문화에 연결될 수 있도록 하는 깊이까지 묻는 제2의 가능성으로 가는 길을 보여주었습니다. 이제 이것을 해 보도록 하겠습니다.

시작은 '자율성' 개념을 분석하는 것으로 하고자 합니다. 칸트는 이 개념을 가장 정확하고 철저하게 천착한 사람이었습니다. 칸트의 이름을 이 맥락에서 거론하자마자 서로 맞물려 있는 두 가지 어려움에 처해 있음을 보게 됩니다. 하나는, 칸트의 이름은 실천철학의 영역에서 가령 자유, 정언명령, 현상적 인간과 예지적 인간 같은 낱말들의 종합을 종종 연상시킨다는 것입니다. 이러한 낱말들의 외적 체계를 칸트 실천철학의 핵심으로 소개하고, 모순되고 형식적이라고 혹평하며 근거를 밝히는 데 무용한 것이라고 거들떠보지도 않았습니다. 어쨌든 칸트를 가지고는 — 그래서 결론적으로는 — 모든 문화들을 아우르는 자율성의 개념을 발전시킬 수 없다는 것입니다. 그다음 바로 또 다른 어려움이 등장합니다: 자율성 개념을 서양의 특정한 정신사적이고 정치적인 발전과 동일시하고 역사적으로 가령 계몽과 연결한다면 자율성 개념을 다시 지역화시키는 의미로 단순화하는 것입니다. 자율성 개념과 여기에 근거를 둔 인간존엄의 개념을 세계적 타당성에 대한 주장을 할 수 있는 방식으로 논증하는 계획이 또다시 무산될 수 있습니다. 얼마 전 한 신문기사에는 서양과 동양에서의 계몽이라는 주제로 북경에서 개최된 국제학회에 관한 보도가 난 바 있습니다. 그 기사의 제목은 그 학회에서 중국의 시각으로 언급된 한 문장이었는데, 그 문장은 바로 '우리에게 칸트를 들먹이려 하지 말라!'였습니다.

　이러한 방어에 대해서는 다음을 말할 수 있습니다: 이것으로 그의 실천철학을 방금 낱말들의 종합이라고 풍자한 바 있는 그 칸트를 말하는 것이라면 (그리고 몇몇 단어 외에는 칸트에 관하여 주워들은 것이 없는 데도 칸트에 대해 말하는 사람들이 너무나 많습니다) 방어는 이해가 갑니다. 그런데 이 외에도 특이한 점은, 정말 철학적인 노력에서 말하는 것이라면 칸트 자신도 이러한 방어를 옳다고 생각할 것이라는 점입니다. 칸트는 그의 '1765-1766년 겨울학기 강의개설 공고'에서 철학에서는 가령 기하학의 유클리드와 같은 인식의 기본저작을 참조하도록 지시할 수 없다는 것을 언급하고 있습니다. 왜냐하면 철학을 배울 수 있는 것이 아니라, 단지 철학하는 것만을 배울 수 있기 때문입니다. 그러므로 모든 철학 작품은 사유의 활력 속으로 재번역해야 하는 것으로, 철학 작품은 그 자체가 사유에서 기인하고, 사유의 활력은 숙고하는 자의 편에서 반응하는 것입니다. 그래서 중요한 것은 칸트의 『실천이성비판』이나 『도덕형이상학정초』가 아니라, 칸트와 함께 인간 실천의 근본문제에 관한 이야기를 한다는 점입니다. 관건은 사유를 단순히 인수하는 것이 아니라, 이러한 사유의 힘을 통한 자극입니다.

　그러므로 다시 자율성Autonomie이라는 개념에서부터 시작해 보도록 하는데, 이 개념을 직접 칸트와 결부시키지 않고 말입니다. 자율성 개념은 문자 그대로는 자기법칙성, 자기입법성을 의미합니다. 자율성 개념의 요소들을 서로 분리하여, 즉 자기autos

와 법칙nomos을 하나하나 개별적으로 살펴보면 이 개념에 들어
있는 것을 더 정확히 드러나게 할 수 있습니다.

'자기'라는 것은 무엇이며, 이에 관한 참된 언명은 어떤 방식
으로 할 수 있는가? 먼저 이 앎의 형태를 규정할 수 있습니다. 자
기를 이론적 인식으로서 특징지으려고도 할 수 있는데, 그것은
자기라는 대상이 있기 때문입니다. 그렇게 되면 그 언명은 우리
를 둘러싸고 있는 자연에 관한 언명처럼, 즉 '장미는 붉고 돌은
땅에 떨어진다'와 동일한 앎의 형태입니다. 이제 우리가 인간존
엄에 관한 확실한 개념을 찾고 있다는 점을 고려하면 모든 인간
이 자기-존재라는 것은 경험 가능한 사실이라는 주장을 할 수 있
을 것입니다. 모든 인간은 자연의 한 부분이라는 것도 확실합니
다; 인간은 이 육체이며, 이 육체는 성장하고 타인들을 만나고 소
멸합니다. 그렇지만 인간에 대한 이 단순화된 관점은 사유에 부
과된 과제와 인간 전체에 부과된 과제를 근본적으로 놓치는 것입
니다. 두 관점은 오류를 보여줍니다: 첫 번째 관점은, 내가 타인
의 자기-존재에 대해 말하면, 나는 그에게 자기-존재를 장미에
게 술어인 붉은과 같이 개념의 내적인 성질로부터 외적으로 부여
할 수 없는데, 자기의 개념은 완전히 다른 성격을 지시하기 때문
입니다: 타자와 그 자신의 것, 이것은 오직 그 자신만이 채울 수
있습니다. 두 번째 관점은 다소 길게 다루게 될 문제입니다: 인간
은 자기-존재의 내용을 찾는 데서 행복한 위치에 있다고 할 수
있습니다. 왜냐하면 행성 궤도 또는 장미의 성격에 관한 규정에

서와는 달리 여기서 질문자는 자신에게 가장 가까운 것에 관한 것이며, 그래서 엄격히 본다면 자연에 관한 모든 인식보다 훨씬 더 쉽게 진리라고 증명된 인식에 이를 것이기 때문입니다: 그것은 바로 질문하는 자기 자신에 관한 것입니다. 그리고 자기-존재로서의 인간에 관한 모든 언명은 항상 이 언명의 성립과 내용에 스스로가 포함된 자에 의해 행해집니다. 그러므로 자신에 관한 언명은 항상 성찰적인 앎의 형태를 가지고 있습니다.

이와 관련하여 이제 자기-존재에 대한 언명의 내용에 다음의 명제를 제시해보겠습니다: 자기-존재는 모든 인간의 근본상태를 말합니다. 인간은 하나의 통일체이며, 자기를 근본적인 통일체로 파악하고, 먼저 육체적으로 보면, 이러한 하나의 개인적인 육체는 나의 것이며, 이 육체를 가지고 나는 감각적인 인상들을 받아들이고 고통과 쾌락을 경험하며 세상에서 행동합니다. 이 육체를 통해서 인간은 자신을 둘러싼 외부세계 및 타자들과 기본관계를 맺습니다. 내가 다른 이러한 인간에 대해 말하면 나는 타자에 대해 말하는 동시에 나에 대해 말하는 것입니다.

그러므로 자기는 인간의 존재에서 근본이기는 하나 동시에 또 더 많은 것입니다. 왜냐하면 자기-존재는 알고 있는 자기관계이기 때문입니다. 자신의 동일성에 대한 앎은 경험적인 지각들의 합이 아니며, 경험적인 지각들의 다수는 결코 하나가 될 수 없습니다. 반대로 경험적인 지각들을 하나의 통일체로 결합하기 위해서는 자기 자신에 대한 앎이 토대로서 선행되어야 합니다. '나는 생각한다'는 것이 나의 모든 표상을 수반할 수 있어야 하는 것입 니다 — 이렇게 칸트는 이 사고를 『순수이성비판』에서 명확히 표 현한 바 있습니다. 이 (의식의 방향) 전환에 의해서만 나는 이 육체 를 나의 육체라고 말할 수 있습니다. 자기관계에 들어 있는 앎의 성찰은 자기와 타자의 동일성에 관한 모든 말의 기본이 되는 불 가피한 사실입니다. 그런데 여기서 마지막 질문이 나옵니다: 그 것은 바로 이러한 자기관계가 하나의 근거를 가지고 있으며, 자 기 자신을 중심으로 한 회전 속에서 해체되지 않는다는 것을 어 떻게 생각할 수 있는가?라는 것입니다. 이 물음에 대한 대답은 이 강연의 끝에서 하도록 하겠습니다. 그러나 여기서 우리는 다른 문제들을 다룰 필요가 있습니다. 방금 간단히 타자의 동일성에 대해서 말했지만, 여기에는 설명을 요하는 문제가 있습니다. 나 는, 나 자신의 삶을 형성하는 자의식을 지닌 정체의 동일한 특성 을 외부세계에 적용하는, 내가 접하는 외부세계의 어떤 대상들에 — 이것은 먼저 타자들입니다 — 연결되어 있는가? 즉 외부세계 의 어떤 대상들은 단순한 존재일 뿐만 아니라 자기-존재를 가지 기 때문에 그래서 자기를 그들과 나-너-관계로 두는 것이 정당 한가? 이 물음에 대한 대답은 모든 인간이 가져야 하는 특성에 관 한 보편적 언명의 타당성을 위해서 매우 중요합니다.

　　이러한 질문에 대한 대답의 논증은 모든 인간이 하는 근원적 인 경험에서 시작할 수 있습니다. 인간은 단순히 생물체로 간주 한다고 해도 자기로 성장하기 위해서는 타인들의 애정 어린 보호를 필요로 합니다. 이러한 보호가 없다면 인간은 속수무책이며, 이러한 돌봄이 없이는 그의 소질과 같이 될 수 없을 것입니다. 애정 어린 돌봄을 통해 인간은 자신인 그가 됩니다: 인간은 자신에게 제공되는 것을 우선은 그저 받기만 하면서 스스로 줄 수 있는 사람으로 성장합니다. 이러한 과정은 양육과 보호의 자연적인 측면을 지니고는 있지만 그 과정의 전체 성격은 정신적인 면에 있는데, 그 이유는 이 과정이 한 사람의 타인에 대한 사랑과 신뢰를 통해서만 가능하고, 최종목적이 이 둘을 똑같이 베풀 수 있는 독립적인 인격체이기 때문입니다. 여기서 인격체 자신의 자기됨의 원형을 떠올리고 인격체를, 그를 둘러싼 세계로부터 자기 자신과 같은 타인격체로서의 그들을, 자신의 자기됨의 본질적 요소들이었던 그들을 인식하는 입장이 되게 합니다. 동일하고 동등한 특성을 지녔다는 것에 대한 신뢰로 인격들을 말하고 대우하며 상응하는 대답을 그들에게서 기대할 수 있는 것입니다. 이것은 상호관계의 정신적 원리이며 상호적인 자기-존재의 보편원리로서 공식화할 수 있습니다: 인간은 인간들 사이에서만 인간입니다; 상호적인 주고받음에서, 질문과 대답에서 나와 동등한 타자들과의 관계라는 인식이 견고해집니다 ― 그리고 여기에는 말도 필요하지 않습니다.

그러므로 여기서 전체적으로 중요한 것은 피히테가 실천철학에 도입하였던 승인(= 인정)의 개념입니다. 이 개념과 그 진실성에 대한 증명으로써 모든 인간들의 사회적 공존을 이해하게 하는 또 다른 걸음을 내디딘 것입니다. 세계는 타자와 공유하는 세계이며 이 안에서 타자들과 함께 만든 문화가 전개됩니다. 여기서 피히테라는 이름을 가지고 다시금 가령 그의 도움으로 근거를 밝히는 것을 면할 수 있는 권위를 끌어들이고자 하는 것은 아닙니다. 오히려 승인의 개념으로 자유에서 사회성을 논증할 수 있게 만드는 한 사고를 말한 것입니다. 이전에는 상상할 수 없을 정도로 인간들과 민족들의 접촉이 많아진 세계사의 현 단계에서 각기 자신의 인정에 대한 요구가 증가한다는 것은 분명 우연이 아닙니다.

인간의 자기-존재에 대한 성찰은 인간존엄의 근거를 자율성으로부터 제시할 수 있다는 인식을 가져다주었습니다. 그러나 자율성의 두 번째 요소인 노모스nomos, 즉 법칙의 개념에 대한 고찰이 남아 있습니다. 법칙 개념은 먼저 자기 개념과 별개로 살펴보아야 합니다. 그렇게 해서 자기 개념이 처음부터 근대의 서구 주체성에 대한 근거를 다룸으로써 우리에게 익숙한 관점의 방식들, 가령 개인과 자유 및 민주주의에 대한 이해의 방식들을 만들어냈던 것처럼 그렇게 이해하는 것을 방지해야 할 것입니다. 노모스nomos를 자기와 분리하여 독자적으로 규정하고, 노모스와 아우토스autos를 다시 결부시킨다면 이렇게 해서 자율성을 이해하는 추가적인 가능성도 얻게 됩니다.

그러나 이미 고찰의 시작 단계에서 단지 표면상으로만 진부해 보이는 하나를 말할 수 있습니다: 법칙은 여기서 자연법칙으로 이해될 수 없다는 것입니다. 왜냐하면 세계에 대한 이론적 관점이 인간의 세계에 대한 관계의 한 부분도 형성한다면 그 이론적 관점이 인간의 세계에 대한 관계의 일부 자체를 완전히 설명한다는 것은 불가능하기 때문입니다; 이러한 가능성은 모든 앎에 토대가 되는 자기-존재의 구조를 통해서 이미 결정된 것입니다. 노모스는 넓은 의미에서 실천적인 세계관계의 한 개념이기 때문에 동시에 자기관계도 그 안에 들어 있습니다. 이 점에서 제1단계에서는 이론적 세계관계도, 그것이 즉 기술적-실천적 행위실행에 관한 것일 때는 실천적 세계의 관계를 위해 중요합니다. 외적인 삶의 극복에 대한 목적-수단-관계에는 자연법칙에 관한 이해가 내포되어 있습니다; 여기서 인간의 독창력의 무한한 영역이 펼쳐집니다. 이것은 일차적으로는 문화이며, 분명 세계의 문화들이 모두 가장 쉽게 소통할 수 있는 영역입니다.

하지만 법칙의 개념은 다르며 추가적 의미를 가지고 있는데, 이것은 우리의 주제를 진척시키게 할 것입니다. 법칙의 개념은 자기 삶을 사는 인간에 대한 지시로 이해할 수 있습니다. 이것으로 거론된 것은 영역이 오로지 자기에게 해당하는 생활방식을 거론하는 한 우선은 주체와 관련되는 영역이지만, 그것이 각 개인의 자기를 넘어선다고 보면 자기와 무관한 영역입니다. 어떤 방향개념을 제공하기 위해서 여기서 언급한 차원을 객관적 윤리성이라고 부를 수 있습니다.

객관적 윤리성이 그 기본원칙에 끌어들이는 근원들은 다양합니다. 이 근원들 중 인간에게 지시하는 가장 중요한 것은 어떤 형태로 출현하든 세계의 종교들입니다. 그러나 (여기서는 아주 중립적으로 이해하여) 이념으로서의 세계상들도 강력한 방식으로 각 개인의 삶을 지배할 수 있습니다. 이러한 관계 속으로 들어가는 것은 전적으로 근대철학의 주체에 대한 구상이며, 여기서 주체는 자기입법자로서 특수한 지위를 갖게 됩니다; 빈번히 행해지는 민주주의에 대한 특색이 없는 말들은(특색이 없는 것은 자기의 본질을 이해하지 못하기 때문에 그렇습니다) 여기에 그 이유가 있습니다.

노모스를 이렇게 일반적으로 이해한다면 도덕성에 관한 칸트의 모든 견해를 차용하지 않고도 각 개인의 윤리적인 의식에 관한 관계를 만들어낼 수 있습니다. 왜냐하면 객관적 윤리성에 대한 각각의 주관적인 관계는 매우 다양하게 제시될 수 있으며 상이한 문화들에서 또 매우 다양하게 나타나기 때문입니다. 이것은 주체를 둘러싼 일반성으로의 자기해체로부터, 주체를 유일한 입법자로서 이해하는 관점과 더불어 근대 서구 개인성의 특정한 형태들까지 가능합니다.

이러한 방식으로 세계의 다양한 정신문화들을 각기 자기 삶을 영위하는 인간의 가능성 그 자체로서 파악하는 공간이 열렸습니다. 하지만 여기서는 즉각 이의를 예견할 수 있습니다: 이것으로 모든 것을 이해하는, 완전한 의미에서 식인풍습과 정언명령과 불교 간에 아무런 차이를 가정할 수 없는 무관심한 상대주의의 늪에 완전히 빠지는 것은 아닌가?

그건 아닌 것 같습니다. 왜냐하면 보편적으로 증명된 인간의 자기-존재를 이렇게 이해한 노모스와 연관시키면 두 요소 간 관계의 전개에 대한 역동성을 생기게 하는 긴장이 나타나는 것은 당연하기 때문입니다. 그래서 각자인 자기와 자기를 지시하는 법칙은 친근감, 상호적인 매력을 발전시키며, 아우토스와 노모스 사이에는 언어상의 맥락만 존재하는 것이 아니라 내용적인 관계도 있다는 논제를 제시해보고자 합니다: 자기와 법칙은 둘 사이의 균형을 의미하는 관계에 있어야 하며, 법칙은 나의 법칙이 되어야 합니다. 내용이 풍부한 주체적인 생각은 계시가 아니라, 인간의 정신에 대한 인식으로부터 세상에 오는 것입니다. 그런데 이와 결부된 세상에서 인간성의 실현에 대한 발전과정은 서구에서도 아직 시작조차 하지 않았다는 주장을 하려고 합니다. 지금 서양을 지배하는 천박한 물질주의는 다른 문화들에 대해 교만스럽게 행동할 아무런 권능이 없습니다. 자유와 이성은 이 두 개념을 한번 사용하기 위해 서양에서도 아직 그 역사를 앞두고 있습니다. 그렇지만 이러한 미래 역사의 본질은 ― 이것은 앞서 말한 것으로부터 도출되는 것인데 ― 그 역사의 주체인 우리 인간들이 서로 깊은 존경으로 시작의 발걸음을 내디뎌야 한다는 것입니다. 그 요소들이 올바르게 규정되었다면 그 실현은 저절로 이루어집니다 ― 그러나 이 말은 결코 쉬운 방식으로 즉각 행해진다는 것을 뜻하는 것이 아닙니다. 왜냐하면 지금 세계를 보면 희망을 가질 근거가 많지 않아 보이기 때문입니다. 현재 너무나 많이 사용되는 '글로벌'이라는 단어 뒤에는 쉴러와 베토벤의 "모든 인간은 형제가 되노라"(쉴러의 시에 베토벤이 작곡한 9번 교향곡, 환희의 송가에 나오는 표현 — 옮긴이)가 아니라, 이윤 극대화의 군기하에 다름 아닌 세계의 식민지화가 담겨 있습니다.

그렇지만 이러한 과정은 수정되어야 하며, 이 수정의 기본척도는 이제 확보되었습니다: 그것은 모든 인간의 자율성에 대한 존중 혹은 달리 표현하여 인간의 존엄에 대한 존중이어야 합니다. 모든 인간의 존엄에 관한 언명에는 일치점과 차이점이 동시에 내포되어 있습니다; 일치점(= 단일성)이라고 하는 것은 언명이 차별 없이 적용됨으로써 인류에 관한 언명을 전체적으로 말하기 때문에 그러하며; 또한 진술하는 자 자신이 그 속에 내포되어 있기 때문에 그렇습니다. 그러나 차이는 언명 안에 포함되어 있는데, 모든 인간은 자신을 위해 존재하고, 그의 존엄은 각자 자신을 위해 가지는 것이기 때문이라고 말할 수 있습니다.

사고과정의 이 지점에서 이제 권리의 개념이 나옵니다. 인간 존엄의 개념은, 이 개념이 여기까지 전개되었던 것처럼, 유일한 근원적인 인(간의)권(리)의 근거가 됩니다: 그것은 바로 자유, 모든 타인들에게 자율적인 실존에 대한 요구, 유일한 생래적인 권리로서, 칸트의 표현으로는 타인의 강요에 의한 자의와는 무관한 독립적인 것입니다. 이 원리로부터, 인간존엄으로부터가 아니라, 법은 그 질서 속에서 펼쳐지게 됩니다: 그 질서는 바로 한 사람과 타자의 권리로서, 강제의 가능성, 국가적으로 제정된 공동체의 필요성 그리고 독립적인 국가들의 세계헌법의 필요성입니다. 그러므로 인간존엄은 법원리가 아니며, 기본-권리도 아니고, 오히려 법의 근거입니다. 그래서 인간존엄은 당연히 모든 인간에게서 드러나지만, 그것은 분할되는 것이 아니며 항상 인류의 단일체를 말해줍니다. 인간존엄을 법의 개념성으로 전환해본다면 이에 가장 가까운 것은 칸트의 이른바 각 개인 속에 있는 인류의 권리입니다. 이것으로 언제 이 권리가 (그리하여 인간의 존엄이) 침해되는지의 언명에 대한 준거점을 가지게 되었습니다: 그것은 개인을 완전히 물화하는 경우, 개인이 인류라는 사실을 부인할 때입니다. 그러나 여기서는 더 이상 법속에 있는 것이 아니라 분명 법의 경계에 있는데, 법은 타인에 대한 이러한 권리를 정당화할 수 없으며 나아가 이러한 멸시에 대한 어떠한 목적도 정당화될 수 없기 때문입니다. 이것은 근본오류이며, 인간존엄을 수량화하여 형량의 절차로 하는 것에 대해서는 서두에서 언급한 바 있습니다; 이것은 바로 인간존엄을 부정하는 것입니다.

이것이 매우 평범한 결론은 아니지만 이렇게 해서 결론에 도달한 것은 아직 아닙니다. 왜냐하면 마지막 물음이 남아있고, 이것은 지금까지 다루었던 것 중에서 가장 어려운 질문이기 때문입니다.

나는 여러분에게 인간존엄의 절대성에 관한 강연을 하겠다고 공지했습니다. 그런데 인간의 자율성에서, 즉 지금까지 설명한 부분에서 절대성이 있는 곳은 어디인가. 이 모든 것은 인간은 새로운 신이며, 인간 자체가 바로 절대자라는 언명의 결론을 내림으로써 사고과정은 이미 종결된 것이 아닌가? 그렇지 않다고 생각합니다.

먼저 사전설명을 해두자면, 인간존엄의 절대성에 대한 함축성의 근거는 인간존엄을 가령 '절대적 가치'와 같이 말하는 것으로는 충분하지 않습니다. 가치철학은 19세기에 철학이 몰락한 붕괴의 산물로서 그 영향은 무엇보다 가치개념에 그럴듯하게 들리는 정신의 경제화를 가지고 설명될 수 있습니다. 이것으로부터 오늘 이 강연의 주제를 위해 도출될 수 있는 것은 아무것도 없습니다. 오히려 절대성에 대한 물음은 사유 자체에 제기하는 물음이며, 그러므로 여기서는 인간존엄이란 무엇이고, 이 개념의 진실성에 관한 근거 있는 언명에는 어떻게 다다를 수 있는가 하는 성찰에 제기하는 물음입니다.

우리는 또 한 번 자기-존재와 인간의 자의식으로 되돌아갈 필요가 있습니다. 아까 옆으로 잠시 치워둔 실타래를 다시 가져오겠습니다. 그래서 한 번 더 자기에 관한 앎의 특별한 방식에서 시작해 보겠습니다. 그것은 성찰적인 앎인데, 그 이유는 그것이 대상에 대한 자기인식을 가지고 있지만 동시에 자기인식을 앎으로 이해하기를 원하기 때문입니다. 이렇게 해서 피할 수 없는 딜레마에 놓이게 되었습니다: 왜냐하면 모든 앎은 앎의 주체를 전제하고, 자기 자신에 대한 앎은 항상 가장 먼저 파악되어야 하는 것을 전제하기 때문입니다. 그래서 무한한 회귀, 자기 자신에 대하여 결코 종결될 수 없는 회전이 생겨납니다. 그러나 이것은 끝까지 생각했다는 것을 말합니다: 즉 자(기)의식은 존재하지 않는다; 자기는 제대로 숙고한다면 진리보다는 현저히 광란에 가까운 개념일 것이다. — 이렇게 착각해서는 안 됩니다: 자기를 자(기)의식으로 이해하는 근대 서구의 인식은 이러한 근본문제들을 기꺼이 회피하며, 현재는 객관적 조건들, 즉 성향이나 환경 또는 뇌 같은 것으로 고정시켜 파악하는 것을 선호함으로써 안심하고 있습니다. 그러나 이렇게 해서는 앎의 근거에 관한 질문의 인식이론적 차원까지 파고들지 못합니다. 그런데 더 치명적으로 영향을 미치는 것은 사실상 근거 없이 확립된 주관성은 지속적으로 근거의 결핍이 있게 되며, 이렇게 파악한 주관성의 총체적인 허약성 자체를 경험하고, 자기의 참담이 싫어서 환상의 세계들로 도주한다는 것입니다.

칸트는 자기 자신을 통해 토대를 마련한 실천이성의 안정성을 신, 자유, 영혼의 불멸성이라는 요청을 통해서 획득해야 했습니다. 그는 주관적 이성에 대한 이러한 종결 사상을 가지고 주관적 이성의 존재를 자기 자신을 통하여 형성된 것으로 설명했습니다. 1792년의 종교저작에서 칸트는 종교를 완전히 도덕으로 풀어냈습니다. 여기서 그는 여러 차례, 이렇게 파악한 윤리 의식은 우리에게 설명이 불가능한 방식으로 하늘에서 인간들에게로 왔다는 표현을 사용했습니다. 절대성의 진실성은 개인의 주관적 실천이성이 되었습니다.

칸트는 이성비판을 가지고 구 형이상학으로의 모든 재발을 막고자 했기 때문에 이러한 결론에 도달할 수밖에 없었습니다. 절대성에 관하여는 인간적이고 유한한 인식능력을 능가하지 않는 한계 내에서만 말했습니다. 그렇지만 이러한 결과가 지나치게 극단적인 것은 아닌가라는 의문이 들 수 있습니다. 근거를 파악하기 어렵다는 것 때문에 근거 자체가 생략되는 것은 아닙니다. 인간은 그것을 자신에게 친숙한 앎의 방식으로만 탐색하고 이해할 수만은 없습니다. 그러므로 문제는, 근거를 인간의 자의식과 결부시켜 생각해야 하는 것은 아닌가 하는 것으로서, 그 근거는 더 이상 성찰적 사유에 의해 나온 것으로 파악할 수 없으며, 오히려 그 근거에 선행하는 모든 사유의 활력 자체에서 이러한 사유에 대한 사유로부터 기인하는 것입니다. 이러한 근거는 생각할 수 있습니다: 그것은 인식 속에 존재하는 근거이며, 이를 사유는 인식과 완전히 근거가 밝혀진 관계 속으로 두지 않고 최종 종합에서 규명할 수 있습니다. 인식에서의 이 근거는 실제인 동시에 앎에서 가져온 것입니다; 이것은 절대적 근거입니다. 유한한 존재로서의 인간은 이러한 근거를 받아들이고 자기를 그러한 무한성 속에 포함시켜 이해할 때에만 온전히 자기를 이해합니다. 철학자 디터 헨리히(Dieter Henrich, 1927-2022)가 이러한 해답을 제시하였는데, 나는 처음에는 큰 회의감이 들었지만 성찰의 긴 시간 동안 그 해결의 힘에 확신을 갖게 되었습니다.

이것이 인간존엄 속에 들어 있는 절대성입니다. 확신하건대

(교회의 영향에서 벗어나) 세속화된 서양의 사고는 아직 발전과정을 앞두고 있으며, 이것으로 절대성은 다시 세계관과 자아상의 한 부분이 될 수 있는데, 그것은 그렇게 되어야 하기 때문입니다. 언젠가는 19세기와 20세기에서 온 오늘날의 기술-경제적인 생산 효율성을, 얼어붙고 경직화된 정신상태의 빙퇴석처럼 여기고, 얼음이 진짜로 그렇게 멀리서 왔던 것인지를 의아해하며 물을 것입니다. 그렇지만 나는 서양의 사고가 이러한 불가피한 발전단계에서 스스로와 자신의 업적을 포기하지 않고도 다른 문화들로부터 배울 수 있다는 것을 확신합니다. 왜냐하면 이러한 발전단계에서는 서양의 사고가 수 세기에 걸친 작업에서 적발한 한 오류를 범해서는 안 되기 때문입니다: 절대성은 인간들 사이에 있지 않습니다; 절대성은 인간들 마음대로 할 수 있는 것이 아니며, 절대성은 한 사람이 타자들에 대해 대항하는 것일 수도 없습니다. 이러한 오류는 종교전쟁에서 혹독하게 치렀습니다. 하지만 이 오류를 인간존엄에서 나오는 인권이 막아줍니다. 그러나 절대성 없이는 인간의 자아상은 불가능하며 — 바로 모든 자아상은 인간의 존엄에 대한 앎에서 자신의 완전한 완성과 실현을 발견하는 것입니다. 우리들이 이 지표면 위에 서 있는 것처럼, 우리 인간들은 이러한 토대 위에서 정신적으로 꿋꿋이 서 있습니다.

이것으로 마무리하고자 합니다. 인간의 존엄에 관한 보편적으로 타당한 언명과 이 언명을 지지하고 가능하게 하는 어떤 절대성의 존재를 가정하는 것은 결부되어 있음을 보여주려고 했습니다. 절대성이 하나의 근거에서 기인하고 그 근거에서 나와야 하며, 이 근거를 마음대로 할 수 없으며 제대로 파악할 수도 없다는 것은 하나의 스캔들로 그리고 근대 사고에는 부당한 요구로 받아들여질 수도 있습니다. 이에 대한 납득이 필요하다면 그것은 그 근거 자체가 바로 사유를 통하여 도달할 수 있는 것이라는 데서 찾을 수 있을 겁니다; 문제는 앎의 특별한 방식이지 믿음이 아닙니다. 근대의 사유가 이러한 절대적인 근거에 대한 표시를 필요로 한다면 모든 인간의 존엄에서 볼 수 있으며, 모든 인간의 존엄은 그 근거 속에 그 근원과 최종적인 확실성을 가지고 있습니다.

이렇게 해서 마침내 인간존엄을 해명하는 개념까지, 생식과 출생에서부터 죽음까지 인간의 현존재의 모든 비밀을 다루었습니다. 그러나 이러한 결론으로 강연을 끝내서는 안 되고, 이 모든 의미가 직접 전체 강연에서 나오는 한 문장으로 강연을 마치도록 하겠습니다: 루프 교수님, 생신을 축하드립니다.

제2장

칸트와 법

§ 5 법이란 무엇인가?* **

I. 서언

1.

'문화로서의 법'이라는 이름을 가진 연구소(The Käte Hamburger Center for Advanced Study in the Humanities "Law as Culture"; 독일 연방교육부의 지원으로 대학에 설립된 인문, 사회과학 분야의 학제적, 국제 적 연구기관 — 옮긴이)가 법에 대해 말할 때는 문제되는 것(= 법)이 무엇인지를 명확하게 규명하지 않으면 안 된다; 그렇지 않고는 생산적으로 연구를 할 수가 없을 것이다. 이때 그 대답은 법학과 법학의 기초학문의 수준에 상응하는 정도에서 나와야 한다. 그러 므로 법에서 관건이 되는 것은 '어떤 방식으로든' 항상 금지와 강

---

* 이 글은 Käte Hamburger Kolleg, Recht als Kultur(문화로서의 법)의 강 연 포럼에서 발표한 내용을 토대로 한 것이다. 강연의 과제는 법에 비해 매 우 일반적인 문화의 개념을 가지고 연구맥락의 범위 내에서 법개념의 독자 적 의미를 밝히는 것이었는데, 이러한 큰 주제에 부응하는 것이 이 강연의 관심사가 될 수는 없었다. 이러한 제약으로 인해 평소보다 더 자주 필자의 선행연구들을 인용해도 될 것이다. — 이 글에서는 강연 내용을 수정·보완하 고, 한 부분을 (칸트 법론의 § B에 대한 해석을) 심화시켰다.
** 이 글은 Was ist Recht?, in: Werner Gephart/Jan Christoph Suntrup (편), Rechtsanalyse als Kulturforschung Bd. II, Frankfurt a.M. 2015, 19-34면에 수록된 것이다.

91

제 그리고 무엇보다도 법률위반의 결과인 형벌이라는 지극히 일반적인 견해와 같은 불분명한 선입견에 머물러 있을 수는 없다.

이제 이렇게 제시된 과제를 (실증주의적으로) 개별 법질서, 예컨대 독일의 법질서에 관한 서술을 하면서 극복하려고 할 수도 있을 것이다. 그러나 이것은 불충분한 것인데, 문화의 개념은 개별 법문화보다 더 많은 것을 함유해야 하기 때문이다. 그렇지만 법문화들을 비교하는 서술도 충분하지 않다. 왜냐하면 그렇게 하면 (비교법이 제공하는 법학적 인식에서의 모든 유용함에서) 공통점과 차이점에 대한 확인은 할 수 있을지 모르나, 요구되는 것인, 법이란 무엇인가에 대한 근본적인 판단은 내릴 수 없기 때문이다. 이러한 근본적인 판단을 하기 위해서는 사유적으로 법의 효력에 대한 근거들까지 찾아가야 한다. 그래야 비로소 법개념이 상대주의로 해체되는 것을 방지하는 기반을 얻게 된다. 이러한 연구를 할 수 있는 것은 오로지 법철학뿐이다. 법의 다른 기초학문들은 법의 개념을 방법적으로, 사회적으로, 역사적으로, 비교적으로 항상 전제한다. 그러나 법의 다른 기초학문들 스스로가 효력의 이유들에 대해 입장을 취한다면 법의 근거를 제시함으로써 법철학적으로 작업해야 하고 자신의 전공분야를 넘어서지 않으면 안 될 것이다.

2.

이렇게 암시한 추론은 이 글의 제목으로 정한 칸트의 『도덕형

이상학』[1] 법론의 서론에 나오는 §B의 구절에서 시작해야 할 것
이다. 후술하는 내용을 더 잘 정돈하여 분류하기 위해서는 몇 가
지 사전언급이 필요하다.

법은 우선 아주 임시적으로 그리고 일견에는 행위를 안내하
는 규칙들의 체계이며 그래서 당위질서라고 말할 수 있을 것이
다. 당위적인 행위들은 경우에 따라서는 강제로써 관철될 수 있
다. 그러므로 무슨 근거로, 그리고 언제 당위규정이 강제로 관철
될 수 있는가에 관한 상세한 논증이 필요하다. 법은 행위를 인도
하는 것이기 때문에 행위능력이 있는 개개인에게 호소하는 것이
며, 법강제 또한 각 개인에게 행해진다. 법의 논증에서 이것은 개
개인이 당위규범의 비독립적인 상대로 이해되고 각 개인에게 행

---

1 메타피직스(= 형이상학)라는 단어가 제목에 들어 있는 저작은 (특히 현대의
독자들에게) 이 단어 때문에 위협적인 인상을 줄 수도 있다; 이것을 칸트 자
신도 알고 있었다(Kant, Grundlegung zur Metaphysik der Sitten,
Vorrede, BA XIV = AA 4, 391면 참조). 그러나 칸트는 이 개념에 이성비
판에서 기인하는 고유한 의미를 부여하였으며, 그 의미에 따르면 메타피직
스에는 결코 어떤 불투명한 것, 더 이상 이성적으로 생각할 수 없는 것이 붙
어 다니지 않는다. 메타피직스는 칸트에게 초감각적인 배후세계를 뜻하는
것이 아니다; 메타피직스는 사유의 대상영역들을 모든 경험에 앞서 하나의
구조 속으로 두는 사유의 능력을 말한다; 그래서 자연의 메타피직스와 도덕
의 메타피직스, 즉 실천인 세계행동의 원리들에 대한 메타피직스가 존재
한다. 이에 관하여는 Zaczyk, Zur Begründung der Gerechtigkeit mens-
chlichen Strafens, 297면 이하, 211면 이하(한국어 번역은 이 책 §10) 참
조. ─ 칸트의 저작들은 일차적으로는 널리 알려져 있는 10권 및 12권 전집
으로 된 바이쉐델Wilhelm Weischedel판에 따라 인용하며(실천철학에 대한 가장
중요한 작품들은 제6권과 제7권에 있다), 무엇보다도 원판의 면수를 인용하
기로 한다(A는 초판을 말하고, B는 재판이 존재하는 경우 재판을 말한다); 이
차적으로는 프로이센 학술원Preußische Akademie der Wissenschaften판에 따라 약어 AA
와 권수 및 면수에 따라 인용하기로 한다.

위는 외부에서 정해줄 수 있는 것인 한은 특별한 사유적인 어려움을 야기하지 않는다. 규범의 정당성은 초월적인 근거(신), 더 이상 물을 수 없는 최종 근본규범 혹은 단순한 힘에서 기인할지도 모른다. 그러면 인격은 규범수범자로서만 나타나며 규범이 그에게 명령한 것만 지키면 된다. 법은 이러한 관찰 방식에서는 당위의 요구를 인격의 의식 속으로 옮기는 문제를 가지고 있기 때문에 강제를 늘 예방적으로 투입하려고 하는 경향을 띤다. 이것은 법에 대한 계몽 이전의 시각이며, 이러한 관점은 또 현재 자칭 정치 엘리트들의 법에 대한 사고와 거의 다를 바 없다는 것을 부언해두어야 할 것이다.

개인의 해방과 함께 존재하는 상태에서 특히 초월적인 효력의 관계들 속으로 종래 전제되었던 법개념과 상반되는 개념이 생겨났는데, 이 개념은 발전과정에서 개체의 고유한 권리를 점점 더 강하게 주장하였고, 법은 더 이상 개체와 무관한 것이 아니라 개인의 고유한 권리와 더불어 그리고 이 권리로부터 그 근거를 제시할 것을 요구하였다. 개인은 자신의 권리를 주장했으며, 이러한 사상이 지닌 권력을 붕괴시키는 힘은 1789년 프랑스에서의 혁명과 1989년 독일(= 구동독의 붕괴)에서 확인할 수 있었고, 현재 북아프리카(= 이른바 '아랍의 봄'이라고 불리는 2010년 12월에 시작된 민주화운동 — 옮긴이)에서도 확인할 수 있다. 이러한 요구는 그 힘의 최종 근거를 인격의 자유에 두고 있다.

Ⅱ. '법이란 무엇인가?'라는 물음에 대한 칸트의 대답

1.

지금부터는 1797년의 『도덕형이상학』 법론[2]의 서론에 나오는 § B의 설명과 해석의 범위 내에서 법의 논증 문제에 관한 칸트 사고의 중요한 성과들을 소개하고자 한다. § B의 토대가 되는 텍스트는 두 부분으로 양분되어 있다. 칸트는 첫 단계에서 (텍스트의 첫째 문단에서) '법이란 무엇인가?'라는 물음에 대한 극도로 단순한 대답들을 배제하는 반면에 자신의 대답을 위한 두 가지 중요한 단초들을 제시한다(이에 대해서는 뒤의 2.). 그다음 두 번째 단계는 § B의 상이한 두 문단으로 이루어져 있으며, 여기서 중요한 결론들을 포함한 칸트의 법개념이 전개된다(3.).

2.

§ B[3]의 첫째 문단은 다음과 같다:

"법이란 무엇인가? 이 물음은 법학자들이 동어반복에 빠지고

---

2 Kant, Metaphysik der Sitten, Rechtslehre(뒤에서는 경우에 따라 § B로도 인용하기로 한다), AB 31-33 = AA 6, 229면 이하. § B의 해석에 관하여는 많은 참고문헌이 소개된 Höffe, Der kategorische Rechtsimperativ, in: 동저자 (편), Metaphysische Anfangsgründe der Rechtslehre, Berlin 1999, 41면 이하; Kersting, Wohlgeordnete Freiheit, Immanuel Kants Rechts- und Staatsphilosophie, Frankfurt a.M. 1993, 97면 이하; Ludwig, Kants Rechtslehre, Hamburg 1998, 92면 이하도 참조.
3 Kant, Metaphysik der Sitten, AB 31/32 = AA 6, 229면 이하(텍스트에 나오는 강조는 표시하지 않았다).

싶지 않거나, 보편적 해답 대신에, 어느 나라에서 어느 시기에 법률이 원하는 것이라는 것을 말하고 싶지 않다면, 진리란 무엇인가?라는 유명한 물음이 논리학자들을 곤혹스럽게 만드는 것처럼 법학자들을 곤혹스럽게 만들 것이다. 무엇이 법인가(quid sit iuris), 즉 법률이 일정한 지역과 일정한 시대에 무엇을 말하고 있거나 말하였던가 하는 것은 법학자가 말할 수 있을 것이다; 그러나 법학자가 가능한 실정 입법을 위한 토대를 수립하기 위하여, 일시적으로 경험적 원리를 저버리지 않고, (법학자에게 실정 법률이 입법을 위한 훌륭한 길잡이가 될 수 있다고는 해도) 판단의 근원을 순전한 이성 안에서 찾지 않는다면, 그들이 원하였던 것이 또한 정당한 것인지를 인식할 수 있는, 그리고 법과 불법(iustum et iniustum)을 인식할 수 있는 보편적 기준은 찾지 못할 것이다. 단지 경험적이기만 한 법이론은 (파이드로스의 우화에 나오는 나무로 만든 머리와 같이) 아름다울지는 모르나, 뇌가 없는 머리라는 것이 참으로 유감이다!"

칸트는 여기서 먼저 '법이란 무엇인가?'라는 질문을 받고, '법이란 현재 적용되는 것이거나 과거에 적용되었던 것'이라는 대답이 충분하지 않을 수 있다는 것을 알기 위해 깊이 생각에 잠긴 법학자들의 곤혹감을 말한다. 왜냐하면 이것의 의미는 법이란 법인 것이거나 아니면 법이었던 것은 법이었던 것이라는, 즉 단순한 동어반복뿐이기 때문이다. 따라서 법학자들도 진리에 대한 질문을 받고 대답으로는 어찌할 바를 모르는 손짓으로 결론의 대전제를 지시할 뿐인 논리학자들과 전혀 다를 바 없다. 그러므로 법이라는 속성이 법에 부합하는지는 이런 방식으로는 판단할 수

가 없다. 이 모든 것은 단순한 경험적 법론이며, 이에 대해서 칸트
는 아름다울지는 모르지만 뇌가 없는 머리라며 매우 부정적인 판
단을 한다.[4] 그렇지만 칸트는 벌써 이 문단에서, 어디에 방향을
맞추어서 과제를 해결해야 하며 무엇을 통해서 대답이 내용도 얻
을 수 있는지에 대해 두 가지를 지적하고 있다.

a) 이를 위해서 칸트는 먼저 질문을 정확하게 살펴보는데, 이
질문은 법과 불법을 인식할 수 있는 보편적 기준을 요구한다. 따
라서 이러한 기준은 법에 대해서 항상 전제했던 개념의 요소가
될 수 없고, 그 자체가 이미 법개념 속에 들어 있어야 한다. 그러
고 나서 칸트는 법이란 무엇인가에 대한 대답을 위한 방법에 관
하여 주목할 만한 것을 말하는데, 그것은 바로 일시적으로 현행
법을 떠나 법과 불법에 관한 판단의 근원을 순전한 이성에서 찾
는 것이다. 여기서 '순전한' 이성은 순수 이성을 말한다. 이것은
해석학적인 설명이 필요하다.

먼저 이미 이러한 출발점에서 '순전한' 이성이라는 단초와 함
께 확실해진 것은 여기서는 객관적인 자연법이 17세기와 18세기
전반에 걸쳐 영향을 주었던 것처럼 이러한 자연법을 전개시키려

---

4 단순한 법률지식을 넘어서 본질적인 법조인 양성의 필요성에 대한 이러한
매우 적절한 설명의 결과를 여기서 지적해두고자 한다. 자명한 이유에서 정
치와 경제 권력들은 이러한 비판적 수준을 추구하는 것을 자꾸만 어렵게 만
든다. 소위 볼로냐 모델Bologna-Modell에 관하여는 Zaczyk, Rechtswissen-
schaft oder McLaw?, 56면 이하[이에 관한 소개는 손미숙, 법학인가 맥로
인가, 법조 2010 (통권 641호)/2, 특히 363면 이하] 참조.

는 것이 아니라는 점이다; 이 자연법을 대변하는 이름으로는 휴
고 그로티우스Hugo Grotius와 크리스티안 볼프Christian Wolff가 있다.[5]
이들에 따르면 법은 객관적 이성으로서 통용되는 보편질서이며,
이 보편질서에서 무엇이 옳고 그른지, 무엇이 법이고 불법인지를
알아낼 수 있다. 이러한 해결은 칸트에게서는 불가능한 것인데,
그는 이성개념을 변혁시켰기 때문이다. 코페르니쿠스적 전회라
는 비유는 칸트가 사유에 주체의 이성이라는 새로운 중심을 제공
했다는 것을 뜻한다.

　그러나 코페르니쿠스적 전회라는 비유는 『순수이성비판』[6]에
서, 그러니까 칸트가 경험적 인식의 근거와 한계를 규정하는, 즉
이론이성의 근거와 한계를 정하는 곳에서 볼 수 있다. 하지만 이
미 『도덕형이상학』의 서문에서 칸트는 이 저작에서 해야 하는 작
업은 『실천이성비판』의 토대 위에 있기 때문에 순수이성비판의
성과로서 이미 해낸 것은 아니라는 점을 강조한다.[7] 칸트의 사고
는 분명 인간의 실천 영역에서도 코페르니쿠스적 전회인 근본적
인식의 변화를 야기했지만, 여기서 유념할 점은 행위의 근본규정

5　그로티우스Grotius에 관하여는 예컨대 Ottenwälder, Zur Naturrechts-
lehre des Hugo Grotius, Tübingen 1950, 특히 11면 이하; Link, Hugo
Grotius als Staatsdenker, Tübingen 1983; Braun, Einführung in die
Rechtsphilosophie, 제2판, Tübingen 2011, 265면 이하도 참조; 볼프Wolff
에 관하여는 예컨대 Winiger, Das rationale Pflichtenrecht Christian
Wolffs, Berlin 1992, 특히 85면 이하; Bachmann, Zur Wolff'schen
Naturrechtslehre, in: Werner Schneiders (편), Christian Wolff
1679-1754, Hamburg 1983, 161면 이하 참조.
6　Kant, Kritik der reinen Vernunft, B XVI = AA 3, 12면.
7　Kant, Kritik der reinen Vernunft, AB III = AA 6, 105면.

은 외부세계에 대한 이론적 인식의 원리들과는 본질적으로 구별
된다는 것이다.[8] 외부세계의 이론적 인식에 있어서는 대상들이
주어졌고, 행위에서 인간은 자신의 세계를 스스로 만든다.

"자연의 모든 사물은 법칙에 따라 작용한다. 오로지 이성적인
존재만이 법칙의 표상, 즉 원칙에 따라 행위할 능력이나 의지를
가지고 있다."[9] 인간의 행위, 즉 자기 또는 타자의 행위는 무한한
인과과정의 현상으로 이해할 수 없으며; 인간은 자기 행위의 근
거가 문제될 때 타인을 참고하라고 지시할 수가 없다. 이와 달리
인간은 판단하는 심급 그 자체인데, 인간은 거리를 두는 객관적
성찰을 할 수 있기 때문이며, 이 말은 인간은 자기 행위의 근거들
을 숙고할 수 있다는 뜻이다. 칸트는 이러한 근본규정을 행위의
유형학과 연결시키고,[10] 이에 대한 간략한 고찰은 칸트 철학에 관
한 많은 오해들 중의 또 다른 오해를 제거해 줄 수 있을 것이다:
실천이성의 영역에서 이성과 외부세계의 연결은 통일체로서의 양
자(= 이성과 외부세계)를 나타내는 바로 그 존재인 인간을 통해 이
루어진다. 그러므로 실천이성은 (정언명령에서 그 최고의 표현을 발
견할 수 있다고 해도) 결코 단순화시킬 수 있는 것이 아니다.[11] 칸트

---

8 이 점을 칸트는 반복해서 지적하며, 유명한 실천이성비판의 결어Beschluss der
 Kritik der praktischen Vernunft, A 288 이하 = AA 5, 161면 이하 참조.
9 Kant, Grundlegung zur Metaphysik der Sitten, BA 36 = AA 4, 412면.
10 이에 대해서는 Hinske, Grundformen der Praxis, Vorüberlegungen zu
 den Grundlagen von Kants praktischer Philosophie, in: 동저자 (편),
 Kant als Herausforderung an die Gegenwart, Freiburg/München
 1980, 86면 이하도 참조.
11 뒤에서는 Kant, Grundlegung zur Metaphysik der Sitten, BA 39 이하 = AA

는 먼저 기술적-실천 행위, 즉 전제한 목적의 외적 실현을 외부
세계의 법칙에 대한 관점에서 규정한다. 그다음 칸트는 모든 인
간들이 지니고 있으며 자신도 인정하는 한 목적을 여기서 분리시
키는데, 그것은 바로 행복한 삶을 영위하는 것, 즉 각자의 삶에서
자신의 행복을 추구하고 — 가능하다면 — 충족시키는 것이다.
윤리적인 판단에서야 비로소 실천이성은 자기 자신이 되며, 그
판단에서 인간은 자신의 근거들로부터 올바른 것을 결정하는 자
신의 자유를 경험한다. 실천철학의 코페르니쿠스적 전회에서 각
주체는 확장되는 것이다. 각 주체는 실천적 인식의 실행 장소일
뿐 아니라, 더 나아가 이러한 인식의 근거를 밝히는 원리의 장소
이기도 하다. 이것은 일반적으로 개개인에게 인간 현존재의 윤리
성에 대해 완전히 새로운 의미를 부여하며, 또 인간존엄의 개념
에서 무엇 때문에 칸트의 실천철학을 그렇게 자주 인용하는지에
대한 이유이기도 하다:[12] 그것은 바로 각 개인이 자율적인 주체로
서 파악되고 모든 타자들과 개인주의적으로-분리된 것으로 여
겨지지 않기 때문이다. "네 의지의 준칙이 동시에 보편법칙으로
도 타당할 수 있도록 행위하라"[13]는 정언명령은 제대로 숙고해본
다면 적절한 것을 표현하고 있다.

4, 414면 이하.

12 이에 대하여는 예컨대 Bielefeldt, Auslaufmodell Menschenwürde?,
Freiburg 2011, 36면 이하; Luf, Menschenwürde als Rechtsbegriff,
Rainer Zaczyk/Michael Kahlo/Michael Köhler (편), Festschrift für E.
A. Wolff, Berlin u.a. 1998, 307면 이하 참조.

13 Kant, Grundlegung zur Metaphysik der Sitten, BA 52 = AA 4, 421면.

그러나 이 당위도 간략하게 표현하고 추측할 수 있는 것처럼 지반(= 각 개인의 자기의식, 준칙)과 분리된 당위가 결코 아니다. 이것은 준칙의 개념에서 명확해진다. 준칙은 행위자의 주관적 원칙, 그의 그러한-상태이다.[14] 준칙과 더불어 행위자의 현존재의 실체가 당위의 내용이 되며, 물론 이 내용은 정언명령을 통해 비로소 당위로서 적합한지, 즉 보편적 타당성을 가질 수 있는지가 심사된다.

그렇지만 자유에서 나오는 인간 실천의 문제들이 이렇게 해서 전체적으로 이미 해결된 것은 아니다. 왜냐하면 하나의 단일한 세계에서 (이는 지구의 닫힌 표면을 통해서 분명해진다)[15] 자유로운 개인들이 다수 공존한다는 것은 자유의 규정들을 요구하기 때문이며, 이 규정들이 자유 속에서의 공동생활을 가능하게 만든다. 이러한 규정들을 해내는 것은 (칸트 스스로 이같이 지칭한)[16] 법적-실천이성이다. 법적-실천이성은 유한성을 (모든 타인들을 위한 입법자가 될 수 없는) 각 개인의 판단능력의 측면은 물론이고 한 사람과 타자의 삶에 대한 실존적 중요성 또한 법규정들 속으로 고려함으로써 정언명령을 (도덕적-실천원리로서) 확장한다. 또한 정언명령은 (보편적 도덕원리로서) 행위를 이끄는 원칙이지만, 그렇게

---

14 Kant, Grundlegung zur Metaphysik der Sitten, BA 52, Anm. * = AA 4, 420면 **.

15 이 구체적인 논거를 칸트는 여러 번 사용하였으며, Metaphysik der Sitten, AB 83(§ 13) = AA 6, 262면/B 191(§ 43) = AA 6, 311면; A 229/B 259(§ 62) = AA 6, 352면 참조.

16 Kant, Metaphysik der Sitten, AB 71 = AA 6, 254면.

하여 당위와 존재가 도덕적 행위를 위해서도 하나로 결합하는 진
테제Synthese가 되는 지점이기도 한다.[17] 그런데 법적-실천이성이
한 사람과 타자의 외적 영역에 대한 구분을 요구한다면 법적-실
천이성에 이 결합하는 진테제는 문제가 된다. 벌써 여기서 자유
에서 나오는 법의 논증이 법을 그저 전제한 권위의 명령으로 이
해하는 법의 구상보다 얼마나 더 복합적이어야 하는가를 볼 수
있다.

b) 이러한 배경 위에서 § B의 첫째 문단에서 괄호 안에 숨겨
져 있는 암시의 의미도 설명할 수 있게 된다. 칸트는 이곳에서 법
의 근거를 찾을 때는 현행 법률이 "훌륭한 길잡이가 될 수 있다"
고 말한다. 이것은 그 실정 법률이 항상 실정 법률 속에서 그리고
실정 법률과 함께 하는 공동생활과 관련되며 — 실정 법률의 효
력 또는 그 폐지에 관하여 — 어쨌든 법의 이러한 측면을 임시적
으로나마 이루어낸 방식에서 이미 드러나게 하기 때문에 그래서
적절한 표현이다. 실질적으로 규정하는 원리를 찾았다면(이 원리
는 단지 실정화하는 것으로부터 나올 수는 없을 것이다) 본질적인 법개
념이 발견된 것이다. 이 점에 대해서는 이 글의 끝에서 다시 설명
하고자 한다.

---

17 칸트보다 더 분명하게 표현한 것은 Fichte, Zweite Einleitung in die
Wissenschaftslehre, Werke, Immanuel Hermann Fichte (편), Berlin
1845/46 (Nachdruck Berlin 1971), 467면; 이에 대해서는 뒤에 나오는
각주 23과 24 참조.

3.

§ B의 둘째 문단은 법개념의 이 규정으로 넘어간다. 그 내용
은 다음과 같다:

"법의 개념은 이에 상응하는 구속성과 관련되는 경우에는 (즉
법의 도덕적 개념은), 첫째로 그들의 행위가 사실로서 서로 (직간접
적으로) 영향을 미칠 수 있는 경우에는 오로지 한 인격의 타인격
에 대한 외적인 관계, 정확히는 실천적인 관계에만 해당된다. 그
러나 둘째로 법의 개념은 가령 선행이나 냉정함의 행위들에서와
같이 자의Willkür가 타인의 소원(그러므로 또한 단순한 욕구)에 대해
갖는 관계를 의미하는 것이 아니라, 타인의 자의에 대해 갖는 관
계만을 의미한다. 셋째로 자의의 이러한 상호 관계에서는 자의의
내용도, 즉 각자가 원하는 대상과 함께 그가 의도하는 목적은 전
혀 고려되지 않고, 예컨대 누군가가 자신의 거래를 위해 나에게
서 물건을 산 경우에 이득을 얻으려고 했는지 아닌지는 묻지 않으
며, 쌍방의 자의가 자유로운 것으로 간주되는 경우에 쌍방의 자
의의 관계에서의 형식 그리고 양쪽 중 한쪽의 행위가(die[18]
Handlung) 타방의 자의와 자유의 보편법칙에 따라 공존할 수 있
는지에 대해서만 묻는다.

그러므로 법이란 한 사람의 자의와 타인의 자의가 자유의 보
편법칙에 따라 공존할 수 있는 조건들의 총괄개념이다."

---

18 『도덕형이상학』의 제1판과 제2판에는 "durch die"(Handlung)이라고 되어
있다; 여기서는 'durch'를 삭제한 루드비히Ludwig판(Metaphysische Anfangs-
gründe der Rechtslehre, 제3판, Hamburg 2009) 38면을 따르기로 한다.

칸트는 바로 시작부터 법의 개념에서 중요한 것은 양면 관계,
한 사람과 타자의 관계('이에 상응하는 구속성'[19])라는 것을 분명히
밝히면서, 법개념을 삼중의 관점에서 전개하고 있다. 따라서 여
기서 다루는 것은 입법자가 만든 ('법규상의') 법과 결코 동일한
법개념이 아니다.

앞의 2.에서 말한 것과 연결되는 첫째의 그리고 가장 중요한
규정은, 법의 개념은 그들의 행위들이 (즉 법속에서 그들의 실천이)
사실들('Tatsachen')로서 서로 영향을 미칠 수 있는 것으로 여겨
지는 "한 인격의 타인격에 대한 외적인 관계, 정확히는 실천적 관
계"에 해당한다는 규정이다. 실제-사실Tat-Sache이라는 단어는 법
개념의 요소로서, 하나의 유한한 세계에서 항상 이 세계의 분배
를 수반하는 외적 행위들이 가능한 조화를 이루도록 하는 법의
문제 그 자체를 미리 보여준다.

법개념의 둘째 규정은 법개념을 (좁은 도덕적 의미에서 항상 고려
할 수 있는) 타자의 내적인 성향과 분리시킨다: 즉 법개념은 자의의
상호 관계만을 의미할 뿐, 상호적인 소원 같은 것을 의미하지는
않는다. 이 점에서 칸트는 자의를 일차적으로는 오늘날의 의미에
서 우연으로(자의적으로) 이해한다. 그는 자의를 먼저 '취향에 따
라 하거나 하지 않을 능력'으로 규정하지만, 그다음에는 '대상을

---

19 칸트가 이때 구속성의 도덕적 개념에 대해 말한다면, 그는 여기서 '도덕적'
   을 더 나아가서, 즉 자유, 자율성에 근거를 두고 있는 것으로 본다; 이에 관
   하여는 Kant, Metaphysik der Sitten, AB 19(= AA 6, 221면) 그리고
   Ludwig, Kants Rechtslehre, Hamburg 1988, 92면 이하 참조.

만들어내기 위한 자기 행위의 능력에 대한 인식과 결부된'[20]것에
국한시킨다. 이 개념성을 한 사람의 타자에 대한 (법에서 문제가 되
는) 관계로 옮겨 본다면, 무엇 때문에 칸트가 선의 (혹은 냉정함),
즉 타인의 소원을 법개념에 고려하려고 하지 않는지가 분명해진
다: 행위자가 자신의 행위를 타자의 내면성에 방향을 맞추어야 한
다면 (그에게 행위를 유도하는 것이 일반적으로 가능한지는 별개의 문제라
하더라도), 그는 자신의 외적인 자기-입장을 상실하게 될 것이다.

그리고 이러한 사고는 개개인이 외적인 세계성에 방향을 맞
춘 행위를 가지고 추구하는 (역시 자기결정적인) 목적에서, 즉 '자
의의 내용'에서도 계속된다. 법에서 중요한 점은 일반적으로 한
사람의 자의가 타인의 자의와 나란히 공간(= 활동 여지)을 갖는 것
이다. 한 사람이 이 공간을 ─ 스스로 정한 목적들에 따라서 ─ 어
떻게 채우는지는, 자신의 자기결정이 타자의 자기결정과 조화를
이뤄서 타자의 자기결정과 서로 일치하는 한에서는 오로지 자신
의 문제이다. 칸트는 이것을 다른 곳에서 이렇게 표현하고 있다:
법에서는 "그가 자신의 행위에 대해 어떤 목적을 설정할 것인지
는 각자의 자유로운 자의에 맡겨진다. 그러나 그러한 행위의 준
칙은 (즉 법에서 행위의 준칙은) 선험적으로 정해져 있다: 즉 행위하
는 자의 자유는 모든 타인의 자유와 보편법칙에 따라 공존할 수
있어야 한다."[21] 실천철학의 기초저작[22]에 있는 '준칙'의 개념규

---

20 Kant, Metaphysik der Sitten, AB 5 = AA 6, 213면.
21 Kant, Metaphysik der Sitten, Tugendlehre, A 7 = AA 6, 382면.
22 주 14 참조.

정을 따르면, 준칙은 의사규정의 주관적 원칙이다. 그런데 이러한 그의 주관성은 타자의 주관성을 선험적으로, 즉 경험 이전에 그 자체로 통합하는 또 다른 규정을 얻는다.[23] 상호주관성의 이 단계는 법적-실천이성의 기본-단계이다: 즉 한 사람의 주관성과 타자의 주관성을 연결하고 동일한 단계에서 분리하며, 이러한 방식으로 현존재에서 통일성과 차이를 보장하는 것이다. 그리고 나서 § B의 말미에서 법의 개념을 이렇게 표현한다: "그러므로 법이란 한 사람의 자의와 타인의 자의가 자유의 보편법칙에 따라 공존할 수 있는 조건들의 총괄개념이다." 이 표현에서도 칸트는 객관적 자연법을 공포하는 것이 아니라는 점이 재차 분명해진다. 법의 실현은 오히려 하나의 과제이며, 이 과제는 '조건들'과 결부되어 있고 그 조건들에 방향을 맞추는 것이지만, 끊임없이 현실에서 달성해야 하는 것이다.

4.

이러한 토대 위에서 자유에 근거를 둔 법개념에 특히 중요한

---

23 이것은 '나의 것과 너의 것'에 대한 칸트의 주장에서도 나타나며, 나의 것과 너의 것은 처음부터 법론을 규정하고 있다. Kant, Metaphysik der Sitten, AB 46/47 = AA 6, 238면 참조. — 그리고 상호주관성에 입각한 법의 사고를 피히테는 전력을 다해 개진하였다; 이에 관하여는 Fichte, Grundlage des Naturrechts nach Prinzipien der Wissenschaftslehre, §§ 1-4 및 Kahlo/Wolff/Zaczyk (편), Fichtes Lehre vom Rechts-verhältnis, Die Deduktion der §§ 1-4 der "Grundlage des Natur-rechts" und ihre Stellung in der Rechtsphilosophie, Frankfurt a.M. 1992에 나오는 논문들 참조.

몇 가지를 정리해보고자 한다.

a) 법의 영역은 자유로운 주체들의 행위 영역을 통해서 규정되었고 한계가 정해졌다. 법개념의 기원은 실천철학에 있다. 그후 피히테는 행위개념의 탁월성을 정확히 규정하였다: "행위의 개념은 (…) 우리를 위해 존재하는 두 세계, 감각계와 예지계를 하나가 되게 하는 유일한 것이다."[24] 이 또한 칸트가 이미 생각했었던 점이라는 것이 — 가령 칸트의 점유론에서 — 드러난다. 법의 모든 질문들을 하나의 단일한 세계에서 이러한 자유의 확고한 기본토대로부터 사유적으로 상승하며 파악하는 것은 법에 대한 하나의 관점을 제공하는데, 이 관점은 현재 법에 대해 회자되는 많은 상상들과 상반되는 것이다.[25] 법은 분쟁들을 종식시키는 우월한 권력이 아니다; 이러한(= 법은 우월한 권력이라는) 생각은 원시적이다. 법은 통찰과 다소 부드러운 강요로 신민들이 이성적인 행위를 하도록 만드는 조종기구가 아니다; 이렇게(= 법을 조종기구라고) 생각하는 것은 전제적이다. 법은 또 단순히 (자연적으로 상정한) 존재가 예속되게 될 당위의 근원이 되는 규범적 질서가 아니다.[26] 이러한(= 법은 규범적 질서라는) 생각은 칸트를 근거로 끌

---

24 Fichte, Zweite Einleitung in die Wissenschaftslehre, 467면.
25 뒤의 관점에 대한 설명은 Rüthers/Fischer/Birk, Rechtstheorie mit Juristicher Methodenlehre, 제6판, München 2011, 33-54면 참조.
26 특히 신칸트주의에 의한 이 구상은 오늘날 어쨌든 독일 법학에서는 거의 일반적인 견해라고 할 수 있을 것이다; 존재와 당위가 엄격히 구분된다고 하는 이러한 원칙은 확고부동하다. 이에 관한 명확하고 (또한 비판적인) 설명

어들일 수 있는 것처럼 보이나(예지계 대 현상계), 법철학에서는 그
성과를 이루어내지 못했으며, 자유적인 법사상의 과업 또한 전혀
달성하지 못했다. 즉 자유적인 법의 사상은 자기결정과 보편질
서, 주관성과 규범의 연결을 요구한다. 이를 칸트는 그의 법론에
서 해내며, 이것은 법에 대한 사고에서 현저한 진보를 의미한다.

b) 칸트는『도덕형이상학』에서 근대 법철학의, 자유적인 법
철학의 가장 중요한 구분 중의 하나인 도덕성과 합법성을 구분하
고 있다. 이 구분이 잘못 이해되지 않으려면 (바로 앞의 a)에서 말한
것에 이어서) 이 또한 정확한 규정이 필요하다.

구분은『도덕형이상학』서설Einleitung in die Metaphysik der Sitten에
있는 Ⅲ장에서 표현되었으며, "도덕형이상학의 구분에 관하여"
라는 표제를 달고 있다.[27] 구분은 행위와 행위의 동인 및 행위를
규정하는 법칙과 관련된다. 또한 처음부터 타자들에 의해 규정된
법칙들도 포함되며, 이것은 개개인의 자유적인 법사고에 문제가
많은 것이지만 현실의 모든 법질서에서 일반적으로 볼 수 있는
것이기 때문에 규명될 필요가 있다. 칸트는 이제 동인에 따라 구
분하고, "이 동인은 이러한 행위의 자의에 대한 규정근거를 주관
적으로(강조는 원문) 법칙의 표상과 연결시킨다." 행위가 의무가

은 Zippelius, Rechtsphilosophie, 제6판, München 2011, Kapitel 1 § 3
    참조.
27 인용에 관하여는 Kant, Metaphysik der Sitten, AB 13-18 = AA 6,
    218-221면 참조.

되고 의무가 동시에 동인이 되는 입법을 칸트는 윤리적 입법이라고 부르며; 또한 다른 동기를 허용하는 입법을 법적 입법이라고 부른다. 동시에 그는 인용한 곳에서 쉽게 오해할 수 있는 논평을 덧붙이고 있다: 이 다른 동인은 의지에 대한 정념적 규정의 근거들에서, 더 자세히는 혐오감에서 기인해야 한다는데, 법적 입법이 매력적이어서가 아니라 강요적이기 때문에 그렇다고 한다. 여기서 법은 느닷없이 강제와 결부된 것처럼 보인다. 하지만 a)에서 말한 바에 따르면, 이렇게 해서 칸트는 법행위의 외형만 참고한다는 것이 이미 분명해졌을 것이며, 법행위의 외형은 무엇 때문에 법의 근거를 먼저 밝혀야 하고 그리고 나서 여기서 도출되는 (가능한) 강제의 근거를 밝혀야 하는지를 이해하는 데도 필요하다.

여기서 비로소 칸트는 적절하게 유명한 개념성을 도입한다. "행위의 동인과는 무관하게 행위와 법칙의 순전한 합치 또는 불합치를 합법성(합법칙성)이라고 한다; 그러나 법칙에서 나오는 의무의 이념이 동시에 행위의 동인인 그러한 합치를 행위의 도덕성(윤리성)이라고 한다."

이 인용문에서 도덕적 행위는 '사실상 좋은' 것이며, 법적 행위는 '단순히 외적으로 올바르다'는 것을 도출해 낸다면 자유에서 나오는 법의 논증에 대한 사고를 오인한 것이다. 그렇게 한다면 법적 행위는 일종의 외적 명령의 기계적인 이행이 될 것이며; 법적 행위에서는 정신(도덕적)과 문자(단순한 외적인 실행)의 차이가 드러난다. 그렇지만 이것은 칸트의 관심사를 완전히 놓치는 것이 된다. 외적 법칙에 따른 법적인 행위도 인간의 행위이기 때문에 의식에 의해서 행해진 것이며; 칸트에게서 중요한 것은 바로 주관성과 법칙의 연결이다. 그러므로 법적인 행위에도 행위규정에 대한 성찰적 관계가 내재되어 있다. 법칙과의 관계에서 행위의 도덕성에 대한 차이는 주로 두 가지 관점에 있다: 즉 행위자의 내면에서 그 행위가 타자의 자유와 연관된다는 의식, 즉 그 행위의 특별한 법적 특성으로부터 법적인 행위가 나온다. 법의 법칙으로서의 법률은 한 사람의 자유 및 타자의 자유를 하나가 되게 하고, 양극을 가지며, 그리고 법적으로 행위하는 자는 자신의 법적-실천이성에 따라 외적으로 만나는 타자의 자유를 유념하는 것이다. 하지만 이 관점과 똑같이 중요한 것은 도덕성과 합법성의 구분에 대한 두 번째 관점이며; 이는 외부 관점에서의 고찰로부터 나온다. 오로지 이러한 행위들만이 개개인에게 법적으로 의무를 지우게 할 수 있고, 또 실제로 타자의 자유의 영역과 관련된다; 따라서 합법성의 개념은 법의 영역을 제한한다. 그러므로 행위의 합법성의 기준은 이렇게 해서 도덕의 테러를 방지해 주며, 도덕의 테러는 합법성의 선을 넘을 때는 불가피한 것이다. 그래서 법과 도덕은 그 근거에서 주체의 실천이성의 단일성을 통해 연결된다.[28] 그럼에도 불구하고 행위규정들의 지속적인 발전에서는 도덕적 논증과 법적 논증은 엄격히 구분할 필요가 있다.

---

28 이에 대해서는 Zaczyk, Einheit des Grundes, Grund der Differenz von Moralität und Legalität, in: Jahrbuch für Recht und Ethik, Bd. 14 (2006), 311면 이하(한국어 번역은 이 책 § 7)도 참조.

c)

aa) 이것은 실천적 실행에서 단일성과 차이를 동시에 생각할 수 있는 법적-실천이성의 특별한 능력이다. 그렇지만 주체들의 차이는 그들의 실제 행위에서 도출되는 차이이기 때문에 이러한 차이에서 생기는 어려움을 인지하고 해결하는 법적-실천이성의 또 다른 과제이다. 어려움은 실제 행위에서 각 개인이, 칸트가 표현한 바와 같이, '자기 고집대로' 하기 때문에 생긴다;[29] 각 개인은 결코 타인의 현실을 떠맡을 수도, 규정할 수도 없으며; 이것은 타자의 고유한 영역에 있는 것이다. 이렇게 해서 하나의 단일한 세계에서 자유를 부정하지 않고 행위의 영역들이 공존하도록 하는, 즉 단일성 자체를 '이성적으로' 만들어내는 과제가 부과된다. 이를 위해 먼저 법적-실천이성으로부터 바로 이것이 (단일성에서 나오는 자유의 영역에 대한 공동의 규정이) 만들어지는 상태로 들어가라는 요구(요청)을 추론해 낼 수 있다.[30] 이것은 그 자체가 순전히 독특한 주관성에서 규정들이 도출되는 그러한 상태일 수가 없다. 그것은 객관적이고 일반적인 형태를 보여주는 오직 그런 상태일 수 있으며, 따라서 이성 그 자체로부터 추론해야 한다. 국가는 "법의 법칙하에서 수많은 인간들의 결합"이다[31] — 법공동체의

---

29 Kant, Metaphysik der Sitten, A 163/B 193(§ 44) = AA 6, 312면 참조.
30 Kant, Metaphysik der Sitten, A 157/B 156 이하(§ 42) = AA 6, 397면 이하.
31 이 인용과 뒤에 나오는 인용은 Kant, Metaphysik der Sitten, A 164/B 194(§ 45) = AA 6, 313면.

이러한 기본틀에서 법의 법칙은 결코 실정 법률들이 아니라, "외적 권리의 개념들에서 (…) 저절로" 나오는 것이다.

그러므로 자유의 발전된 개념은 자유적으로 제정된 일반성 (국가)의 존재를 전제하며, 자유 자체를 위협하는 대립자로 이해하지 않는다. 현재의 국가관은 일반적으로 이러한 수준에 있지 않다. 그것은 여전히 리바이어던이 (불분명하게 상정한) 자유주의를 위협한다는 견해인 홉스의 유산을 과중하게 짊어지고 있다. 국가에 대해 자유가 쟁취되어야 한다는 것은 절대주의에서 유래하고 분명 역사적인 정당성이 있었던 사고이다; 물론 이 사고는 국가와 그 권력들을 위해 행위하는 자들이 일반성의 봉사자가 아니라 단순한 주체들로서 (그리하여 의도적이든 비의도적이든, 당연히 타락하여) 행위할 때는 새로운 활력을 얻는다. 실패의 예들은 현재의 각 국가들에서 찾을 수 있다. 이것은 자유법칙적으로 방향을 정립하는 국가들에서는 군주국의 권력계승처럼 신민들이 더 이상 숙명으로 받아들여야만 하는 것이 아니라, 획득한 인식에 대한 과오로서 이해되기 때문에, 자유에 대한 본질적인 시각 또한 타당성을 갖게 되는 것이다.

bb) 이미 앞에서 설명한 바와 같이, 칸트는 § B의 첫 문단에서 법의 이성근거들을 찾는 데 있어 한 사회의 현행 (실정) 법률은 '중요한 길잡이' 역할을 할 수 있다는 점을 지적하고 있다. 이것이 가능한 이유는 법의 법칙하에서의 인간들의 통일체 또한 그들의 삶 속으로 들어와 있는 통일체이기 때문이다. 삶의 조건들과 법질서의 형태의 관계는 이미 몽테스키외가 지적한 바 있다.[32] 칸트는 법의 이 측면을 『영구평화론』이라는 저작에서, 하나의 단일한 지구에서 예컨대 서로 다른 언어와 종교를 가지고 존재하는 많은 공동체들의 사실을 다루며 (그래서 또 하나의 세계국가의 가능성을 — 타당하게 — 부인하며) 논한다.[33] 이것은 결코 자유적인 현존재가 자연의 조건들에 내맡겨져 있거나 아니면 또 — 매개시켜 — 법의 전통에 내맡겨져 있음을 의미하는 것이 아니다. 왜냐하면 인간의 의식은 항상 이러한 현존재의 조건들을 비판적인 거리를 두고 숙고할 힘을 가지고 있기 때문이다. 헤겔은 이 관계를 그의 『법철학』 서문에서 — 추측이지만[34] — 검열을 피하기 위해 노련한 두 문장으로 설명하였다: "아무튼 법, 인륜, 국가에 관한 진리는 공적 법률과 공적 도덕 및 공적 종교에서 공표되고 알려진 것만큼 오래된 것이다. 사유하는 정신이 이 진리를 이렇게 가장

---

32 Montesquieu, Vom Geist der Gesetze (Ernst Forsthoff 역), 제1권과 제2권, Tübingen 1951, 예컨대 19편 및 20편 참조.

33 Kant, Zum eweigen Frieden, zweiter Definitivartikel, BA 30 이하 = AA 8, 354면 이하; B 63/64, A 62/63 = AA 8, 367면 참조. 다른 해석은 회페에게서 볼 수 있는데, Höffe, Kant als Theoretiker der internationalen Rechtsgemeinschaft, in: Dieter Hüning/Burkhard Tuschling (편), Recht, Staat und Völkerrecht bei Immanuel Kant, Berlin 1998, 233면 이하 참조.

34 Ilting, Einleitung, in: G. W. F. Hegel: Vorlesungen über Rechtsphilosophie 1818-1831, Bd. 1, Karl-Heinz Ilting (편역), Stuttgart-Bad Cannstatt 1973, 25면 이하, 특히 43면 이하, 110면 참조. 하지만 이것이 일팅이 생각하는 것처럼 헤겔 법철학의 전 개념에 광범위한 효과가 있는지는 의문의 여지가 있다.

근접한 방식으로 갖는데 만족하지 못한다면, 이 진리는 무엇을
더 필요로 하겠는가?, 이는 개념적으로 파악된 것으로서, 그 자
체가 이미 이성적인 내용에 이성적인 형식까지도 갖게 되고, 그
럼으로써 자유로운 사유에 대해서 정당화되는 것으로 보일 수
있는데, 이러한 사유는 국가나 사람들의 합의와 같은 외적인 기
성의 권위 또는 내적인 감정과 심정의 권위, 그리고 정신이 직접
결정하는 증거에 의해 뒷받침되든 어느 쪽이든 간에 기왕의 것
에 머물지 않고, 스스로로부터 시작하여 스스로가 그 가장 내면
적인 존재로서 진리와 통합된다는 것을 인식할 것을 요구하기
때문이다."[35]

자유로운 사고는 자기로부터 나와야 한다 ─ 또한 이 지점에
서 헤겔은 칸트와 연결된다. 법의 그러한-현존이 만들어진 질서
라는 것은 하나이며, 비판적인 성찰은 추가적인 다른 것이다. 그
러면 법의 개념은 법의 이념이며 법의 실현이다.[36]

---

35 Hegel, Werke, Eva Moldenhauer/Karl Markus Michel (편), Frankfurt
   a.M. 1970 외, Grundlinien der Philosophie des Rechts, Vorrede, 13면
   이하.
36 Hegel, Grundlinien der Philosophie des Rechts, § 1.

Ⅲ. 결어

여기서 개략적으로 소개한 자유를 위한 법개념은 통상 두 가지 이의를 야기하는데, 이에 대해서는 간략하게나마 살펴볼 필요가 있다. 첫 번째 이의는 18세기에서 19세기로 넘어가는 과도기에서 나온 법과 법칙에 대한 고찰이 현재도 여전히 의미를 가질 수 있는지는 의문이라고 한다. 그렇지만 자유의 개념이 지금도 법의 사고를 위한 핵심개념이라는 것은 어느 누구도 부정하려 들지 않는다. 그렇다면 한 단어가 단지 구호로서 사용되는 것인지, 아니면 개념으로 생각하여 발전되는 것인지는 구별해야 할 것이다. 여기에 필요한 철저함은, 조심스럽게 말하자면 칸트 이래 지난 200년간 항상 칸트와 같은 수준으로 이루어내었거나 중요하다고 여겨지지도 않았다(20세기의 재앙을 생각해보라). 또한 서구 법질서에서 자유의 원칙에 대한 실현과 관련하여 과도한 자기확신은 경계하는 것이 좋을 것이다.[37]

두 번째 이의는 이러한 법사고는 서구 계몽철학의 산물로서 세계의 다른 법문화에는 표준적인 것으로 쉽게 내놓을 수 있는 것이 아니라며 그 의미를 상대화하는 것이다; 그렇지 않으면 결

---

37 유럽연합 집행위원회 전 회장 바호주Barroso는 한 신문기사(2011년 11월 10일자 프랑크푸르트 알게마이네 차이퉁)에서 서구의 민주주의들을 "인류사에서 가장 인간적인 사회들"이라고 하였다. 이러한 민주주의들에서 여전히 만연한 자본과 노동, 빈부의 모순들을 보면 이것은 어떤 대담한 주장 그 이상인 것 같다.

국은 사유에서 일종의 식민주의라고 한다. 이 이의는 진지하게 받아들일 필요가 있으며; 이 이의에서 풍기는 전적으로 타당한 의구심은 사유적인 단계들에서만 제거될 수 있고, 이 단계들은 이 글의 마지막 결론에서 할 수 있는 것보다 더 상세하고 꼼꼼한 설명이 필요하다. 그럼에도 여기서는 최소한 그 방향만이라도 암시해 두고자 한다: 즉 판단의 독립성에 대한 고수, 그리고 생존에서 자기존재에 대한 고수 또한 자기 자신의 권능에 대한 근거를 요구한다: 무엇 때문에 계몽철학의 타자가 자신에 대한 권능을 가져야 하는가? 단순히 개인주의적으로 (혹은 더 단순화시켜서: 기술만능주의적으로) 이해한 법개념은 칸트와 그를 따르는 관념철학자들이 말한 실천이성의 결과가 아니라는 것을 보여준다. 어쨌든 칸트는 모든 인간에게는 유일한 생래적인 권리인 자유가 존재한다는 것을 매우 대담하게 주장할 수 있었다. 자유의 근거를 밝히는 심층구조를 따라가 보면 인류의 원리를 발견했다고 하는 계몽의 낙관론을 더 잘 이해할 수 있으며, 이 인류의 원리는 결코 어떤 세계적인 종교로 국한될 수 없고 또한 각자의 생활 방식을 인정하는 것을 거부하는 것과도 무관하다.[38]

---

38 이 문제에 대한 상세한 내용은 Zaczyk, Selbstsein und Recht, Frankfurt a.M. 2014(한국어 번역은 라이너 차칙/손미숙 역, 자기존재와 법, 2018).

§6 "세상이 멸망할지라도 정의를 행하라"
— 격언에 대한 칸트의 번역에 관한 고찰*

개인적인 서언

필자는 트리어대학교에서 구년간 페터 크라우제 교수의 동료로 재직하였는데, 한 번은 그와 공동으로 홉스와 로크에 관한 법철학 세미나를 한 적이 있으며, 법철학적인 문제들에 대해서도 그와 자주 이야기를 나누었다. 그래서 그의 고희기념논문집에 글을 쓴다면 그 주인공은 필자에게 논문이나 저서를 통해 알려진 타지역에서 일을 하는 학문적 동료 이상인 동시에 예전의 개인적인 대화 파트너이자, 법의 근본문제들에 관한 그의 — 이렇게 말할 수 있을 것이다 — 열정적 관심은 필자에게도 항상 자극과 요구인 동시에 버팀목이 되어주었다. 우리에게 학문적으로 공통점이 있다면(크라우제 교수의 주 전공은 — 좁은 의미의 — 공법이며, 이 글의 저자인 차칙 교수의 주 전공은 형사법이다 — 옮긴이), 그것은 칸트 법철학에 대한 애정이다. 그러므로 이 글도 — 통상적인

---

* 이 글은 페터 크라우제Peter Krause 고희기념논문집, Fiat iustitia: Recht als Aufgabe der Vernunft, Festschrift für Peter Krause zum 70. Geburtstag. Maximilian Wallerath (편), 2006, Berlin, 649-664면에 수록된 것이다.

방식은 아니지만 — 이 위대한 인물의 저작에서 발췌한 한 주제
를 다루어보고자 한다.

I.

『도덕형이상학』의 「법론」보다 이년 앞선 1795년에 발간된
칸트의 저서『영구평화론』에는 '부록'이라는 표제가 붙은 부분
에 '영구평화의 견지에서 본 도덕과 정치 간의 불일치에 관하여'
라는 장이 나온다.[1]

　이 장에서 칸트는 이 글의 제목에서 인용한 격언을 다음과 같
은 방식으로 소개하고 있다: "호언장담하는 것 같이 들리고 격언
처럼 회자되지만, 참된 명제인 Fiat iustitia, pereat mundus(세
상이 멸망할지라도 정의를 행하라), 독일어로는 '세상의 악한들이 모
두 몰락하더라도 정의가 지배하도록 하라'는 간계 혹은 폭력에
의해 도모된 모든 사악한 길들(= 수단과 방법들)을 차단하는 옹골
찬 법원칙이다 (…)."[2]

---

1 Zum ewigen Frieden, B 71 이하/ A 66 이하 = AA Ⅷ, 370면 이하. 칸트
　의 저작들은 바이쉐델Weischedel판에서 표시한 초판과 재판의 일련번호에 따
　라 인용하기로 한다(10권 전집, Darmstadt 1975, Zum ewigen Frieden,
　제9권); 그 밖에 학술원판(1912년 이하)의 면수도 표시하기로 한다(Ⅷ권).
2 Zum ewigen Frieden, B 92/ A 87 = AA Ⅷ, 378면 이하.

그런데 칸트는 격언에 대해 어떻게 이렇게 임의적으로 보이는 번역을 하며, 무엇 때문에 격언을 참되다고 하고, 그의 법철학의 맥락에서 보면 격언은 무엇을 의미하는가? 이것을 이 글에서 해명해 보려고 한다.

Ⅱ.

'Fiat iustitia, pereat mundus'는 우선 문자적으로는 '세상이 멸망할지라도 정의를 행하라'로 번역할 수 있을 것이다. 법률가들이 오로지 '정의'에만 관심을 둔다면 때로는 세상과 동떨어져서, 심지어는 세상을 경멸하면서 행동한다는 것을 보여주기 위해서 격언은 이런 방법으로 무엇보다도 법률가들에게 대항하고 있다. 그러나 검토해 보아야 하는 이 문장의 칸트 법철학으로의 통합과는 무관하게, 언어적으로만 본다면 이것이 정말 격언의 내용인가? 이 문제를 해결하기 위해서는 격언의 유래와 그 핵심 개념들의 의미를 ― 당연히 칸트의 번역과 관련하여 ― 살펴볼 필요가 있다.

한때 교양 있는 시민계급의 가정도서였던 뷔히만의 『날개 달린 말』[3]이라는 작품을 보면 첫 해명을 발견하게 된다. 이 책에서

---

3 Büchmann, Geflügelte Worte, 여기서는 1956년 Stuttgart판에 따라 인용하며, H. M. Elster (편), 411면과 434면.

격언은 두 개의 기원을 가지고 있다: 그 하나로는 비텐베르크의
여행책자 인쇄공인 요한네스 만리우스의『신학총론』을 들고 있
으며, 만리우스는 1562년에 발간된[4] 그의 저작에서 격언을 황제
페르디난트 1세의 좌우명으로 인용하였다(1503년 3월 10일 마드리
드 부근의 알칼라데에나레스에서 출생, 1564년 7월 25일 빈에서 사망;
1526년 보헤미아와 헝가리의 왕, 1531년 로마의 왕, 1556년 독일의 황
제). 또 다른 기원은 1626년과 1631년에 두 편으로 발간된 ('독일
의 잠언'이라고도 불리는)『독일의 통찰력 있고 지혜로운 격언들』이
라는 격언집이다. 이 책을 쓴 사람은 법률가이자 문헌학자인 율
리우스 빌헬름 친크그레프(1591년 6월 3일 하이델베르크 출생, 1635
년 11월 12일 성 고아르에서 사망)였다. 이 책에서는 황제 페르디난
트 1세에 관해 말하고 있다: "세상이 멸망한다고 해도 정의는 관
철되어야 한다는 이 주장은 그에게도 매우 통속적이었다."[5]

더 거슬러 올라가는 기원은 데틀레프 립스의『라틴어 법원칙
과 법격언』이라는 책을 보면 발견하게 된다.[6] 인용한 친크그레프
의 번역은 아마도 마틴 루터의 설교에 나오는 "세상이 멸망할지
라도 정의가 이루어질지어다."라는 격언을 사용한 것일 수도 있

4 정확한 제목은: Locorum communium collectanea (…), Basel (Oporinus)
 1562(= 최초로 알려진 판).
5 Karl Heinz Klingenberg가 발행한 선집에 따라 인용하며, Der Teutschen
 scharfsinnige kluge Sprüche, Leipzig 1982, 39면 — 생존 당시 매우 유
 명했던 친크그레프는 이 외에도 귄터 그라스의 소설「텔크테에서의 만남」
 에 등장하는 인물이다.
6 Detlef Liebs, Lateinische Rechtsregeln und Rechtssprichwörter, 여기
 서는 1998년의 제6판에 따라 인용하기로 한다.

다.[7] 하지만 이것도 격언의 기원은 아니다. 격언은 립스의 추정 중 하나에 의하면 교황 하드리아누스 6세(1522-1523 교황)의 발언에서 볼 수 있는데,[8] 그는 교황이 되기 전 칼 5세와 그의 동생 페르디난트 1세의 교육을 담당했던 사람이다. 잠언은 베니스의 정치인이자 역사가인 마리노 사누토(1466-1536(1535?))에 의해 전승되었으며, 그는 자신의 일지日誌로써 매우 방대한 작품을 남겼다. 1522년 9월 그는 일지에 베니스의 귀족 알로비지오 립포마노의 편지에 대해 기록하고 있다. 립포마노는 교황에게 모살을 범한 고위직 인물 렐리오 델라 팔레라는 사람을 위해서 은사를 구했다는 것에 관하여 보고하였다. 이에 대하여 하드리아누스 6세는 (의역을 하자면) 모살죄에 대해 무죄판결을 하는 것은 중대한 사유가 있을 경우와 정상적인 재판에 의해서만 고려될 수 있기 때문에 "동포들이여 세상이 멸망할지라도 정의를 행하라."라고 했다고 한다.[9] 이렇게 해서 하드리아누스 6세는 바울로가 로마인에게 보낸 편지(= 로마서, 8장, 1-13절)에서도 암시되고 있는 의견을 정리한 것이다.

---

7 바이마르판, 제41권, 138면 7열 이하(1535년 5월 10일자 설교). 그러나 칸트의 번역에 훨씬 가까운 것은 루터가 1540년 「고리대금업자들에게 반대하여 설교해야 할 목사들에게 보낸 글」이라는 저서에서 보여준 표현이다(바이마르판, 제51권, 325면 이하, 다음의 인용은 336면, 21-2열): "그런 까닭에 그 뜻은: 세상이 멸망할지라도 정의를 행하라, 군중이나 세상이 하는 것을 보지 말고, 정의로운 것과 군중이 해야 할 것을 보라."
8 이에 관하여 여전히 일독의 가치가 있는 것은 Leopold von Ranke, Die römischen Päpste in den letzten vier Jahrhunderten, 제11판, 제1권, Berlin 1907, 59면 이하.
9 I diarii, Venedig 1892, Bd. 33, Sp. 436.

럽스 자신은 이 명제를 종래와는 달리 두 단계로 번역하였다:
"화장도구Putz가 멸하여도 정의는 이루어져야 한다." 그리고 "정
의를 관철하고자 하는 자는 고위직 사람들의 개인적 관심사를 고
려해서는 안 된다."

럽스의 번역에 나오는 첫 문장에 대해 너무 놀라기 전에 라틴
어-독일어 대사전을 참조해 볼 필요가 있다.[10] 그러면 명사
'mundus'의 첫째 의미는 인간들의 삶과 관련된 전체라는 의미로
서 우리에게 잘 알려진 '세상'이 아니라, 여성의 화장도구라는
것을 알게 된다. 그 다음 둘째 위치에 와서야 비로소 우주 질서,
천지 만물, 세상의 의미가 언급된다. 세상의 개념을 오늘날 우리
에게 친숙한 '세속적인'에서도 풍기는 바와 같이 부정적 관점에
서 허상, 하찮은 물건, 화장도구의 세계로 단순화시켜 본다면
'mundus'에 관한 이 두 의미가 어떻게 생기게 되었는지 더 분명
히 알 수 있다.

세상이라는 개념의 이러한 측면은 신학적 요소와 철학적 요소
가 결합하는 오래전으로 거슬러 올라가는 발전사가 있다. 요한네
스의 첫 편지에서는 말하기를[11]: "세상과 세속에 있는 것을 좋아
하지 말라. 어떤 사람이 세상을 좋아한다면, 그 사람 안에는 하느
님의 사랑이 없다. 왜냐하면 세속에 있는 모든 육욕과 눈의 욕망

---

10 예컨대 Karl Ernst Georges, Ausführliches lateinisch-deutsches Wörter-
   buch, 제11판, Heinrich Georges가 보완하여 증보한 제8판의 영인본,
   Basel 1962, 2. Band, Sp. 1051.
11 2, 15-17.

과 교만한 삶은 하느님의 것이 아니라 세상의 것이기 때문이다. 그리고 세상은 그 욕망과 함께 소멸한다; 그러나 신의 의지를 행하는 자는 영원하다."

여기서 언급한 세상에 대한 경멸은 이미 고대 철학과 문학에 뿌리가 있지만, 기독교에서는 각별한 방식으로 강화되고 깊어졌다. 신의 구원을 완전히 이해하기 위해서는 먼저 속된 이승을 체험함으로써 이승의 무가치와 덧없음을 분명히 알아야 한다.[12] 그리고 중세에는 우리의 주제에도 중요한 세상의 기만적인 아름다움을 그림으로 표현하였다. 아마도 포겔바이데의 만년시晚年詩에서 처음으로 '세상이라는 부인'의 우화적 인물을 접했으며, 여기서 시인은 다음과 같은 말로 작별을 고한다:

"내가 너를 밝은 빛 속에서 보았을 때,
너의 아름다움은 커다란 환희로 보였네
(...) 부인하지 않겠네. 하지만 내가 너의 뒤를 바라보았을 때,
너를 항상 비난하게 될 거라는 것은,
매우 치욕이었네."[13]

---

12 이에 대하여 그리고 뒤에서는 많은 전거와 함께 Wolfgang Stammler의 책 Frau Welt, eine mittelalterliche Allegorie, Freiburg/Schweiz 1959 (Freiburger Universitätsreden N.F. 23) 참조. (이 책을 친절하게 필자에게 알려준 사람은 독일 본대학교 독문학연구소의 퀼른이라는 분이다).

13 Peter Wapnewski의 번역에서 이 부분은 다음과 같다: "내가 너의 얼굴을 보았을 때, 그때 너의 아름다움은 너무나 멋져 보였네 — 이것은 부인할 수 없네. 그런데 내가 너를 뒤에서 보았을 때, 너를 항상 부끄러워하게 되리라는 것은, 너무나 파괴적이었네." (Walther von der Volgelweide, Gedichte. Mittelhochdeutscher Text und Übertragung, Frankfurt/Main 1962

이 인물은 수 세기에 걸쳐 문학과 조형미술에서 모티브가 되었다. 보름스 대성당의 남문에는 고상한 여인인 세상이라는 부인의 동상이 서있는데, 그녀의 등은 벌레들이 갉아먹어 부식되어 있다(14세기 초).[14] 여기서 격언 'Fiat iustitia, pereat mundus'에 가교를 한다면 이렇게 묘사된 세상의 몰락은 정의의 효력 앞에서 더 이상 안타까워할 것이 아니라는 점이 쉽게 드러난다; 이러한 배경 위에서 격언에 대한 친숙한 번역이 떠오른다.

그렇지만 칸트는 격언을 달리 번역한다. 그는 멸망할지도 모르는 세상의 악한들을 언급하고 있다. 악한의 개념도 역사가 있으나, 그것은 '세상'의 개념처럼 정신사로서는 그렇게 중요하지 않다. 그럼에도 불구하고 악한 개념은 이런 맥락에서 적어도 몇 가지를 연상시킨다. '악한'은 본래 썩은 짐승의 시체, 전염병, 유행병을 의미하며, 그 후 지금도 여전히 통용되는 '교활한 불량배'의 의미가 되기 전까지는 비유적으로 '사악한 인간, 사기꾼'으로 이해되었다.[15] 이러한 의미변화는 바로 칸트 시대에 일어났다. 주지하는 바와 같이 매우 박식한 칸트가[16] 그 개념과 함께 또 피

---

u.ö., 10면). 이 시에 관하여는 Werner Hoffmann, Walthers Absage an die Welt, Zeitschrift für deutsche Philologie 95 (1976), 356면 이하; Dieter Kartschoke, gedenke an mangen liehten tac, in: Volker Mertens/Ulrich Müller (편), Walther lesen, FS für Ursula Schulze, Göppingen 2001, 147면 이하 참조.

14 주 12에서 인용한 책의 그림은 Stammler, Bildteil Tafel X과 XI.

15 이에 관하여는 야콥 그림Jacob Grim과 빌헬름 그림Wilhelm Grim, Deutsches Wörterbuch, Leipzig u.a. 1854 ff., 'Schelm' 참조.

16 이에 대해서는 Karl Vorländer, Immanuel Kant, 제2판, Hamburg 1977, 370면 이하 참조.

카레스크 소설 장르를 연상했을 수도 있다고 추측하는 것은 아주 신빙성이 없지는 않을 것이다. 피카레스크 소설은 16세기 후반 스페인에서 생겨났고, 그 후에 또 스페인을 비롯한 기타 유럽에서도 유명해진 작품들이 있다: 1554년 디에고 우르따도데 멘도사의 라사리요 데 토르메스의 생애; 1626년 프란시스코 데 케베도의 엘 부스콘; 1669년 그림멜스하우젠의 바보이야기; 1715-1735년 알랭르네 르사주가 쓴 질 블라스 이야기; 1696/7년 크리스찬 로이트의 쉘무프스키가 있다. 이 장르의 요소들은 칸트가 격찬한 헨리 필딩에게서도 나타난다.[17] 이 소설의 영웅들은 (세상 자체는 물론 부패하고 기만적으로 묘사되지만) 세상을 완전히 자신들의 장단에 놀아나게 하며, 때로는 세상을 조롱하기도 하고, 때로는 세상에 이익이 되도록 하며 종종 세상이 이를 전혀 알아채지 못하도록 한다. 칸트가 여기서 인간적인 것의 특성도 보지 못한 것은 아니나, 그에게 인간의 정직과 공정성은 바로 인간의 윤리적인 인격성의 증명인데, — 어쨌든 세상이 더 이상 익살스러운 것으로만 이해될 수 없고, 오히려 타인의 자유에 대한 권리들을 침해하는 행동을 규정하는 것으로 이해될 수 있다면 — 법의 원리로서의 세상에 대한 이러한 태도는 참으로 비열해 보일 수밖에 없다.

개념에 대한 이러한 첫 설명을 전체적으로 살펴보고 이를 격언에 대한 칸트의 번역과 비교해 보면 다음을 알 수 있다: 칸트가

17 이에 관하여는 다시 Karl Vorländer (주 16), 376면 이하 그리고 Johann Friedrich Abegg, Reisetagebuch von 1798, Walter Abegg/Jolanda Abegg (편), 제2판, Frankfurt a.M. 1977, 예컨대 148면에 나오는 묘사 참조.

'mundus(세상)'를 '세상의 악한'이라는 말로 번역할 때 세상은 그에게 모두 무상함과 허상이 아니라 인간의 세상으로 이해되기 때문에, 정의가 지배한다면 인간의 세상은 결코 '전체'로는 멸망할 수가 없다는 것을 말해준다. 다만 '악한들'이 적어지는데, 그들이 자연적으로 멸망해서가 아니라 힘이 없어지기 때문이다. 칸트가 정의의 지배에 대한 영향을 (우선은 소극적으로) 정의의 지배로 인하여 악한 행위의 장본인이 (그리하여 악한 행위 자체가) 감소한다고 인물에 초점을 맞추는 동안, 법과 정의는 주체들이 선한 (자유로운) 행위를 발휘하는 것을 보장하며 그리고 선한 행위에 해가 되지 않거나 또는 선한 행위와는 단지 모순에 당착한다는 긍정적으로 확립된 사고의 토대도 마련되었다. 이것으로 성찰은 칸트의 이론철학 및 실천철학이 전체적으로 출발점으로 삼고 있는 점에 도달하였다: 그것은 바로 자신의 이성을 통해 세상을 정돈하고, 자기 자신을 규정하는 주체이다. 이렇게 해서 칸트 법론의 틀에서 '세상이 멸망할지라도 정의를 행하라'는 격언의 해석을 위한 단초를 찾은 것이다.

III.

1.

『영구평화론』이라는 저서는 국제법상의 조약 형태로 세상의 모든 법관계들을 고려한 칸트 법론의 개요를 담고 있다. 이 책의 두 개의 큰 장(예비조항과 확정조항)에는 이미 서두에서 언급한 '부록'을 첨가하고 있다.[18] 칸트는 여기서 — 현재도 여전한 — (광범위한 의미에서, 즉 인간의 자유적인 실천 일반에 해당되는) 도덕과 정치의 관계에 대한 오해에 입장을 표명한다. 정치가는, 그가 소위 알고 간파한다는 인간의 본성이 통치를 위해 영리하고, 때로는 교활하며, 때로는 폭력적인 정치의 조처를 요구한다고 하지만, 정치는 궁극적으로는 항상 신민들의 복지를 추구한다고 주장하기를 좋아한다. 칸트는 이것을 도덕주의자의 태도라고 했으나, 도덕주의자는 '현실' 정치를 위해 도덕을 포기한다(정치적 도덕주의자). 반대로 칸트 자신은 (넓은 의미에서) 정치와 도덕의 관계를 단호하고 적절하게 완전히 다르게 규정한다: 그는 여기서 주제가 되는 장을 "도덕은 이미 그 자체로 객관적 의미에서의 실천이다 (…)."라는 문장으로 시작하고 있다.[19] — 그리고 이러한 실천으로서의 도덕은 정치에 무엇을 해야 할 것인지를 제시한다. 그다음 정치의 과제는 자유를 위한 공존의 조건 속으로 인식을 실현

---

18 Zum ewigen Frieden, B 71 이하/ A 66 이하 = AA Ⅷ, 370면 이하.
19 Zum ewigen Frieden, B 71/ A 66 = AA Ⅷ, 370면.

하는 것이다. 이것은 전적으로 독자적인 능력이지만, 변하지 않
는 것은 정치는 그것이 따라야 하는 원칙들을 정치 그 자체로부
터가 아니라 (넓은 의미의) 도덕으로부터 취한다는 점이다. 그래
서 칸트는 정치에 대해 또 '실행하는 법론'이라고 말한다.[20] 칸트
가 '정치적 도덕주의자'에서 오해를 각 개인에 초점을 둔 것처럼,
'도덕적 정치가'에서(여기서 형용사는 정치의 제한적 원리를 나타낸
다)[21] 올바른 정치의 구상 또한 개개인에 초점을 맞추고 있다. 그
러므로 올바른 정치는 결코 도덕과 모순 관계에 있지 않다: 정치
는 말하자면 인간의 삶에 더 밀접하지만, 항상 이러한 인간들 자
신의 법적-실천이성의 확장으로서 이지, 가령 재주나 지혜에서
이 인간들보다 월등해서가 아니다.

　그럼에도 이러한 배경 위에서 또 무엇 때문에 칸트가 이 논문
의 제목이 되는 격언을 '참된' 법원칙이라고 생각하는지에 대한
더 자세한 설명이 필요하다. 폴커 게르하르트는 자신의 평화론에
관한 저서의 상세한 해석에서, 많은 독자들에게는 이 대목에서
칸트가 '정치의 현실적 구상'과[22] 고별하는 것이라고 했다(여기
서 게르하르트 자신은 이러한 오해에 동의하지 않는다). 그리고 게르하
르트 푼케는 격언을 납득할 수 있도록 하기 위해서 다음과 같이 표

20　Zum ewigen Frieden, B 71/ A 66 = AA Ⅷ, 370면.
21　칸트는 여기서 글자 그대로 마태복음 10장, 16절을 인용하고 있다: "뱀처럼
　　영리하고 비둘기처럼 정직하라." Zum ewigen Frieden, B 72/ A 67 = AA
　　Ⅷ, 370면.
22　Volker Gerhardt, Immanuel Kants Entwurf „Zum ewigen Frieden",
　　Darmstadt 1995, 176면.

현하였다: 세상이 멸망하지 않더라도 정의를 행하라(Fiat iustitia, ne pereat mundus).[23] ― 하지만 격언에 대한 적절한 이해는 이미 격언에 대한 칸트의 번역과 이 번역에 대한 칸트 자신의 설명 그리고 이러한 해석에 이 모든 것을 연결하는 그의 법론을 고려하는 것을 통해서도 볼 수 있다.

2.

a) 칸트는 격언을 그것이 '호언장담'하는 것 같이 들릴지 모르지만 참되며 '옹골찬 (…) 법원칙'이라는 표현으로 소개한다.[24] 무엇 때문에 이 격언이 '호언장담', 즉 허풍떨며 과시하는 것처럼 들리는지 묻는다면, 격언은 ― 절대 군주와 같은 것으로 이해되는 '권력을 가진 자'에 대해 말하며 ― 주관적으로 형성된 확신으로 모든 저항에 대해 법을 관철시킬 수 있다는 오만을 내포한다고 답할 수 있을 것이다. 칸트는 격언에 대한 이러한 이해를 비난할 필요가 있었는데, 이는 법에 대한 그의 개념과 정면으로 모순되기 때문이다. 법의 실질적인 최종 근거는 개개 인격(모든 인격)의 자유에 있는 것이지, 결코 개개인이나 다수 혹은 모두의 권력에 있는 것이 아니다. 법은 그 일정한 형태를 자유 속에서 형성된 법영역들의 합일에서 보편법칙을 통하여 획득한

23 Gerhard Funke, Fiat iustitia, ne pereat mundus, Wiesbaden 1979.
24 이 인용을 포함하여 뒤에 나오는 인용은 특별한 언급이 없는 한 모두 격언을 내포하는 평화론의 장에 있는 것이다. B 92 이하/ A 87 이하 = AA Ⅷ, 378면 이하.

다. 이것은 더 자세한 설명을 필요로 하나, 격언이 의미를 상실하지 않고 이러한 법관계 속으로 해석학적인 조화를 이룬다면 칸트는 격언을 타당하게 '참된' 것이라고 할 수 있을 것이다. 그러면 격언은 더 이상 '허풍떨며 과시하는' 것이 아닌데, 정의의 '실현'은 공동의 자유적인 삶 그 자체를 위해 반드시 필요하기 때문이다.

칸트가 격언의 진실을 위해 제시하는 논증의 첫 단계는 부문장인 분사구문에 묘사의 형태로 나온다. 격언은 '간계 혹은 폭력에 의해 도모된 모든 사악한 길들'을 막아낸다고 한다. 칸트의 번역에 나오는 악한이라는 말과 연결시켜 이것은 칸트의 시각에서 가장 중요한 법개념의 차원으로 보아야 하며, 이 차원은 진부한 것이 아니다. 법개념 자체와 법의 모든 하위개념에는 행위하는 인간에 대한 인격적 관계가 들어 있다; 이것은 추상적으로 거리를 둔 일반성의 개념들이 아니다. 법의 개념들 자체는 불가피하게 항상 인간의 삶의 현실에 가교를 한다 — 이 점에서 먼저 부정적으로 보면, 세상의 악한들은 간계와 폭력으로 행위하고, 이 방법들은 정의를 촉구하는 수단으로 사용되어도 고상해지지 않는다. 왜냐하면 올바른 행위는 스스로 만든 원리들 위에 기반을 두고 있으며 외부의 강제로 인해서 하는 것이 아니기 때문에 이에 대한 논증의 소위 유리한 결과를 근거로 들 수도 없는데, 행위의 외적 결과들은 모두 예측할 수 없는 것이어서 기초원리로는 적합하지 않기 때문이다; 이것을 칸트는 이미 실천철학에 관한 그의

기본 저작의 공리주의 비판에서 상술하였다.[25] 그렇지만 칸트는
격언을 소개하는 문단의 끝에서 세상에서 악인의 멸망에 대하여
추가적으로 부당함의 내적 모순성에서 나오는 논거를 제공하며,
이 논거는 불의를 인간들의 삶의 현실로 번역하면 불의 자체가
멸망한다는 것을 보여준다: "도덕적 악은 그 본성과 분리할 수 없
는 성질이 있는바, 그 악은 의도상 (무엇보다도 다른 악인에 대한 관
계에서) 자기 자신과 모순되고 자기 파괴적이다 (...)." 악한들이
서로를 극단으로 밀어붙이면 부정한 수단과 방법들은 — 말하자
면 배로 증가되어서 — 벗어날 수 없는 미궁에 빠지게 된다; 악한
은 자신이 이미 타인의 목적을 위한 수단이라는 것을 알지 못하
고 타인을 자신의 목적을 위한 수단으로 삼는다; 으뜸패의 대승
리는 그 자체가 이미 다음 패전의 싹을 지니고 있는 것이다.

　'정의'와 삶의 현실과의 논증적 연결은 지금까지는 부정적 관
점에서만, 즉 이 연결이 어떻게 이루어질 수 없는가만 살펴보았다.
그렇지만 '정의' 또한 본질적으로는 (칸트적 의미에서) 공법의 영
역에 해당하는 개념이라면, 이에 대해서는 바로 뒤에서 설명하겠
지만, 격언과 관련하여 있을 수 있는 오해에 대한 칸트의 논평은
그의 법론의 개개-인격적 요소에 매우 중요하다는 것을 여기서
강조할 필요가 있다. 칸트는 이 관점을 마찬가지로 부정하는 방
식으로 소개하지만, 격언의 허구성을 드러내는 것으로 하는 것이

---

25 Grundlegung zur Metaphysik der Sitten (제6권), BA 451 = AA IV, 417
면. Kritik der praktischen Vernunft (제6권), A 45 이하 = AA V, 25면
이하 참조.

아니라 다른 맥락에서 확정하는 것으로 하고 있다: 즉, "세상이
멸망할지라도 정의를 행하라"는 또한 "자신의 권리를 최대한 엄
격하게 (…) 사용해도" 된다는 식으로 이해할 수는 없다는 것이
다. 칸트는 이 언명을, 그러한 행동은 윤리적 의무에 저촉될 것
이라는 근거를 들어 제시하는데, 이는 그의 법론을 피상적으로
고찰하면 놀랍게 여길 수밖에 없다. 이 논거는 이년 후에 발간된
『도덕형이상학』법론의 한 곳에서 독특한 방식으로 보충되었다.
법론에 대한 서론Einleitung in die Rechtslehre의 § D에서는 법은 강제하
는 권능과 결부되어 있다고 하며, 그 다음 § E에서는 외견상 엄격
하게 표현하고 있다: "그러므로 채권자가 채무자에게 채무의 지
급을 청구하는 권리를 갖는다고 말할 때는, 채권자가 채무자에게
그의 이성 자체가 이러한 이행에 대한 의무를 지는 것을 명심하
게 한다는 것을 의미하는 것이 아니라, 누구든지 이를 하도록 강
요하는 강제는 어느 누구의 자유와도, 즉 자기 자신의 자유와도
보편적인 외적 법칙에 따라 조화될 수 있음을 의미한다: 그러므
로 법과 강제권능은 동일한 것이다."[26] 이러한 언명은 앞서 인용
한 평화론 저작에서의 표현과 모순되지 않는다: § E는 채권자와
채무자의 관계를 보편법칙, 객관적 관계에 있는 법의 관점에서
표현하고 있다. 이 관점에서 분명한 것은 두 영역의 타당한 연결
은 개별적인 상황과 무관한, 우연으로부터 자유로운 상호성의 경
우에만 가능하다는 점이며, 이 상호성에서 관여자 모두는 타인들

---

26 Metaphysik der Sitten, Rechtslehre (제7권), AB 36 = AA Ⅵ, 231면.

의 입장도 수용할 수 있는 것이다. 법의 관계규정은 모두에게 현실이 될 수 있어야 하며, 이것이 법강제로서 가능한 강제의 근거가 된다. 그렇지만 이제 시선을 채권자-채무자-관계의 법적-일반성으로부터 관여한 각 인격들에게로 돌린다면, 이러한 시각에서 알게 되는 관점들도 바뀌게 된다: 즉 '채권자'는 예컨대 자신의 자기관계에서 한편으로는 법인격으로 그리고 다른 한편으로는 도덕적 인격으로 결코 분열되지 않는다. 개체로서 하나의 통일체인 그는 자기 자신 이전에 단지 법의 기준에만 해당될 수는 없는 것이다; 그렇지만 기준은 — 좋은 근거를 가지고 — 타인격들이 누군가에게 강제로 비난할 수 있는 것으로 단순화되었다. 그러나 개개인의 자유는 또한 자신의 도덕적 성찰을 고려하는 세계에 대한 실천적 행동의 폭넓은 토대로서 단순한 법관계 이상이며, 법의 권능을 인격의 윤리적 통일체 속으로 통합하면서 동시에 인격에게 추가적인 지주가 되는 계기를 제공할 수 있을 것이다. 이것은 다른 글에서 보여준 바와 같이,[27] 법원칙 자체의 이해에 직접 영향을 준다.

b) 격언에 대한 오해를 없앤 후 칸트는 내용상의 규정들을 말하는데, 이것은 격언의 진실에 중요하다. 명제는 "어느 누구에게도 자신의 권리를 타인에 대한 악의나 동정에서 거부하거나 침해

---

27 Rainer Zaczyk, Einheit des Grundes, Grund der Differenz von Moralität und Legalität, Jahrbuch für Recht und Ethik Band 14 (2006), 311면 이하(한국어 번역은 이 책 § 7 참조).

하지 않는"" 권력을 가진 자의 의무를" 표현한다고 한다. 여기서 감각, 경향, 욕구와 관련되는 모든 것에 관한 칸트의 입장을 또 한 번 볼 수 있다. 이 점에서 칸트가 한 사람에 대한 친절의 감정 또는 타인에 대한 악의의 감정을 법의 근거로 삼지 않으려는 것은 확실하다. 법의 이러한 토대는 (혹은 그저 정정이라도) 칸트의 철학적 논증맥락과 무관하게 적절하지 않다: 그렇지 않으면 법은 보편적 효력을 잃게 될 것이며 감정의 흔들리는 지반 위에 서 있게 될 것이다; 이러한 법을 가지고 사는 자들에게 이 근거는 그들이 권력의 편에 서 있는 동안은 견딜만할 것이다. 물론 칸트의 입장은 법이 삶과 거리가 멀다는 것을 의미하는 것이 아니라, 반대로 인간들의 실천적인 삶의 형태는 정의의 기준선을 따라야 한다는 것을 격언에 대한 다음의 해석은 보여줄 수 있다.

칸트가 '권력을 가진 자들'에 대해 말할 때, 여기서 — 그의 법사상 전체를 두고 보면 — 예컨대 절대적으로 운영되는 국가의 통치자를 생각하는 것은 단순화하는 것이 될 것이다. 칸트는 이 개념의 경우 확신을 가지고 (『도덕형이상학』 법론의 작업을 하는 동안) 공화적으로 제정된 국가의 구상을 염두에 두었다. 이 구상에서 주체의 실천적 이성추론의 요소들을 국가에서 법의 형태와 법획득의 전체로 양도하는 것으로부터(『도덕형이상학』 § 45) 국가권력의 통치권과 행정권 및 사법권의 분할이 나온다. 그러므로 삼권은 보편적인 법법칙Rechtsgesetz의 공동의 기원과 관련될 뿐 아니라 그 형태에서도 독자적이다(칸트는 특이하게도 삼권을 '도덕적 인격들'이라고 부른다[28]); 그렇지만 삼권이 그들의 공동작용에서 공동의 합법성(개별사건의 판결에 대한 권리)을 만들어냄으로써 그들의 차이도 다시 없어지는 것이다. 그러므로 이러한 국가에서 '권력을 가진 자들'은 국민의 합일된 의지뿐 아니라 삼권 그 자체이지만, 여기서 다루는 '권력'은 법이 부여한 권력뿐이다.[29]

보편성이 드러나는 현실의 영역에 있으나, 이러한 보편성은 예컨대 인격의 자유를 제한하는 것이 아니라 오로지 그 자유를 펼치는 것이어야 하며, 법적으로 허용된 것으로서 '악의'나 '동정심'에서 행해지는 권리의 침해는 결코 생각할 수가 없다. 왜냐하면 만약 권리의 침해가 생긴다면 한 사람을 선호하고 타인을 무시하는 것에는 특이한 하나의 사건과 이로써 보편화할 수 없는 결정이 있기 때문이다. 이러한 언명들과 법의 냉정함은 결부되어 있지 않다는 것, 자유와 연대성은 또한 칸트 법론의 본질에 의해서도 가능하다는 점은 다른 글에서 설명한 바 있다.[30] 타인에 대한 동정심은 그 근원에서 보면 타인들에 대한 자신의 개인적인 배려이며, 따라서 좁은 의미에서 도덕의 문제이다. 법적-사회적인 것으로 향한다면 이러한 배려는 범주적으로 완전히 다른 형태, 즉 이 세

---

28 Metaphysik der Sitten, § 48 (= A 169/ B 199 = AA VI, 316면).

29 이러한 국가의 헌법 이념에 실제로 존재하는 예컨대 절대국가 또는 독재적으로 통치하는 국가가 어떻게 자유국가로 바뀔 수 있는가라는 문제가 추가되는 것은, 더 설명하겠으나, 우선은 칸트의 역사철학에 대한 질문이지만 동시에 법철학에 대한 질문이기도 하다.

30 Rainer Zaczyk, Zur Einheit von Freiheit und Solidarität, in: Gedächtnisschrift für Meinhard Heinze (2004), 1111면 이하, 특히 1113면 이하 참조.

상의 재화에 대한 모든 인격의 관여권을 인정한다.[31]

격언의 핵심 개념인 '정의'는 칸트가 때때로 지칭하는 바와 같이 또한 법적–입법이성 또는 법적–실천이성의 핵심사상이기도 하다.[32] 이러한 개념으로써 — 아주 일반적으로 말하여 — 상호성이 법에서 파악되고 상정된다. 주관적인 삶의 현실을 연결하는 이러한 사고는 주관적 관점에서도 자유의 보편적인 실현을 보장할 수 있는 조건을 충족시켜야 한다. 그러나 사고 자체는 주관적인 제약으로부터 자유로울 것이 요구된다. 이는 반대되는 보편성의 관점에서도 알 수 있다: 즉 '정의'는 개개인에게서 그를 인격으로 만드는 것은 어떤 것도 빼앗아서는 안 되는 것이다.『도덕형이상학』의 법론에서 칸트는 정의의 개념을 특이한 곳에서 소개하고 있다: § 41에는 공적 정의를 다음과 같이 규정한다: "법적 상태는 조건들을 가진 인간들 상호 간의 관계이며, 그 조건하에서만 각자는 자신의 권리를 공유할 수 있고, 이 관계를 가능하게 하는 형식 원리는 보편적 입법 의지의 이념에 의하면 공적 정의라고 부른다 (⋯)."[33] 이어서 칸트는 보호적 정의(iustitia tutatrix), 상호적 취득 정의(iustitia commutativa) 및 분배적 정의(iustitia distributiva)를 구분하며, 더 정확히 말하면 의사의 내용으로서의

---

31 이에 대해서는 Michael Köhler, Iustitia distributiva, ARSP (1993), 457면 이하; 동저자, Ursprünglicher Gesamtbesitz, ursprünglicher Erwerb und Teilhabegerechtigkeit, Festschrift für E. A. Wolff, Berlin u.a. 1998, 247면 이하.
32 예컨대 Metaphysik der Sitten, § 7 (AB 71 = AA VI, 254면) 참조.
33 Metaphysik der Sitten, § 41 (A 155/ B 154 = AA VI, 305면/ 306면).

대상의 점유에 대한 가능성과 현실성 그리고 필요성과 관련하여 구분한다.[34] '의사의 내용으로서의 대상'이라는 것은 예컨대 외적 세계의 물건들을 의미하는 것이 아니라 —『도덕형이상학』의 §4에서 밝혀지는 바와 같이 — 그것이 법적으로 중요하다고(= 타인의 외적 행위와 관련된다고) 파악되는 한 근본적으로는 사물들과 인격들에 대한 인간의 모든 삶의 관계들을 의미한다. '세상'도 마찬가지로 단순히 외적인 세계가 아니라, 바로 인간에 의해 실천적으로 형성된 세계인 것이다.[35]

그러나 이제 무엇 때문에 칸트가 격언을 정치의 행위원리들(준칙들)에 대한 토대라고 설명하는지도 분명히 알 수 있게 된다: 이 원리들은 "법의무의 순수한 개념으로부터 (그 원리는 순수이성에 의해 선험적으로 주어진 당위로부터) 나와야 하며", 결코 (특별한) 의도인 '복지와 행복'에서 나와서는 안 된다.[36] 왜냐하면 후자의 경우 이 원리들은 — 개개 주체의 행위처럼 — 우연과 임의성의 대양에서 없어지게 될 것이기 때문이다. 원리로서의 준칙들은 오로지 당위에만 방향을 맞출 수 있으며, 그것도 자연적 결과가 있는 당위에도 불구하고 말이다. 이것을 칸트가 삶의 현실을 원칙들에 희생하려는 것으로 그렇게 이해되어서는 안 된다. 오히려

---

34 주 33 참조.
35 필자의 견해로는 G. Funke가 그의 학술원 강연 "Fiat iustitia, ne pereat mundus"에서 'mundus'를 '실천이성의 예지계'로 번역한 것은(32면) (칸트적 의미에서의) 'mundus' 개념을 단순화한 것이다. 왜냐하면 법적-실천이성은 그 현실의 측면인 현상성을 항상 가지고 있기 때문이다.
36 Zum ewigen Frieden, B 93 이하/ A 87 이하 = AA Ⅷ, 379면.

이것으로 행위를 결과에 맞추는 것은 비생산적일 뿐 아니라 가능하지도 않다는 사고가 되풀이된 것뿐이다. 하지만 반대로 이 말은 정치적 행위의 방향을 당위의 원리들에 맞추는 것이 현실을 변모시키지 않는다는 뜻은 아닌데, 우연의 원리가 아닌 바로 법의 원리에 따라서는 그렇다.

c) 정의가 지배하고 정치가 이러한 지배에 기여를 함에 있어서 순수한 원리들에 따라 행위하면서 참여해야 한다는 것은 또 다른 의미의 내용이 있다. 그 의미의 내용은 각 인격에게로 환원하며, 이 인격은 이제 세상이 자신을 위해 돌아가도록 하는 '악한'으로는 이해될 수 없고, 법속에서 살고 있는 법인격이다. 법과 정치가 순수한 원리들에 방향을 맞춤으로써 인간의 공동생활을 위한 바로 그 자리가 열리는데, 이 자리는 각 개인이 자신의 각기 고유한 삶을 스스로 채우고 또 채워야만 하는 것이다 — 이 자리는 이성의 연역적인 과정에서는 결코 보편적으로 채워질 수가 없다. 자유적인 법원칙이라고 주장하는 모든 법원칙은, 자기결정적으로 행위하는 자의 자리를 비워두고 그 행위에서 비로소 그의 살아 있는 현실을 볼 때에만 이를 정당하게 주장할 수 있다. 하지만 이렇게 해서 '정의' 개념은 다시 인간의 세상으로 완전히 환원하였다 — 그러나 그 세상은 가상과 간계와 폭력의 세상이 아니라, 이성적 존재인 인간들이 공동으로 만든 세상이다.

여기서 칸트 자신이 다른 곳에서 표현한 의문에 대해 간략하게 살펴볼 필요가 있다: 소개한 해석을 「세계시민적 관점에서 본 보편사의 이념」에 나오는 칸트의 문장을 인용함으로써 문제 삼을 수도 있을 것이다: "휜 목재로는, 이것으로 인간이 만들어졌는데, 완전히 곧은 것을 만들 수가 없다."[37] 칸트는 이것으로 자신의 자만을 드러내고자 한 것이 아니라 잘못을 저지를 수 있는 인간으로서 인간의 본성을 보여주고자 했기 때문에, 이 언명은 앞서 제공한 해석 속으로 의미를 상실하지 않고 통합될 수 있다. 왜냐하면 인간이 선과 올바른 것을 할 수 있는 능력이 있다는 것은 칸트의 전 실천철학의 특징이기 때문이다. 이 점에서 순수한 원칙이 또한 깨지는 것을 경험한다는 것은 원칙에 반대하는 것이 아니라; 이러한 원칙만이 현실 자체가 깨지는 것에 대한 경험을 가능하게 한다. 이념과 현실의 긴장 속에서 이념은 비로소 살아 있는 것이다. 법과 정치의 최종목적인 지상에 사는 인간들 간의 평화가 완전히 달성될 수는 없다고 하더라도, 그럼에도 지속적으로 평화를 추구하는 것은 피할 수 없는 의무이다.

d) '정의'에 대한 칸트의 입장은, 결론적으로 '정의'는 한 법공동체(국가)에서만 효력을 발휘하는 것은 아니라는 것을 지적하지 않는다면 불완전하게 번역하는 것이 될 것이다. 사실 '순수한 법원칙에 의해 마련된 국가의 내적 헌정 체제'는 세상에서 정의

---

37 Idee zu einer allgemeinen Geschichte in weltbürgerlicher Absicht (제9권), A 397 = AA Ⅷ, 23면; Die Religion innerhalb der Grenzen der bloßen Vernunft (제7권), B 141/ A 133 = AA Ⅵ, 100면도 참조.

의 사고과정 및 실현과정에 일차적으로 필요한 단계이기는 하다. 그렇지만 이 단계는 그다음 단계로서 "(…) 인접한 다른 국가들 또는 멀리 떨어져 있는 국가들과의 분쟁에 대한 (일반 국가에 유사한) 법적 조정을 위하여 그것의(국가의 — 저자) 통합을 (…)."[38] 반드시 초래한다. 그 후 『도덕형이상학』에서도 칸트는, 법원칙은 또한 국가들 상호 간의 관계에서 효력을 발휘할 때 완전히 실현된다는 점을 분명히 하고 있다.[39] 그래야만 세상에서 정의의 지배를 말할 수 있을 것이다.

IV.

"세상이 멸망할지라도 정의를 행하라" — "세상의 악한들이 모두 멸망한다고 해도 정의가 지배하도록 하라". 칸트의 번역은 좀 더 자세히 살펴보면, 그의 법철학과 — 일반적으로 — 실천철학의 요소들이 이 번역에 어떤 방식으로 들어 있는지 혹은 번역의 정신에서 풍기고 있는지를 보여준다. 세상의 악한들은 이 요소들을 자유에 사용하지 않는데, 그들은 이러한 이유에서 행위하는 것이 아니기 때문이다. 게르하르트 푼케의 "세상이 멸망하지

---

38 Zum ewigen Frieden, B 92/ A 87 = AA VIII, 379면.
39 Metaphysik der Sitten, § 43, A 162/ B 192 = AA VI, 311면 이하.

않는다 하더라도 정의를 행하라"라는 재해석은 칸트의 번역 및
그 내용과 완전히 일치하지 않는데, 법은 단지 법 자체의 외적인
목적을 위해서만 존재하지는 않기 때문이다; 법은 오히려 모든
인간들의 공동의 자유에 대한 삶의 원리이다. 칸트의 번역은 그
의 법철학과 함께 전체적으로 보면, 인간들의 세상으로서 세상의
발전을 위한 법의 긍정적 영향을 언급한다는 재해석이 쉽게 수긍
이 된다: 세상이 더 발전할지라도 정의를 행하라Fiat iustitia, crescat
mundus. 그러나 더 수긍이 되는 것은 제대로 숙고해보면 모든 것
을 담고 있는 격언의 핵심인데, 그것은 바로 이것이다: 정의를 행
하라!

§7 도덕성과 합법성에 대한 근거의 단일성
그리고 차이의 근거*

I.

행위의 도덕성과 합법성에 관한 칸트의 구분 및 그가 자신의 실천철학의 토대 위에서 제시한 이 구분에 대한 논증은 일반적으로 자유를 위한 법의 시각에 획기적인 업적으로 인정받고 있다. 이러한 구분을 통해 한편으로는 행위의 방향설정에 대한 상이한 규정이 생겨났다: 즉 행위의 방향설정을 법칙에 따라서 하게 되면 합법성이라고 하고, 법칙을 위해서 하게 되면 행위의 도덕성이라고 한다. 하지만 다른 한편으로는 이 구분으로 인해 외적 입법을 통하여 (즉 타인의 의사에 의해서도) 개인에게 의무를 지울 수 있는 것(합법성)과 외적인 입법이 불가능한 좁은 의미의 자기결정적인 행위(도덕성) 간의 경계도 설정되었다.[1] 이미 이전의 저작

---

* 이 글은 Jahrbuch für Recht und Ethik, Band 14 (2006), 311-313면에 수록된 것이다.

1 개념규정은 여기서는 임시적이며, 본문의 전개에서는 그 안에 들어 있는 개념들에 따라 더 세분화하기로 한다. 칸트의 저작들은 바이쉐델판(10권 전집, Darmstadt 1975)에서 표시하는 바와 같이 초판(A)과─중요한 것은─재판(B)의 일련번호에 따라 인용하기로 한다; 작품의 제목과 그 판의 권수

들에서 (가령『실천이성비판』에서[2]) 구분이 언급되고 이미 내용적
으로 규정되었다고 하더라도, 이러한 구분이 체계적인 주장으로
전개된 것은 1797년에 발간된『도덕형이상학』법론의 서론 부분
에서이다. 이 작품의 중요성은 다행히도 지난 수십 년간의 연구
에 의하면 더 이상 강조할 필요가 없지만, 더 나아가 이 서론의 장
들(또는 칸트 자신이 지칭하는 바와 같이 서설, Prolegomena[3])은 정신
사에서 존재하는 법철학적인 사고의 가장 밀도 있는 업적이라는
주장도 있다. 이 서론 부분에 대한 숙고의 과제와 해석은 이 농축
된 것을 풀어냄으로써 그 요소들을 더 분명하게 드러나게 하는
동시에 맥락을 더 명확하게 파악하는 것이어야 한다. 이 글에서
의 고찰은 이러한 과제를 위한 것이다.[4] 이 고찰은 칸트가 도덕성
과 합법성을 구분하는 동시에 그 관계의 건축술을 염두에 두고
있으며, 이 건축술은 인간의 의식적인 삶의 통일체로서 확장되어
인간의 자유로 묘사된다는 것을 보여줄 것이다. 그러므로 법은
도덕과 비교하여 실천의 낮은 단계도 아니고, 근본적인 차이로
도덕과 구별된다거나 실제의 윤리적인 삶을 위한 외적인 전제조

를 가장 먼저 적고, 추가로 학술원판(1900 이하)의 권수와 면수도 적기로
한다.
2 Kritik der praktischen Vernunft, (제6권), A 127 = AA V, 71면 이하.
3 Metaphysik der Sitten, (제7권), AB 46(이하) = AA VI, 238면.
4 이에 대한 선행 연구는 필자의 (다른 문제 제기를 한) '법개념으로서의 책
임'이라는 논문, ARSP-Beiheft Nr. 74, Neumann/Schulz (편), Verant-
wortung in Recht und Moral, Stuttgart 2000, 103면 이하(한국어 번역은
자유와 법. 칸트 법철학의 현재성, 라이너 차칙/손미숙 옮김, 2021, § 9,
181면 이하) 참조.

건에 불과한 것은 더더욱 아니다.[5] 법과 윤리, 도덕성과 합법성은
그 관계와 차이에서 오히려 자유로운 인간의 행위에 대한 표현
방식을 나타내는 것이다.

Ⅱ.

칸트의 철학은 종종 — 그리고 제대로 이해하면 당연하게 —
주체의 철학이라고 말해진다. 주체의 이성의 힘으로 인간은 진리
에 대한 인식을 할 수 있으며, 비판철학은 이성을 통해서 요구되
었을 뿐만 아니라 가능하였던 부분영역들의 형이상학을 포함하
여, 이러한 인식이 생겨난 사유의 활동 영역과 궤도를 보장할 뿐
이다. 이것으로 칸트를 철학사에서 많은 다른 부류들이 나란히
존재하는 한 부류로 구분하였다고 생각하는 사람은 사유의 변혁
을 일으키는 이러한 힘을 지나치게 과소평가한 것이며, 이 힘을
칸트 자신은 '코페르니쿠스적 전회'라고 불렀다. 칸트는 바로
(주관적) 이성을 가지고 철학에 새로운 중심을 확립하면서 정신
과 사유를 직접 인간 삶 자체의 활력과 연결시키고; 고대의 "이것

---

5 열거한 입장은 프리드리히 카울바흐Friedrich Kaulbach의 '칸트 철학에서 도덕
  과 법'이라는 강연에 관한 토론에서 찾을 수 있는데, Moral und Recht in
  der Philosophie Kants, in: Recht und Ethik: Zum Problem ihrer
  Beziehung im 19. Jahrhundert, Jürgen Blühdorn/Joachim Ritter (편),
  Frankfurt am Main 1970, 43면 이하, 59면 이하.

이 바로 네 문제다tua res agitur"라는 것은 사실 여기서 사유를 통해서 비로소 이루어지는 것이다.

무엇보다도 인간 실천의 영역에서 이러한 새로운 방향 정립은 현저한 결과가 있어야 했다. 자기입법인 '자율성'은 각 주체를 완전히 새로운 방식으로 세계에서 자신의 행위에 대한 책임의 중심으로 옮겨 놓는다. 칸트는 이를 그의 저서들에서 1격 단수 혹은 복수를 빈번히 사용함으로써 벌써 매우 외적으로 보여주고 있다(예컨대: "그러나 내가 정언명령을 생각할 때는 나는 그것이 무엇을 내포하고 있는지를 바로 안다"6 또는: "우리는〔모든 도덕법칙, 그리하여 모든 권리와 의무의 근거가 되는〕 우리 자신의 자유를 오로지 도덕명령을 통해서 인지한다 (…)"7). 칸트가 이성의 주관적 판단 해석을, ― 이론철학에서는 ― 이성 외에는 실제 세계가 존재하지 않고, ― 실천철학에서 ― 책임의 부담은 전적으로 주체의 심정에 있다고 하며, 이 주체의 심정은 오로지 '보편법칙'을 통해서만 (그러나 또한 도덕적 성찰에서만) 타인들과 연결된다고 한다는 것은 칸트의 사상에 대해 쉽게 떠올리는 만연한 오해이다. 이것은 칸트의 사상 및 그의 저작들과 부합하지 않는다. 칸트의 사상과 저작들에서는 ― 이것을 뒤에서는 실천이성을 위하여 상세히 밝히겠지만 ― 자유적인 행위의 특성에 대한 훨씬 더 광범위하고 정확하게 규정된 시각이 드러난다.

---

6 Grundlegung zur Metaphysik der Sitten, 〔제6권〕, BA 51 = AA Ⅳ, 420면.
7 Metaphysik der Sitten, 〔제7권〕, AB 48 = AA Ⅵ, 239면.

Ⅲ.

1.

칸트의 실천철학의 정초를 위한 작품인 1785년의『도덕형이
상학 정초』및 1788년의『실천이성비판』에서는 법에 방향을 맞
춘 사유에 대한 독자적인 중요성과 관련한 단서를 발견할 수가
없다. 칸트가 화법과 비유를 재삼재사 법의 세계로부터 차용한
다는 것은 잘 알려진 바이나, 실천이성의 사용을 체계적으로 규
명하는 영역으로서의 법의 성격은 아직 보이지 않고 있다. 반대
로『실천이성비판』에서 도덕성/합법성의 개념쌍은, 인간의 자기
결정은 사실상 오로지 도덕적(윤리적) 행위에 있어야 한다는 것
을 분명히 하는 방식으로 소개된다.『실천이성비판』의 제1부 제
1편 제3장에서 칸트는 '순수 실천이성의 동기들에 관하여' 다룬
다.[8] 그는 그곳에서 다음과 같이 적고 있다: "행위의 모든 도덕적
가치의 본질은 도덕법칙이 직접 의지를 규정하는 것에 달려 있
다. 의지의 규정이 도덕법칙에 의해 일어나긴 하지만, 어떤 종류
의 것이든 감정을 통해서만 일어난다면, 도덕법칙이 충분한 의지
의 규정근거가 되기 위해서는 이 감정이 전제될 수밖에 없다면,
그래서 (의지의 규정이) 법칙 때문에 일어난 것이 아니라면 행위는
합법성을 함유하나, 도덕성을 함유하지는 않을 것이다." 그다음
칸트는 "행위라는 것이 법칙의 정신을 담지 않고 단순히 법칙의

---

8 Kritik der praktischen Vernunft, (제6권), A 126 이하 = AA V, 71면 이하.

문자만을 채우는 것이 아니라면", 도덕법칙은 항상 그것만이 행위의 주관적 규정근거이어야 한다고 적고 있다.[9] '정신'의 개념에 대해 칸트는 각주를 첨가하고, 여기서 언명을 더 첨예화시킨다: "합법칙적이긴 하지만, 법칙 때문에 일어난 것이 아닌 모든 행위에 대해 말할 수 있다: 그 행위는 문자적으로만 보면 도덕적으로 선하지만, 정신(심정)적으로 보면 도덕적으로 선하지 않다." 법률의 '정신'과 '문자'의 이러한 관계규정은 그 표시의 기원인 『고린도후서』(3장 6절) 및 『로마인들에게 보낸 편지』(2장 29절)와 완전히 일치한다. 이것을 또 1797년의 『도덕형이상학』에 나오는 도덕성과 합법성의 관계를 위한 설명의 근거로서 받아들인다면, 법을 하위에 있는 도덕적으로는 결국 불충분한 단계라고 하는 것이 될 것이다. 그러나 이렇게 하는 것은 칸트가 『도덕형이상학』에서 이루어낸 도덕성과 합법성의 훨씬 더 복잡한 규정을 파악하는 가능성을 박탈하는 것이 된다.

2.

물론 칸트는 『도덕형이상학』에서 자신의 실천철학의 정초를 포기하는 것은 아니다. '실천'은 『순수이성비판』에 나오는 언명에 따르면 "자유를 통해 가능한 것"을 말한다.[10] 자유가 정언명령

---

9 두 인용은 Kritik der praktischen Vernunft, (제6권), A 127 = AA V, 72면(그곳은 또한 뒤에서 인용한 각주). 동일한 관점을 순전한 이성의 한계 내에서의 종교(1973)에서도 볼 수 있는데, (제7권), B 23 이하 = AA VI, 29면 이하.

10 Kritik der reinen Vernunft, (제4권), B 828 = AA Ⅲ, 520면.

의 존재근거ratio essendi인 것처럼, 정언명령은 자유의 인식근거
ratio cognoscendi이다.[11] 정언명령에 관하여는 『도덕형이상학』에서
무엇 때문에 도덕을 또 권리론이라고 하지 않고 통상 의무론이라
고만 하는가라는 물음과 관련하여 다음과 같이 말한다: "그 이유
는 이렇다: 우리는 (모든 도덕법칙, 그리하여 모든 권리와 의무의 근거가
되는) 우리 자신의 자유를 오로지 도덕명령을 통해서만 인지하는
데, 이 도덕명령은 의무를 요구하는 명제이며, 이 명령으로부터
추후에 타인에게 의무를 지울 수 있는 능력, 즉 권리의 개념이 전
개될 수 있기 때문이다."[12] 칸트가 인용문에서 말하는 이러한 '추
후에nachher'는 어떻게 정해지는가? 이것은 분명 본문의 뒤에 나
오는 부분과 관련된 것이 아니고, 정언명령 그리고 정언명령에서
도출되는 법과의 관계에서 시간적 순서와 관련된 것도 아니다.
오히려 이 말은 인간의 자유적인 존재에 관한 추가적인 성찰의
단계가 필요하다는 것을 암시하는 것으로서, 이 단계는 정언명령
을 가지고 인간의 자유에 대한 앎의 근거가 확실하게 제시될 수
있을 때 행해질 수 있다. 이러한 추가적 단계는 입증해야 하는 특
성으로 인간의 유한성을 인간의 자유 형태에 대한 규정 속으로
수용한다.

---

11 Kritik der praktischen Vernunft, (제6권), A 5, 각주 = AA V, 4면 각주.
12 Metaphysik der Sitten, (제7권), AB 48 = AA VI, 239면.

3.

인간의 실천이성은 정언명령으로 그 범위가 명확히 규정되었 다고 할 수 없다. 이것은 『도덕형이상학 정초』에서 더 분명해진 다: "오로지 이성적인 존재만이 법칙의 표상에 따라, 즉 원칙에 따라서 행위할 능력이나 의지를 가지고 있다. 법칙으로부터 행위 를 이끌어내기 위해서는 이성이 요구되기 때문에 그래서 의지는 실천이성에 다름 아니다."[13] 다만 인간과 같이 법칙에 대한 인식 이 반드시 행위를 결정하지 않는 존재의 경우에는 '명령'을 필요 로 하는데, 의지는 "인간의 본성상 반드시 고분고분하지는 않기" 때문이다.[14] 그리고 개별적으로 거론되는 명령들은 보통 '이성의 요구들'이라고 부르며, 이것을 이끌어내는 것은 의지 그 자체이 다. 이러한 요구들은 가언명령과 정언명령으로 구분된다. 가언명 령은 어떤 외적인 목적을 전제하고, 의지는 목적에 도달하는 방 법을 결정한다. 이러한 외적인 제약성으로 인하여 가언명령은 행 위를 무조건적으로 요구하는 정언명령의 사상적 순수성에는 부 합하지 않으나, 가언명령이 실천이성의 영역에 해당되지 않는 것 은 아니다. 인간의 의식적인 삶을 위해 가언명령은 오히려 정언 명령과 하나의 통일체, 가능한 '선한' 행위의 순환 논법을 만든 다. 여기서 특별히 입증된 위치를 차지하는 것은 자기 행복의 촉 진을 위한 칸트의 소위 단언명령인데, 그 이유는 이 목적을 모든

---

13 Grundlegung zur Metaphysik der Sitten, (제6권), BA 36 = AA Ⅳ, 412면.
14 주 13과 동일.

인간은 '자연필연성에 따른' 자신의 유한성으로 인하여 가지고
있기 때문이다:[15] "그것을 불확실한, 단지 가능한 의도에 대해서
만 필연적인 것으로 말해서는 안 되며, 확실하고 선험적으로 모
든 인간에게서 전제할 수 있는 의도에 대해서도 필연적이라고 말
해야 하는데, 이 의도는 인간의 본성에 속하기 때문이다."[16] 이것
을 (사유상 비교적 먼 거리를 우회하여) 『도덕형이상학』으로부터 설
명하기 위해서는 이렇게 말할 수 있을 것이다: 자유가 생래적인
권리임이 확실하듯이,[17] 자신의 행복을 촉진시키는 것은 인간의
생래적인 목적이다. 또한 정언명령에서 준칙의 필연성을 통해서,
즉 행위의 각기 주관적인 원칙에, 각 개인의 유한성이 자신의 윤
리적인 의식의 요소라는 점을 포함하여 생각한다면, 이미 칸트의
실천철학의 토대 속에는 '추후에' 법의 일부로 나타나는 것의 구
성요소들을 인식하도록 이미 정언명령과 그 안에 실천이성의 영
역으로의 소재가 충분히 존재한다. 이것으로 칸트는 『도덕형이
상학』과 그 「법론」에서 인간을 한편으로는 현상적 존재로서, 다
른 한편으로는 예지적 존재로서 이해하는 그의 잘 알려진 구분을
새롭게 결합시키는 과정에 있다는 테제These가 연결될 수 있는 지
점도 언급되었다.

---

15 Grundlegung zur Metaphysik der Sitten, (제6권), BA 42 = AA IV, 415면.
16 주 15와 동일.
17 Metaphysik der Sitten, (제7권), AB 45 = AA VI, 237면.

4.

바로 이 지점이 『도덕형이상학』의 이중적 배치를 말해준다. 이 배치를 여기서 이중적이라고 부르는 것은 그것이 특이한 방식으로 인간의 본성적 특성을 부각하고, 그다음 제2 단계에서는 개념을 통해 사상적으로 더 자세히 규정된 관계 속으로 가져오기 때문이다:

『도덕형이상학』 서설Einleitung in die Metaphysik der Sitten의 첫 두 문장은[18] 다음과 같다: "욕구능력이란 자기의 표상을 통하여 이 표상의 대상에 대한 원인이 되는 능력이다. 자신의 표상에 따라서 행위할 수 있는 존재의 능력을 삶이라고 한다."[19] 이러한 배치에서 칸트는 '개념에 따른 욕구능력을' 부각시키고, 이 능력의 경우 행위의 규정근거는 이러한 능력 자체에 들어 있다. 이렇게 규

---

18 베른트 루드비히Bernd Ludwig는 자신이 발행한 마이너 출판사의 철학 총서 도덕형이상학(법론)에서 서언편의 방향을 새롭게 정립할 것을 제안하였다(그리고 실행하였다). 제안의 신뢰성은 장들Abschnitte을 칸트의-논리정연한 순서로(구순서 I-IV를 새롭게 II, I, IV, III 순으로) 배열한 것이라면 즉각 인정할 수 있다. 하지만 그것이 원본과 복제본에서 널리 알려진 순서를 따른 우연 혹은 인쇄 작업상의 오해였다 하더라도, 어쩌면 이것은, 말하자면 '비칸트적인' 순서와 칸트를 통해서 이를 인지하지 못한 것은 또한 칸트가 여기서 무언가 새로운 것으로 가는 길에 있었다는 것에 대한 단초를 제공하는 것이다.

19 Metaphysik der Sitten, (제7권), AB 1 = AA VI, 211면 — 칸트는 이러한 개념을 사실 실천이성비판에서 (제6권), A 16 = AA V, 9면 (각기 주에서) 추론하지만, 도덕형이상학에 있는 체계적인 배치는 전혀 다른 것이다: 실천이성비판에서는 이 개념들이, 결국은 심리학에 속하는 것으로서, 원칙상 실천철학의 개념으로서는 배제되어야 하는 반면에, 도덕형이상학은 — '인간 마음의 능력과 윤리법칙들의 관계에 관하여'라는 표제하에 — 그 개념들과 함께 시작한다. 이것은 해석에서 중요하다.

정된 '개념에 따른 욕구능력'은 이것과 대상을 야기하기 위한 행
위의 능력에 대한 의식이 결부될 때는 자의라고 한다. '의지'는
욕구능력이라고 부르며, 그 내적 규정근거는 '주체의 이성 안에
서 마주하게 된다.'[20] 이 모든 규정은 대상의 원인이 되는 주체의
가능성 주위를 순환하는 것이어서 세상에서 인간의 자연적 현실
은 이러한 모든 규정 속에서 고려되고 있다.

적극적으로 파악한 개념으로서의 자의의 자유는 '그 자체만
으로 실천적인 순수이성의 능력'이다.[21] 이성은 여기서 실천원리
들의 능력이기 때문에 일반 규정이나 법칙을 넘어서 효력을 미친
다. 자유의 법칙을 칸트는 도덕법칙이라고 부른다.

사상적 전개의 이 지점에서 이제 처음으로 『도덕형이상학』에
서 개념쌍 도덕성과 합법성이 나온다.[22] 칸트는 먼저 도덕법칙의
가능한 대상영역의 하나를 도덕법칙이 그 대상영역에서 순전히
외적 행위들 및 그 행위들의 합법칙성과 관련되면 법률적이라고
규정하였다. 반대로 도덕법칙 자체가 행위의 규정근거가 될 것을
요구하면 그 법칙은 윤리적이다. 행위가 법률의 법칙과 일치하는
것은 합법성이며, 윤리법칙과 일치하는 것은 행위의 도덕성이다.
법률의 법칙과 관련되는 자유는 외적인 사용에서의 자유이며, 윤
리법칙과 관련되는 자유는 내적 사용 혹은 외적 사용에서의 자유

20 모든 인용은 Metaphysik der Sitten, (제7권), AB 4, 5 = AA VI, 213면.
21 Metaphysik der Sitten, (제7권), AB 6 = AA VI, 214면.
22 Metaphysik der Sitten, (제7권), AB 7 = AA VI, 214면. 뒤에 나오는 규정
들도 이곳.

이다.

칸트는 여기서 그의 실천철학의 저작들에서 종종 그랬던 것처럼 이론철학과의 유사점을 설명하고 있다: 이론철학에서는 말하길, 공간 속에서는 그저 외적인 의미의 대상들이라고 하지만, 시간 속에서는 외적 의미의 대상들뿐 아니라 내적인 의미의 대상(단수형!) 모두라고 하는데, 양자는 표상이기 때문이라는 것이다. 이러한 유사점(즉 공간/합법성과 시간/도덕성)을 임시적인 일탈로 이해하기보다는, 진지하게 『도덕형이상학』의 해석에 제기해야 할 것이다. 시간 속에서 모든 것은 표상이며, 시간 자체는 주체의 직관형식의 하나로서, 주체는 또 자기 삶의 고유한 연속성도 시간 속에서 가진다. 그렇지만 전체적으로 주체의 표상은 또 하나의 더 높은 통일, 자의식을 지시한다. 순수한 이성개념의 초월적 연역추론 또는 『순수이성비판』[23] 내의 범주에서는 §16에서 '통각Apperzeption의 근원적으로-종합적인 통일에 관하여' 다루고 있다. 칸트는 그곳에서 자의식의 통일은 모든 가능한 인식의 토대가 되어야 한다는 것을 보여주는데, 그렇지 않으면 다양한 표상들이 결코 하나의 동일한 주체의 표상들(나의 표상들)로 생각될 수 없기 때문이다. "내가 생각한다는 것이 나의 모든 표상들을 수반할 수 있어야 하는 것이다 (…)."[24] 이러한 성찰을 칸트는 표상이라고도 하지만, 이 표상은 외적인 객체를 대상으로 가지는 그러

---

23 Kritik der reinen Vernunft, (제3권), B 131 이하 = AA Ⅲ, 108면 이하.
24 Kritik der reinen Vernunft, (제3권), B 131 = AA Ⅲ, 108면.

한 표상이 아니라 '순수한 통각' 혹은 '근원적 통각'인데, "이것
은 자의식이 나는 생각한다는 표상을 만들어내고, 이 표상은 다
른 모든 것을 수반해야 하며, 모든 의식 속에서 동일한 것이고,
어떤 것에 의해서도 더 수반될 수 없는 자의식이기 때문이다."[25]
칸트는 이 표상을 '자발성의 행위Actus der Spontaneität'라고 한다.[26]
그러나 자의식으로써 인간 정신의 성과가 거명되었으며, 그 성과
는 이론 이성의 영역에 국한될 수 없고 자기와 동시에 실천이성
의 자의식 같은 것을 가질 수 있다. '자의식'과 함께 오히려 인간
정신의 모든 능력들의 통일성이 자세히 설명되어야 한다; 이것은
당연히 개념으로부터 나온다. 인간 정신의 능력들은 이러한 통일
성으로 환원되고, 이 통일성으로부터 세분화된다. 그 까닭은 주
체가 가장 먼저 '자기 자신'이어야 한다는 것은, 그 주체가 한 주
체, 즉 동일한 한 주체이고자 한다면 명백하기 때문이다. 그런데
자의식이 있다는 것은 자신의 자유를 실증하는 것이며, 그래서
칸트는 실천이성이 이론이성에 비해 우위라고 말할 수 있었다.[27]

　숙고의 이 지점으로부터 또 한 번 크게 우회하여 다시『도덕
형이상학』으로 되돌아온다면, 먼저 이론철학에 대해 언급한 유
사점이 더 분명해진다: 공간 속에는 외적 의미에서의 대상만 있
지만, 시간 속에는 모든 것이 대상이라고 해도, 여기서 다루는 것
이 하나의 단일한 세계에 대한 인식이라는 점은 변함이 없다. 그

25 Kritik der reinen Vernunft, (제3권), B 132 = AA Ⅲ, 108면 이하.
26 주 25와 동일.
27 Kritik der reinen Vernunft, (제6권), A 215 이하 = AA Ⅴ, 119면 이하 참조.

런데 또 무엇 때문에 칸트가 『도덕형이상학』에서,[28] 자유는 그것을 내적인 혹은 외적인 사용에서 살펴보든 간에 자유의 법칙들은 항상 '내적인 규정근거'일 것을 요구한다고 말할 수 있는가가 분명해지는데, 동일한 한 주체로서의 주체의 자유는 역시 단 하나의 자유이며 주체의 실천을 포괄적으로 규정할 것을 요구하기 때문이다; 주체의 실천에서 그의 삶의 부분영역(법)을 불완전하게 그의 자유와 결부시켜 박탈할 수는 없는 것이다. 그러므로 "자유를 자의의 외적 사용 혹은 내적 사용에서 살펴보든 간에, 자유의 법칙들은 일반적으로 자유로운 자의를 위한 순수한 실천이성의 법칙들로서, 동시에 그것의 내적인 규정근거들일 수밖에 없다 (…)."[29] 여기서 쌍점Doppelpunkt(:) 다음에 칸트는 '내적인 규정근거들'로서의 '자유의 법칙들'에 대해 주목할 만한 문장을 첨가하고 있다: "비록 내적인 규정근거들이 언제나 이러한 관계에서 살펴볼 필요가 있는 것은 아니지만 말이다."[30] — 무엇 때문에 이 관계에서 살펴볼 필요가 없다는 것인가?

5.

여기서 요구되는 숙고는 취하고 있는 관점을 아주 단순하게 분석하는 것에서부터 시작할 수 있다: 자유의 사용은 언제 '외적'이며, 누가 자유를 혹은 자유의 법칙들을 '살펴보는가'? 일단

---

28 Metaphysik der Sitten, (제7권), AB 7 = AA Ⅵ, 214면.
29 주 28과 동일.
30 주 28과 동일.

주체 자신이 이러한 외적인 고찰을 한다고 생각할 수도 있을 것이다. 그러면 그것은 결국 자기 자신에게 머무르는 것이어서 여전히 내적 관점이 지배한다. 타주체의 입장이 받아들여질 때에 행위와 그 규정근거에 대한 시각은 '정말로 외적'이라고 말할 수 있을 것이다. 그렇지만 이러한 관점 변화의 문제점은 주체의 자유를 위해서는 곧바로 자명해진다: 즉 나의 행위를 타인이 평가하는 것은 어쨌든 피상적인 일견에는 자기결정적으로 행위하고 다른 누구의 생각에 의존하지 않는 주체의 요구와 원칙적으로는 모순된다.

칸트는 그의 법론에서 이러한 관점의 변경이 주체의 자유를 제한하지 않으면서 어떻게 정당하게 설명될 수 있는지에 대한 방법을 보여준다. 실천이성 자체는, 인간으로서의 자신의 현존이 유한한 세계에서 타주체들과 공존한다는 사실은 주체에게 어떤 의미를 가지며 어떤 결과를 갖는가에 대한 인식을 가능하게 한다. 이것으로부터 주체들은 누구나 관여하는 방식으로 세계를 정당하게 분배할 필요성이 생긴다. 칸트가 지칭하는 바와 같이 실천이성은 '법적-실천이성'으로서[31] 자유의 인식근거로서의 정언명령과 정언명령의 존재근거로서의 자유는 현실에서 타주체들과 마주하게 되므로 어떠한 경우에도 단순한 독백적인-주관의 도덕원리가 아니라는 것을 보여줌으로써 이러한 확장을 한다. 그

---

31 이러한 표현에 대해서는 Metaphysik der Sitten, (제7권), § 7 (AB 71) = AA VI, 254면 참조.

러므로 칸트는 또 매우 타당하게 타자들과의 관계에서 자유가 제한되어야 하는 것이 아니라, "이성은 자유가 그 조건들에 제한되어 있다고 말할 뿐이다"[32]는 것을 말한다(강조는 칸트). 이것으로 먼저 근본 입장에서 주체에 대한 외적인 관점을 수용하는 것도 정당화되는데, 이 입장을 가지고는 주체가 타인과 공존한다는 사실만 생기기 때문이다. 그렇지만 법에 대한 이러한 기본 사고를 진척시키는 데서 법의 한계도 드러난다: 그래서 가령 자유는 법의 관점에서 살펴보면 먼저 소극적으로만 규정된다는 것이 설명된다. 자유는 "타인의 강요에 의한 자의가 아닌 독립적인 것"이다.[33] 각인이 자기 행동의 자율적인 근거라는 것을 여기서는 항상 함께 생각한 것이지만, 타인의 외적인 관점에서 보면 개개인을 우선은 이러한 타인의 파악으로부터 제외할 필요가 있다. 이것으로 함께 생각한 것은 권리의 동근원성으로서, 권리는 모든 인간에게 '생래적인' 것이다; 이러한 동근원성을 칸트는 '내적인 나의 것과 너의 것'이라고 한다.[34] 그러나 유한한 것으로의 주체가 세계를 구분하는 것에 해당하는 외적인 행위를 기도하는 즉시, 즉 행위들이 '사실'로서 서로 영향을 끼칠 수 있게 되자마자,[35] 타인의 외적인 관점은 이러한 행위가 공동의 유한한 세계

---

32 Metaphysik der Sitten, (제7권), AB 34 = AA VI, 231면.
33 Metaphysik der Sitten, (제7권), AB 45 = AA VI, 237면.
34 Metaphysik der Sitten, (제7권), AB 47 = AA VI, 238면.
35 Metaphysik der Sitten, (제7권), Einleitung in die Rechtslehre § B/ AB 31 이하 = AA VI, 229면 이하.

에 미치는 영향을 통해서 정당화되었다. 외적인 나의 것 그리고 너의 것과 관련되는, 삶 자체와 필연적으로 결부된 이러한 행위들은 그 자체가 법적-실천이성에게 이 행위들을 자유적으로 가능하게 하는 지침들을 제시하라는 요구를 가지고 있다. 실천이성은 이것을 순수한 법의 법칙을 통해서 하며, 순수한 법의 법칙들은 이성법칙들이다(dictamina rationis, 이성의 명령들[36]). 칸트는 이러한 법칙들을 사법뿐만 아니라 그의 법론의 공법에서도 전개하고 있다.[37] 실정 (법규상의) 법칙들은 그 타당성을 이 법칙들과 결부된 구체화를 이러한 범위 내에서, 그리고 기본원리들의 토대로부터 도출해낸다. 이 모든 것을 다시 주체에 적용해본다면, 개개인이 외적인 세계와의 관계에서 완전히 다른 목표들을 세우는 것이 자유적으로 근거가 제시된 법과 무엇 때문에 아무런 어려움 없이 조화될 수 있는지도 이해할 수 있게 된다. 왜냐하면 — 칸트가 『도덕형이상학』의 덕론에서 놀라운 방식으로 기술하고 있는 바와 같이 — 준칙은 주관적 원칙으로서 개인적으로 다양한 (좁은 의미의) 도덕에서와는 달리 법의 영역에서는 선험적인 동시에 상

---

36 Metaphysik der Sitten, (제7권), AB 63 = AA VI, 249면.

37 프리드리히 카울바흐Friedrich Kaulbach는, 칸트가 법론에서 '이상화하는 방식'으로 '실정법의 경험적 요구들을 실천이성의 순수한 도덕원리들과' 연결시킨다는 주장을 한다(Moral und Recht in der Philosophie Kants〔주 5와 동일〕, 52면 이하). 그런데 이것은 오해의 여지가 있다. 왜냐하면 순수한 법 원리들은 유효한 실정법의 (논리적) 기초이기 때문이다. 그래야만 무슨 이유로 칸트가 이러한 형태로는 그 당시에는 전혀 존재하지 않았던 (더 자세히 규정되어야 하는 의미에서) 세계-법의 필요성에 대한 근거를 제시할 수 있었는지를 설명할 수 있다.

호적으로 다음과 같이 규정되어 있기 때문이다: "즉 행위하는 자의 자유는 모든 타인의 자유와 보편법칙에 따라서 공존할 수 있어야 한다."[38]

칸트를 여기까지 따랐다면 외적인 입법에는 (타인의 의사를 통해서도), 그 입법이 술어 '법적인'에 부합하는 한은, 무엇 때문에 자유에 대한 침해가 있을 수 없는가도 분명해진다: 그 입법 속에서 순수한 법원리들 자체가 실현되는 한, 그것은 주체의 법적-실천이성과 아무런 차이가 없다. 그러나 외적 입법이 실정법칙에 존재한다면 개개인도 필연적으로 공동입법자로 생각해야 한다. 하지만 이러한 법칙들은 그 규정의 내용에서 역시 외적인 나의 것과 너의 것에 국한되어 있다; 그 법칙들은 '사건들'로서 서로 영향을 끼칠 수 있는 그러한 행위만을 대상으로 할 수 있다. 그러면 행위의 합법성은 전체적으로 행위가 법칙과 합치하는 것의 판단에 대한 언명이 아니라, 그 행위는 곧 법적-실천이성에 의해 제정된 인간의 자유의 영역에 있는, 즉 법속에 있는 것에 대한 언명인 것이다.

---

38 Metaphysik der Sitten, (Tugendlehre, 제7권), A 7 = AA VI, 382면 — 이 설명은 법론에 대한 서언Einleitung in die Rechtslehre의 § C를 보충하고 있다 (제7권, A 33/B 33 이하 = AA VI, 230면 이하).

IV.

도덕성과 합법성의 관련성에 대한 근거는 언급한 것에 의하면 주체 자신의 성찰적 통일체에 있는 것으로, 주체는 실천이성을 통해 자신의 자유를 자기입법에서 경험하는 동시에 실천이성은 그 원리들이 하나의 단일한 세계에서 많은 주체들 상호 간의 관계에 대한 규정으로 확대되는 통찰을 해낼 수 있다. 그러므로 이렇게 가능한 외적 입법과 이에 대한 행위의 관계는 외적 입법과의 일치로서 결코 자유의 정신이 빠진 단지 자유의 문자인 것이 아니라, 이것은 다른 형태에서 그 정신이다. 이 두 개가 어떻게 서로 하나로 융합되는지는『도덕형이상학』의 한 곳과『영구평화론』의 숨겨진 곳을 해석하여 비교하는 데서 잘 드러난다.『도덕형이상학』의 § E에서 칸트는 적고 있다: "그러므로 채권자가 채무자에게 채무의 지급을 청구하는 권리를 갖는다고 말할 때는, 채권자가 채무자에게 그의 이성 자체가 이러한 이행에 대한 의무를 지는 것을 명심하게 한다는 것을 의미하는 것이 아니라, 누구든지 이를 하도록 강요하는 강제는 어느 누구의 자유와도, 즉 자기 자신의 자유와도 보편적인 외적 법칙에 따라 조화될 수 있다는 것을 의미한다 (…)."[39]『영구평화론』이라는 저작에서 칸트는 '세상이 멸망할지라도 정의를 행하라'는 명제를 논하며, 이 명제는 법원칙으로서 '윤리적 의무에 모순될 수 있는' 자신의 권리를

---

39 Metaphysik der Sitten, (Tugendlehre, 제7권), AB 36 = AA Ⅵ, 232면.

최대한 엄격하게 사용하는 것을 허용하지 않는다고 적고 있다.[40] 두 언명은 서로 모순되지 않는다. 법은 외적인 권능으로서 강제의 가능성을 가진다 — 그러므로 자신의 권리를 최대한 엄격하게 추구할 가능성이 전적으로 있는 것이다. 그렇지만 권리의 소유자는 성찰적인 단일체이기 때문에 (그리고 한편으로는 법인격체로, 다른 한편으로는 윤리적 인격체로 분할해서 생각할 수 없기 때문에), 이것은 (그러나 타자들의 시각이 아닌 바로) 자신의 시각에서 권리에 대한 포기 또는 권리에 대한 제한을 할 수 있는 가능성을 준다.

도덕성과 합법성에 대한 근거의 단일성은 그 차이의 근거와 의식적인 인간 삶의 존재방식의 전개에서 결합하는 것이다.

---

40 Zum ewigen Frieden, (제9권), B 93, A 87 = AA Ⅷ, 379면.

§8 법과 거짓말

"인간애로 인하여 거짓말할 수 있다는 권리에 관하여"라는 칸트의 논문에 대한 고찰*

I. 서언

　유럽연합 집행위원회 회장이 "사안이 심각하고 긴박해지면 거짓말을 해야 한다"[1]는 정치적 신조를 옹호하는 시대에, 행정부가 때때로 입법부를 기망하는 시대에,[2] 그리고 법률 자체가 그 사용자를 기만하는 시대에[3] — 이러한 시대에는 다시 한 번 칸트의

---

* 이 글은 한스 울리히 페프겐 고희기념논문집(Strafe und Prozess im frei-heitlichen Rechtsstaat. Festschrift für Hans-Ullrich Paeffgen zum 70. Geburtstag), Carl-Friedrich Stuckenberg/Klaus Ferdinand Gärditz (편), 81-95면에 수록된 것이다.

1 2011년 5월 독일 dapd 언론통신의 보도.

2 BT-Drs. 16/3656, 18면: 이 점에서 독일 형법 제303조b(컴퓨터업무방해죄)의 수정작업과정 중 연방정부는 연방참의원의 이의에 대한 반론에서, 정보처리장치의 '중요한 의미'와 이의 '현저한 방해'에 대한 혼란스러운 구성요건들에 관하여는 이미 "문헌과 판례를 통해서 확립된 해석"이 있다고 주장하였다; 이는 바로 정반대의 경우였으며, 그것은 그 '문헌과 판례'에서 쉽게 추론할 수 있었다.

3 독일 형사소송법 제257조c(법원과 소송관계자들 간의 협상) 제1항 3문. 이 조문에서는, 독일 형사소송법 제244조 제2항의 직권조사원칙은 이러한 공판의 해결에서 영향을 받지 않는다고 한다. 이것도 정반대의 경우이다. — 이 고희기념논문집의 주인공인 페프겐의 저서들을 아는 사람은 누구나, 이러

"인간애로 인하여 거짓말할 수 있다는 권리에 관하여"[4]라는 논
문을 숙고의 대상으로 삼을 필요가 있다. 이 텍스트에는 다음과
같은 문장이 나온다: "그러므로 모든 진술에서 진실되고 (정직하
여야) 한다는 것은 무엇으로도 제한될 수 없는 절대적으로 요청
되는 신성한 이성의 명령이다."[5] 이 텍스트는 칸트 저작의 학술
원판 전집에서 겨우 여섯 페이지 밖에 안 되기 때문에 현대의 바
쁜 독자에게 칸트의 실천철학에 대한 즉각적인 인식을 제공해 줄
수 있을 것처럼 보인다. 이러한 독자들은 늦어도 방금 인용한 텍
스트의 문장에 이르면(이 문장은 본문의 거의 중간 부분에 있다) 계속
읽는 수고로부터 해방된 듯 보인다.[6] 왜냐하면 이 "악명 높은" 논
문[7]에서는 너무나 명백히 편견을 입증하는 것 같으며, 칸트의 실

한 사건에 직면하여 어떠한 각주의 폭풍이 언어적 천둥번개를 동반하고 일어
날 수 있는지를 쉽게 상상할 수 있을 것이며, 페프겐은 여기서 자신이 직접
말하고 싶어 할 것이다(유사한 주제에 관하여는 페프겐의 글, Paunsdorf —
Eines langen Vorgangs Reise in die Nacht — der Archive, Festschrift
für Küper, 2007, 389면 이하 참조). 그러나 흉내낼 수 없는 것은 흉내내지
말아야 하기 때문에 필자는 여기서 아예 시도조차 하지 않기로 한다.

4 Kant, Akademische Ausgabe der Werke(AA로 인용), 1910년 이하, 여기
서는 제8권, 425-430면. 뒤에서는 학술원판에 따라 권수와 면수로 인용하
기로 하며, 제목에서 언급한 논문은 VRL이란 약어로 인용, 법론의 형이상학
적 기초원리는(AA 제6권, 203면 이하) MdS란 약어로 인용하고, 가끔 §으
로만 인용하기도 한다.

5 VRL, AA 제8권, 427면.

6 이것은 철학전문 문헌에서도 나타난다. 그래서 팀머만(Timmermann, Kant
und die Lüge aus Pflicht, Philosophisches Jahrbuch 107〔2000〕, 257
면 이하, 277면)은 칸트-텍스트에 대한 노력을 다음과 같은 말과 함께 중단
하고 있다: "우리는 이제 순수한 칸트-해석의 지반을 완전히 떠나고자 한
다. 그래도 상관없다."

7 이러한 표현은 Timmermann (주 6), 270면.

천철학은 '엄숙주의'라고 판정받은 것처럼 보이기 때문이다; 그리고 이러한 거짓말금지에 대한 주장은 "오늘날 우리에게는 그로테스크한 느낌을 주는 것"이라고 한다.[8] 그런데 이러한 진실의무와 이 의무에서 나오는 거짓말금지가[9] 모든 관점에서 정말로 '그로테스크'한 것으로 보이는지는 생각해보아야 할 것이다: 왜냐하면 가끔씩 혹은 자주 거짓말하는 사람의 관점에서 보면 칸트가 일반적 관례를 참고하여 어떠한 자기면제도 불가능하게 하는 것으로 보이기 때문이다. 그런데 이것은 또 다른 측면의 관점, 어떤 이유에서든 간에 기망당하는 것을 항상 고려해야 하는 사람의 관점에서 보면 기이해 보인다. 나아가 칸트와 관련하여 "정신적으로 낙후한 칸트의 용감한 주장이 자신의 철학적 단점으로 되는 위험에 처하지 않으려면" 누구나 조심해야 한다는 한스 바그너 Hans Wagner의 경고를 명심할 필요가 있다.[10] 그러므로 이 글에서는 칸트의 텍스트를, 그의 결론이 일견에 여겨질 수 있는 것처럼 정말로 그렇게 잘못된 것이며, 세상과 동떨어진 것인가에 대해 다시 한 번[11] 검토해보아야 할 것이다. 여기서 칸트의 논문은 우언

---

8 이것은 Schwemmer, Vernunft und Moral, in: Prauss (편), Kant — Zur Deutung seiner Theorie von Erkennen und Handeln, 1973, 255면 이하.

9 양자 간의 논증관계는 이 글의 진행과정에서 더 자세히 설명하기로 한다.

10 Hans Wagner, Kant-Studien 69 (1978), 90면(= Geismann/Oberer (편), Kant und das Recht der Lüge(모음집을 인용-), 1986, 95면).

11 칸트의 저작들은 출간 이후 많은 입장표명을 야기하였으며, 그중 일부는 여기서 인용하거나 여기서 인용한 것으로부터 추론될 수 있을 것이다; 먼저 개관적으로는 모음집(주 10) 참조; 모음집에 들어 있지 않은 것은 가이스만Geismann의 거짓말금지에 대한 상세한 분석과 방어, Das rechtliche Verbot der Lüge, in: 동저자, Kant und kein Ende, 제2권, Studien zur Rechtsphiosophie,

히 쓰게 된 부업 같은 작품이 아니라, 매우 복잡한 방식으로 그의
실천철학의 사고과정과 특징들을 전체적으로 연결하고 있다는
점을 서두에서부터 언급해두고자 한다. 이 글을 본Bonn대학교 동
료인 존경하는 한스 울리히 페프겐 교수에게 바치며, 우리는 본
대학 법철학연구소에서 수년간 전통과 고전의 위대한 텍스트를
함께 ― 비판적으로 ― 읽고 논평하였다.

Ⅱ. 논문에 대한 칸트의 동기

1.

칸트의 논문은 1797년 9월 '베를린 잡지Berlinische Blätter'에 발
표된 것이다.[12] 그는 프랑스 작가 벵자맹 콩스탕Benjamin Constant의

2010, 229면 이하(= 증보판은 Geismann, Versuch über Kants re-
chtliches Verbot der Lüge, in: Oberer/Seel 〔편〕, Kant, Analysen ―
Probleme ― Kritik, 1988, 293면 이하) 참조. 그 밖에도 저서는 거짓말에
대한 윤리적 문제의 논쟁에 관한 오랜 전통을 가지고 있다; 이에 대하여
개관적으로는 Oberer, 모음집(주 10), 7-22면 참조; 매우 풍부한 내용
을 담고 있는 것은 Gregor Müller, Wahrhaftigkeitspflicht und die
Problematik der Lüge, 1962. ― 법학적 관점에서 본 거짓말의 문제점에 관
하여는 많은 참고문헌과 함께 Saliger, Kann und soll das Recht die Lüge
verbieten?, in: Depenheuer (편), Recht und Lüge, 2005, 93면 이하 참
조; '신의 정의'에 대한 확장에서는 Wyrwich, Kants Aufsatz über das
Lügenverbot und das Problem der Verquickung von juridischer und
göttlicher Gerechtigkeit, Freiburger Zeitschrift für Philosophie und
Theologie 60 (2013), 128면 이하도 참조.
12 AA 제8권, 517면 참조; 발행인의 편지 Biester, AA 제12권, 202면 이하도

저서에 있는 한 문구에 대한 반응을 기술하였다. 콩스탕은 같은 해, 이미 1797년에 독일어로도 번역된 바 있는[13] '정치적 반응들에 관하여'라는 한 소책자에서 '어느 독일 철학자'의 주장에 대한 입장을 표명하였는데, 이 주장에 의하면 "한 살인자가 우리에게 그가 추적하고 있는 우리의 친구를 집에 숨겨주고 있는지를 물을 때 거짓말을 하는 것은 범죄"라고 한다. 콩스탕의 비판은 여기서 한 원칙(거짓말금지)이 추상적으로 설정되어 있고 극단적인 예에서 직접 적용된다는 것을 겨냥하고 있다. 이러한 (잘못된) 행태는 "공동체를 파괴할 것이다". 추상적인 원칙의 적용을 위해서는 오히려 매개개념들을 만들어야 하는데, 그것은 다음과 같다: "진실을 말하는 것은 의무이다. 의무의 개념은 권리의 개념과 분리될 수 없다. 의무는 한 존재의 경우 타자의 권리들에 상응하는

참조.
13 "1797년의 프랑스. 파리에 있는 독일 남자들의 편지에서Frankreich im Jahr 1797. Aus den Briefen deutscher Männer in Paris"라는 제목, Zweiter Band, 6. Stück, 123면 이하, Altona 1797. 발행인 K. Fr. Cramer는 여기서의 '독일 철학자'는 칸트라는 것을 콩스탕이 직접 자신에게 말했다는 것을 언급하고 있다. 칸트는 자신의 논문에서 제목에서 거명한 문장을 한 번 말했다는 것을 시인은 하지만, 어디서 말했는지는 더 이상 기억해낼 수 없다고 한다. 만약 그 장소가 존재한다면 칸트-문헌학은 아직 그 위치를 찾는 일에 성공하지 못했다. 콩스탕이 『도덕형이상학』의 덕론 § 9에 있는 상론에 반응했다고 하는 Vuillemins의 가정은 적절하지 않다(On Lying: Kant and Benjamin Constant, in: 모음집〔주 10〕, 103면 이하);『도덕형이상학』은 1797년 여름/가을에야 비로소 발간되었기 때문에 콩스탕이 자신의 저작(1797년 초)을 작업할 당시에 알고 있었을 리가 없다. 연도확인의 문제에 대해서는 AA 제12권, 187면 및 루드비히Ludwig의 법론의 형이상학적 기초원리판, 1986, XXII 참조. — 이 글은 칸트가 이해한 번역을 토대로 하고 있다; Constant, 4권 전집, von Gall (편), 1972, III권, 176면 이하의 번역도 큰 차이는 없다.

것이다. 권리가 없는 곳에는 의무가 없다. 그러므로 진실을 말하는 것은 의무이다; 하지만 이것은 진실에 대한 권리를 가진 자에 대해서만 그렇다. 그러나 누구도 타인을 해치는 진실에 대한 권리는 없다."[14]

2.

칸트의 비판과 세부적인 논거들을 살펴보기 전에 먼저 1797년 여름 칸트가 사용했던 논증상의 병기고에 대해 지적해 두는 것은 도움이 될 것이다. 그 당시 칸트의 핵심연구분야는 『도덕형이상학』의 부분영역으로서의 법에 관한 문제들이었다. '법론의 형이상학적 기초원리'는 1797년 초에 발간되었으며; 1797년 2월에 벌써 보우터베크Bouterwek의 서평이 발표되었고, 이 서평을 위해 칸트는 같은 해에 『도덕형이상학』 제2판(1798)의 '해명적 논평을 위한 부록'을 작성하였다. 말하자면 칸트가 콩스탕의 텍스트를 접했을 때 법의 문제들과 이에 대한 자신의 대답의 체계는 그에게 매우 시급한 사안이었던 것이다. 그러나 논거에 대한 중요한 대목을 위해서는 1795년에 발간된 『영구평화론』이라는 저서도 지적해둘 필요가 있는데, 이 저작의 작업 시기는 『도덕형이상학』의 작업 시기와 일치한다. 뒤에서 드러나게 되겠지만 칸트는 콩스탕을 반박하는 자신의 견해에 대한 논거들을 이 저서들

---

14 VRL, AA 제8권, 425면; 칸트는 여기서 콩스탕 책의 독일어 번역을 글자 그대로 인용하고 있다.

에서 끌어내고 있다. 물론 칸트의 실천철학의 기초, 간단히 말해
정언명령은 거짓말금지의 논문에 나오는 설명에서도 토대가 된
다. 그렇지만 이 텍스트의 모든 해석들은 도덕원칙이 법원칙으로
까지 확장되는 것을 고려하지 않으면 미완으로 머물 수밖에 없
다. 칸트 자신은 한 각주에서, 거짓말금지에서 문제되는 것은 그
가 다루는 의미에서의 윤리원칙이 아니라, 법의무와 그 근거라는
점을 명시적으로 언급하고 있다.[15]

Ⅲ. 칸트의 논증

1.

칸트는 잘못된 전제proton pseudos로 인하여 그릇된 추론을 하

---

15 VRL, AA 제8권, 426면 각주 * — 이와 결부된 정언적 구분은 종종 충분히
고려되지 않고 있다; 예컨대 Korsgaard, The Right to Lie: Kant on
Dealing with Evil, Philosophy and Public Affairs 15 (1986), 352면 이
하; Cholbi, The Murderer at the Door: What Kant Should Have Said,
Philosophy and Phenomenological Research 79 (2009), 17면 이하
(두 논문 모두 많은 참고문헌이 적시되어 있음); 이것은 심지어 페이턴Paton
같은 매우 뛰어난 칸트-전문가에게도 해당되며, 그의 논문 An alleged right
to lie, Kant-Studien 1953/54, 190면 이하(모음집(주 10), 46면 이하) 참조.
어쨌든 이에 대한 단서들은 Kim, Kants Lügenverbot in sozialethischer
Perspektive, Kant-Studien 95 (2002), 226면 이하. 그러나 체계적으로
고려된 것은 무엇보다도 Geismann과 Oberer(주 11과 뒤의 주 36 참조)
및 Kahlo, Festschrift E. A. Wolff, 1988, 153면 이하, 178면 이하의 연구
들에서이다.

는 콩스탕의 비난을 자신의 논증의 중심에 두고 있다.[16] 이러한
그릇된 추론은 다음의 문장에 있다: "진실을 말하는 것은 의무
이지만 이는 진실에 대한 권리를 가진 자에 대해서만 그렇다."[17]

무엇 때문에 이 문장이 그릇된 추론인지에 대한 논증은 콩스
탕의 표현에 있는 대수롭지 않아 보이는 문장의 작은 수정으로
시작하는데, 텍스트의 해석자들은 이 수정을 가끔 '부수적인' 것
이라고는 하나 대부분은 받아들여지고 있다: 말하자면 칸트는,
진실에 대한 권리를 말하는 것은 의미 없는 말이라고 한다; 그것
은 진실을 물권법의 대상으로 만드는 것이라고 표현할 수 있을
것이며, 그렇게 되면 진실 여부는 개개인의 의사에 달려 있는 것
이라 한다.[18] 이와 반대로 인간은 "자기 자신의 진실성 (...), 즉 자
신의 인격에서 주관적 진실에 대한 권리"가 있다고 말하는 것이
옳다고 한다.[19] 이러한 수정은 결코 부차적인 것이 아니다. 이는
뒤에서 보여주겠지만, 바로 논문의 시작 부분에서 칸트의 텍스트
에 대한 논증의 핵심이 되는데, 여기서는 우선 콩스탕의 관점이
(그는 가정적 살인자 — 뒤에서는 A라고 지칭한다 — 의 진실에 대한 권리
를 말한다) 질문으로 압박받는 자(뒤에서는 B라고 하며; C는 A에 의해

---

16 이것은 추측이지만, 칸트가 자신의 논쟁 상대에게 (말 그대로 번역하면)
'원초적 거짓말'proton pseudos을 비난할 때는 (꼭 희랍어가 아니라고 해도,
Vorländer, Kant, 제2판 1977, 27면) 고어에 매우 조예가 깊은 그가 텍
스트에서 희랍어로 인용한 이러한 개념을 사용하는 데 있어서 (그의 저작들에
서 가끔 있는 바와 같이) 아마도 대단한 악동이었을 것이다.
17 VRL, AA 제8권, 425면.
18 VRL, AA 제8권, 426면; 428면 이하도 참조.
19 VRL, AA 제8권, 426면.

쫓기는 사람이라고 해둔다)의 관점과 바뀌어 있기 때문이다.[20] 그런데 무엇보다도 B의 법의무에 대한 권리를 먼저 말하지 않고, B 자신의 진실성에 대한 권리를 말하고 있다.

2.

그다음 칸트는 그의 논문 제목에서 언급한 문제를 대답을 위해 다음의 두 가지 질문으로 나눈다:

첫째 질문은 "인간이 예 혹은 아니오로 대답하지 않으면 안 되는 경우들에서 정직하지 않을 권한(권리)이 있는지 여부";

둘째 질문은 "부당한 강요로 인한 진술에서 인간은 자기를 위협하는 자기 또는 타인에 대한 범행을 예방하기 위하여 정직하지 않을 의무가 있는지 여부"이다.[21]

여기서도 첫 질문에서는 권리에 대해 말하며, 두 번째 질문에서야 비로소 의무를 말하는데, 그 표현은 추가규정들(부당한 강요, 위협하는 범행)과 연결되어 있다는 사실에 주목할 필요가 있다.[22]

a) 첫 번째 질문에 대한 대답은 신속하게 진행되는데, 사실상

---

20 그러나 페이턴Paton은 칸트의 이의를 잘못된 것이라고 한다; 문제가 되는 것은 진실을 들을 A의 권리라고 한다(주 15, 194면).
21 VRL, AA 제8권, 426면 — 두 번째 질문은 이렇게 읽을 수도 있을 것이다: "(...) 그 또는 타인을 위협하는 범행을 (...)" 예방하기 위하여.
22 페이턴Paton의 오해에서 특이한 점은 그가 (주 15), 194면에서 질문들을 의미상 혼동한다는 것이다.

반 페이지에 불과하다. 칸트는 먼저 (콩스탕이 말한 외견상 문장의
수정에 불과하다는 것과 관련하여) 자신의 진실성("즉 인격성에서 주
관적 진실"[23])에 대한 모든 인간의 권리를 말한다. 이 말은 일차적
으로는 누구도 타인에게 진실을 말하는 것을 금지할 수 없음을
의미한다. 그렇지만 이것으로 가끔 한 번씩 거짓말을 해도 되는
지 여부는 결정되지 않았다. 그런데 바로 이것을 칸트는 그 다음
단계에서 (드러나게 되겠지만: 근본적으로) 배제한다. 그는 자기의
진실성에 대한 주관적 권리를, 진술은 진실해야 하는 "모두에 대
한 인간의 형식적 의무"[24]로 확장하고 있다(여기서 진술은 피할 수
없는 것임을 항상 전제한다). 중요한 것은 이제 이러한 의무는 하나
의 법의무이며, 타인들과의 관계에서 행위를 안내하는 힘을 펼
친다는 점이다. 칸트는 한 각주에서, 이 의무는 자기 자신에게 항
상 진실해야 하는 의무로 더 '강화될' 수도 있다는 점을 지적하
고 있다.[25] 그러나 칸트는 이것을 이 맥락에서 감행하지는 않는
데, 이러한 ('강화된') 의무는 (법과의 차이로 이해하여) 윤리에 속
하기 때문이다. 칸트는 법을 의무론으로 다루지 않고, 권리에서
나오는 구조이자 권리에 근거를 두고 권리와 결부된 의무로서

---

23 VRL, AA 제8권, 426면.
24 VRL, AA 제8권, 426면.
25 VRL, AA 제8권, 426면, 각주 *: "나는 여기서 '비진실성은 자기 자신에 대
   한 의무 위반'이라고 하면서까지 원칙을 강화시키고 싶지는 않다. 왜냐하면
   이것은 윤리에 해당하는 것인데, 여기서는 법의무에 관한 논의이기 때문이
   다." — 이러한 맥락에서 외적인 강요에 의한 결정은 윤리적인 원칙을 부각
   시키는 데에 거의 도움이 되지 않는다는 점을 언급해 둘 수 있을 것이다.

다루었기 때문에, 진실성에 대한 법의무는 근거로서 한 권리가 있어야 한다. 이 근거를 칸트는 "우리 자신의 인격성에 있는 인류의 권리"[26]에서 찾고 있다. 여기서 칸트가 어떻게 그의 법철학에서 정언명령을 여전히 인간의 자유에 대한 근본조건으로 보며,[27] 어떻게 정언명령을 법을 위해서 확장하는지를 볼 수 있다: 정언명령은 여기서 더 이상 나 자신의 윤리적인 독립성의 유일한 근거는 아니지만, 동시에 우리들 공동의 법적 자유에 대한 토대를 확대해 나간다. 그러나 '네 안에 있는 인류의 권리'에서는 어떤 구체적인 타인과의 법관계를 문제 삼는 것이 아니기 때문에 '외적인 나의 것과 너의 것'에 관한 문제가 아니고, 오히려 근본 권리를 가진 모든 인간 존재를 말하며, 인간의 생래적인 유일한 권리는 자유이다. 이 권리는 먼저 취득해야 할 필요가 있는 것도 아니고, 타인에 의해 인정받아야 되는 것도 아니며, 모든 법적인 행위 이전에 전제되는 것으로서 모든 인간이 지닌 것이고, 법과 인간 존재의 통일체(=하나임, 일체성)를 의미한다. 이 권리 속에서 모든 개개인은 모든 타인들과 보편성으로 연결되고, 그럼에도 불구하고 이 보편성은 개개인을 그 특수성에서 유지하고 있는 것이다.[28]

이러한 기초규정들로부터 이제 칸트의 논증법이 나온다. 그

---

26 VRL, AA 제8권, 426면과 MdS, AA 제6권, 237면.
27 이에 관하여는 MdS, AA 제6권, 239면.
28 이와 결부된 법개념의 추론에 대해서는 필자의 Selbstsein und Recht, 2014(한국어 번역은 라이너 차칙/손미숙 역, 자기존재와 법, 2018).

는 콩스탕의 논거를 반박했는데, 콩스탕의 논거에 의하면 절대적
인 거짓말금지는 개별 사례들에서 주장된 거짓말에 대한 권리를
사유적 실험에서 보편원칙으로 진지하게 받아들임으로써 모든
공동체를 불가능하게 한다고 한다. 그리고 각자는 모든 상황에서
(그것이 인간애에서 기인하든, 사익에서 기인하든, 다른 동기에서 기인하
든지 간에) 진실성의 의무에 대한 예외의 근거를 만들 수 있겠지
만, 그렇게 한다면 언명에서의 모든 상호적인 신뢰는 시대착오적
인 것이 될 것이다. 이것은 우선 칸트가 계약과 관련시키기 때문
에 공동체에서 법의 일부영역에만 해당하는 것으로 보인다. 그런
데 진실성에 대한 의무는 그 다음 단계에서 더 심도 있게 근거가
제시되고 있다: 즉 원칙으로서의 거짓말의 승인은 "권리의 근원
을 무용하게"만든다는 것이다.[29]

　칸트에게 권리의 근원은 한편으로는 각 개인의 법적-실천이
성이며, 항상 타인과의 관계에서 동등한-권능으로서 상정된 것
이다.[30] 그러나 이 외에도 이러한 상호적으로 규정된 개개인의
법적 지위로부터 일반적으로 인간들 간의 자유적인 공동체의 필
요성이 생기며, 누구나 각자의 권리를 가지고 있지만,[31] 이 공동

---

29 VRL, AA 제8권, 426면.
30 MdS, Einleitung in die Rechtslehre, §§ B, C (AA 제6권, 229면) 참조.
　─ 그러므로 칸트에게서 법은 주체의 성찰성 없이 구상되었으며 단순히 문
　자대로의 행위를 다루는 것이 아니다. 이에 대해서는 Zaczyk, Einheit des
　Grundes, Grund der Differenz von Moralität und Legalität, Jahrbuch
　für Recht und Ethik 14 (2006), 311면 이하 참조(한국어 번역은 이 책 § 7
　참조).
31 MdS, AA 제6권, § 41.

체는 계약의 이념에서 나오는 것이기 때문에,[32] 거짓말에 대한
권리는 그 자체가 모순이다: 말하자면 공동체의 구조 자체는 이
계약이 임기응변적인 거짓말로 인해서 어려움을 겪고 있다는 의
구심을 받을 것이다.[33] 이것이 바로 무엇 때문에 칸트가, 이러한
허위의 거짓말에 대해 권리를 배제하는 것은 법적인 규정을 통해
서 비로소 의미를 갖게 되는 것이 아니고, 타인에게 거짓말로 구
체적으로 해를 끼쳐야 한다('nocere')라고 말할 수 있는지에 대
한 이유이다.[34] 이러한 권리를 요구하고 타인을 기만한다면 오히
려 원리적 의미에서는 (자유의 관계에 방향을 정립한 것으로서의) 전
인류가 해를 입는다(laedere). 그리고『도덕형이상학』에서는 무
엇으로부터 인간의 권리가 나오는지 더 분명해진다: 인간의 권리
는『도덕형이상학』에서는 생래적인 유일한 권리, 즉 자유로부터
직접 파생되는 것이며,[35] 이 자유는 인간에게 (칸트가 말하는 바와
같이) 본래 주어진 것이다. 법적인 인간이라는 법의무(honeste
vive, 바르게 살아라)는 이 권리에 근거를 두고 있다.[36] 거짓말을 단
순히 진리(진실성)와 나란히 둔다면 이 권리는 손상된다.

칸트가 이 맥락에서 인간의 이러한 기본적 진실의무는 형식적

32 MdS, AA 제6권, § 52.
33 Wagner, Kant-Studien 69 (1978), 90면 이하, 93면 이하 참조.
34 VRL, AA 제8권, 426면.
35 MdS, AA 제6권, 237면.
36 이에 관하여는 Ebbinghaus, Kant's Ableitung des Verbotes der Lüge
   aus dem Rechte der Menschheit, in: Sammelband (주 10), 75면 이하;
   Oberer, Festschrift Manfred Baum, 2004, 203면 이하 참조.

의무라고 말한다면, 이것은 추상적이고 초현실적인 의무 같은 것을 말하는 것이 아니다. 여기서 중요한 것은 권리에서 생기는 의무이며, 이 의무는 모든 권리의 가능성의 조건으로서 모든 개별 법규정에 토대로서 내재되어 있다; 이 의무는 이성법에게 형성하는 내용을 제공한다. 이러한 근본관계는 예외를 허용하지 않으며; 진실성의 의무는 "이러한 의무가 있는 인격, 또는 이 의무를 포기할 수 있는 인격 간에 차별을 두지 않는"; "모든 관계에 적용되는 (...) 무조건적인 의무이다."[37]

그 밖에도 콩스탕의 예에서 A도(그를 칸트는 '살인중독자'라고 한다) 사실은 거짓말로 인하여 '피해를 본다'는 것은 다음의 고찰에서 드러난다:[38] A는 자신의 행동에서 질문받은 B의 진실성을 전제한다. 그가 진실성을 전제하지 않는다면 그의 모든 성가신 질문은 무의미할 것이다. 왜냐하면 그는 B가 거짓말을 한다는 것을 근본적으로 고려해야 하기 때문이다. 따라서 인간애로 인하여 거짓말할 수 있는 권리를 가정한다면, 서두에서 든 사례에서는 당연한 귀결로 권리의 반대인 폭력에 자리를 내주는 것이 된다. 그러면 말은 불필요해지고 전혀 주고받지 않을 것이며, 집주인 B는 옆으로 밀쳐지거나 아니면 바로 살해당할 것이다.[39] 그런데 A

---

37 VRL, AA 제8권, 429면.

38 Gillespie, Exceptions to the Categorical Imperative, in: Sammelband (주 10), 85면 이하; Grünewald, in: Akten des X. International Kant-Kongresses, Bd. 3, 2008, 149면 이하 참조(두 논문 모두 여기에서와는 달리 다른 데에 강조점을 두고 있다).

39 "그래도 상관없다"라고 여기서는 Timmermann(주 6 참조)과 같이 말할 수

가 B의 허위의 대답에 그저 '유감이군' 하고 가 버린다면 그의 신
뢰는 손상될 것이다.

b) 그다음 칸트는 원리적인 논거를 한 방식으로 확장하는데,
이 방식은 그의 관심사에 크게 도움이 되지 않으며 비판적인 고
찰을 요구한다. 그는 B의 행동의 결과들을 말하고 각 행동에 대
해 가능한 죄도 적용시키고 있다. 그는 말하길, B가 거짓말을 한
다면 충분히 범행이 될 수 있을 것이다: 가령 B가 눈치채지 못한
사이에 C가 그 집을 떠나버렸고, A는 — B에게 기망당해서 — 가
버렸으며, C가 A를 길거리에서 만났다고 해보자. 반대로 B가 진
실을 말했어도 그럼에도 범행은 저질러지지 않았다고 할 수 있다
— 왜냐하면 예컨대 C가 몰래 집에서 빠져나가 A와 더 이상 마주
치지 않았거나 아니면 그 집에서 C를 찾고 있던 A가 '뛰어온 이
웃'에 의해서 공격을 받았을 수 있기 때문이다. — 이 설명에 대
한 비판적인 숙고는 두 단계로 나누어 해볼 수 있다.

aa) 먼저 강조해 둘 것은 칸트가 자신의 원칙상 결론(거짓말
금지)을 결코 결과로부터 논증하거나 정당화시키지 않는다는
점이다. 오히려 그는 오로지 설정한 원칙, 그리고 행위 결과는
원칙적으로 예상할 수 없다는 사실로부터만 결론을 도출해낸
다. 그러므로 이미 『실천이성비판』에서 확립한 공리주의에 대

있을 것이다.

한 이 거부[40]는 여기서 유지되고 있다. 한 행위의 판단은 세상만사의 경험적인 우연성으로부터 자유로운 원칙을 필요로 하고, 이 원칙이 바로 정언명령이며, 여기서는 벌써 법명령으로 발전되었다.

bb) 그런데 칸트가 B의 행동들로부터 이끌어내는 법적 결론들은 문제가 있어 보인다. B가 거짓말을 하면 그는 (창설된 법공동체의) '법률'에 따라 형사처벌을 받을 수 있어야 하는데, 예상하지 못한 모든 결과들도 그에게 귀속시킬 수 있기 때문이라는 것이다. 칸트는 이 주장에 대한 상세한 근거를 제시하지는 않는다. 어쨌든 그는 결론을 위해서 'versari in re illicita(허용되지 않는 행위를 한 자에게 그 결과를 전부 귀속시킨다)' 이론에 입각할 수 있으며,[41] 이 이론은 교회법에서 유래하고 카롤리나 법전 제146조에서도 나온다. 이에 의하면 의도하지 않은 살인에 관한 책임판단은 우선적으로는 야기한 행동의 (불)법적 성격에 근거를 두고 있다. 이 이론은 오늘날 더 이상 지지할 수 없다는 지적으로 사안을 간단히 해결하기 전에,[42] 거짓말금지는 법의무('행위의무')라는 첫 단계를 함께 한다면, 결과를 일반적으로 포기하고자 하는 현

---

40 Kritik der praktischen Vernunft, AA 제5권, § 3(22면 이하).

41 이 기구에 관한 상세한 것은 Kollmann, ZStW 35 (1914), 46면 이하; Löffler, Die Schuldformen des Strafrechts, Bd. 1 Abt. 1, 1895년, 139면 이하.

42 페이턴Paton은 절망적으로 어떤 법원이 이러한 죄의 성립을 주장할지 묻는다 (주 15), 195면.

대의 불법론은[43] 원칙적으로는 동일한 결론에 이른다는 점을 적어도 지적해 둘 필요는 있겠다. 물론 지금은 결과를 고의 또는 과실로 귀속시키는 것에도 동의하지 않을 것이다. 그러나 이러한 (오늘날의) 결론은 눈치챘을지도 모르지만, 바로 인격의 법적 행위책임에 대한 상세한 검토에서 나오는 한 결과이며, 이러한 검토는 해명의 과정에서 행해졌던 것이다.

B가 진실을 말하는, 즉 반대의 경우에 칸트의 판단은 명백하다. 왜냐하면 그는 그렇게 해서 자신의 기본 법의무를 이행하기 때문에 그에게 행위의 결과를 비난하는 것은 생각할 수 없다. 그는 자신의 진술에서 진실해야 하며, 이 의무가 "자기 또는 타인에게 해가 될 수도 있다"[44]고 해도 말이다. 이것으로 칸트에게는 두 번째 질문도 답해진 것이다: 즉 어느 누구도 타인의 이익을 위해서 거짓말을 할 의무는 없다.

3.

a) 칸트의 논문에 관한 문헌을 보면 칸트의 논증과정은 이렇게 해서 종결되었다는 인상을 종종 받게 되는데, 서두에서 제기한 칸트의 두 가지 질문은 어쨌든 이것으로 대답되었기 때문이라는 것이다. 무조건적 의무에 대한 모든 예외를 칸트는 텍스트에서 여러 번 거부한 바 있다.[45] 그래서 매우 호의적인 해석자들도

---

43 이에 관하여는 많은 참고문헌과 함께 Zaczyk, GA 2014, 273면 이하 참조.
44 VRL, AA 제8권, 428면.
45 VRL, AA 제8권, 427면, 430면.

여기서 칸트를 충실히 따르는 것을 거부하든지,[46] 아니면 B가 만약 거짓을 말했다면 B에 대한 재판관이 되고 싶지 않다는 설명과 함께 칸트의 결론에 대한 모종의 불쾌감을 표출하려고 한다.[47] 많은 비평가들은 결국 (주로 정언명령에 대한 수술을 통하여) 일반적 금지에 대한 예외를 만들며 칸트를 수정하려고 한다. 이러한 노력들이 법의무와 덕의무가 분리되지 않는 영역에서 움직이는 한 그 노력들은 좌초될 수밖에 없다.

그러나 칸트의 텍스트에는 또 다른 논증의 끈이 들어 있으며, 이 끈은 결코 은폐되어 있지 않고 (이 논증의 끈은 본문의 거의 절반을 차지하고) 서두에서 언급한 논증의 병기고를 고려하면 더 정확하게 이해될 수 있는데도 불구하고 해석에서 매우 드물게 참작되고 있다. 문제는 칸트의 논문에서 정치의 의미이다. 논문에 들어 있는 표현은 즐겨 인용되는 것이다: "법을 결코 정치에 맞추어서는 안 되지만, 정치는 항상 법에 맞추어야 한다."[48] 그러나 이것으로 여기서 정치가 무엇을 해야 하는가에 관해서는 아직 아무것도 확정되지 않았다. 이것을 뒤에서는 해석학적으로 살펴보고자 한다. 하지만 이러한 해석은 진실의무의 원칙에 대해 예외를 두어서는 안 된다는 칸트의 결정을 간과해서는 안 된다는 점에서 매우 위험하고 조심스러운 산마루타기라고 할 수 있다.

---

46 Paton (주 15), 201면.
47 Wagner (주 10), 93면.
48 VRL, AA 제8권, 429면.

b) 칸트는 논문의 본문에서 진실성의 이성명령은 "무조건적
으로 요구되는 신성한 (...)" 명령이라는 점을 재차 강조한 후 콩
스탕과의 논쟁을 다소 놀라운 방식으로 이어간다. 칸트는 말하자
면 "그런 엄중하고 소위 실현 불가능한 이념에 빠져들어서, 그래
서 받아들일 수 없는 원칙이라는 비방"에 대한 논쟁자들의 설명
에서 그들이 옳다는 것을 시인한다.[49] 칸트는 간접적으로 콩스탕-
인용에 덧붙이고 있다: "매번 (...) 참으로 증명된 원리가 적용 불
가능한 것처럼 보인다면, 그것은 우리가 적용의 방법을 내포하고
있는 매개의 원칙을 모르기 때문이다."[50] 콩스탕은 (칸트의 지지를
받으며) 이것을 법공동체에서의 평등의 원칙에서 설명하였으며,
여기서는 어느 누구도 자신이 그 성립에 기여하지 않은 법률에는
구속되지 않는 것으로 더 구체화되었다. 다만 작은 공동체에서는
원리가 순수한 형태로 적용될 수도 있겠지만, 큰 공동체에서는
대표자들을 통해서 각 개인이 법률의 제정에 참여할 수 있을 것
이다; 그리고 직접 큰 공동체에서 적용된다면 원리는 반대로 깨
질 것이다. 그러므로 대표(기관)의 '매개' 원칙은 외견상으로만
입법에 대한 개개인의 이러한 참여의 원칙에 대한 모순으로 보인
다. 이러한 참여의 사고는 오히려 한 공동체의 현실적 조건 속에
있어야 한다; 이 사고는 보통 이러한 방식으로 비로소 '적용될
수' 있게 된다. 이를 원리에 제한적 조건이 부가되며, 이 제한이

---

49 VRL, AA 제8권, 427면.
50 주 49와 동일.

원리를 ('예외로서') 왜곡하는 것으로 볼 수도 있지만, 어떤 의미에서는 사실상 원리를 유지하면서 더 발전시키는 것이라고도 설명할 수 있을 것이다. 따라서 이 글의 주제를 위한 질문은: 동시에 그러한 적용의 매개 원칙으로서 이해될 수 있는 제한적 조건들이, 무조건적인 (법적인!) 진실의무를 보편원리에 부과할 수 있는가? 하는 것이다. 어떻게 이러한 제한적 조건들을 얻을 수 있으며, 무엇이 이러한 조건들일 수 있는가?[51]

c)

aa) 이 물음에 대한 대답은 불필요해 보이는, 거짓말금지에 관한 논문을 쓰게 된 상황을 지적하는 것으로 시작해야 할 것인데, 이는 제목과 첫 행에서 설명되고 있다. 문제가 되는 것은 인간애로 인하여 거짓말을 할 수 있는 권리 그리고 여기서는 특수한 경우의 판단(살해욕을 가진 자의 물음과 B의 대답)이다. 칸트는 『도덕형이상학』의 서문Vorrede zur Metaphysik der Sitten에서, 법론에서 다룰 수 있는 것은 법의 형이상적 기초원리뿐이라는 점을 언급한 바 있다. 왜냐하면 법의 개념은 순수한 개념이기는 하나, 실천(경험

---

51 VRL AA 제8권, 428면 12-16줄의 문장은 뒤에서 하는 해석과 모순되어 보인다는 점을 시작부터 시인하고자 한다; 문장의 내용은 다음과 같다: "그러나 그 선한 남자는(즉 콩스탕은) 진실성의 무조건적 원칙을 이 원칙이 사회에 야기하는 위험 때문에 스스로 포기해버렸다; 왜냐하면 그는 이러한 위험을 방지하는 데 사용되는 매개 원칙을 발견할 수 없었으며, 여기서는 사실상 어떤 매개 원칙도 제시될 수 없기 때문이다"(강조는 필자). 그러나 이와 관련하여 전체 논문의 결론도 참조할 것을 지적해 둔다(430면 10-15줄).

적으로 존재하는 사례들에 대한 적용)에 관한 것이기 때문에 그렇다.
형이상학적 체계는 "모든 사례들의 경험적 다양성"을 고려해야
하지만, 이러한 사례들에 대한 체계적 규정은 불가능하다고 한
다.[52] 특별한 경험적 사례들과 관련되는 권리들은 "어느 정도 상
세한 언급을 해야" 한다고 한다. 거짓말금지의 논문에서 진실의
무는 모두가 가진 인류의 권리로부터 파생되며, 이 권리는 그 자
체가 인간의 생래적인 유일한 권리의 내용인 자유이다. 바로 『도
덕형이상학』의 이 지점에서 사실 정직한 말에 대한 언급이 나오
고, 이것은 무엇보다도 거짓말의 관점에서 세분화되고 있다; 상
세한 내용에 대해서는 바로 뒤에서 살펴보기로 한다.

　그 전에 여기서 다른 중요한 관점을 언급해 둘 필요가 있다.
법론의 서언Einleitung in die Rechtslehre § A에서 칸트는 순전한(= 순수
한) 법론에서 법률학자의 과제와 법학도('법률가')의 과제를 구분
하는데, 전자는 모든 실정입법에 변형할 수 있는 원리들을 내놓
아야 하지만, 법률가는 외적 법률을 또한 외적으로 "즉 경험적으
로 발생하는 사건들에 법률을 적용하는 데" 정통하다. 이러한 배
경 위에서 텍스트 자체에서는 매우 뜻밖으로 보이는 거짓말금지
논문에서의 변화가 더 잘 이해될 수 있다. 문제가 되는 것은 원리
들을 적용할 수 있게 만드는 매개개념들의 형성이다. 칸트는 이
것을 "(모든 경험적인 조건들을 도외시한) 법의 형이상학에서 (이 개
념을 경험적인 사례들에 적용하는) 정치의 원리로 가는" 길이라고 말

---

52 MdS, AA 제6권, 205면.

한다.[53] 이는 철학자에게 삼중의 단계에서 해결되는 과제처럼 보인다고 한다: 첫째, 철학자는 한 원칙, "즉 외적 권리의 정의(한 사람의 자유가 모두의 자유와 일반법칙에 따른 조화)에서 직접 나오는 의심의 여지없이 자명한 명제"를 제공한다. 둘째, 철학자는 "평등의 원칙에 따른 모두의 합일된 의사로서, 이 평등 없이는 어느 누구의 자유도 발생하지 않을, 외적인 공적 법률의 요청"을 한다. 셋째, 철학자는 "아무리 큰 공동체에서도 자유와 평등의 원칙들에 따라서 어떻게 조화가 유지될 수 있는가라는 (...) 문제를" 제공한다.[54] 그러므로 개별 사례들의 규정을 완전히 설명하겠다는 목표를 철학자는 전혀 달성할 수 없을 것이며, 달리 극단적으로 표현하자면 그는 타인의, 즉 법정치가의 과제 영역만을 알려줄 뿐이다. 이때 법정치가는 공동체의 법원리들과 자유의 내용을 형성하는 범위 내에서만 움직여야 한다. 문제는 이제, 그러면 정확하게 무엇이 정치가의 고유한 능력인가? 하는 것이다.

bb) 법과 정치의 관계는 1795년의 저작 『영구평화론』의 핵심 주제이다. 양자의 관계를 설명하기 위해 칸트는 성경을 인용한다: "뱀처럼 영리하고 비둘기처럼 정직하라."[55] 여기서 지략(=총명함)을 위해서는 정치의 개념을, 진실성을 위해서는 법의 개념을 가정한다면 양자 간의 가능한 첫 관계규정은 정치에 우위를

---

53 모든 인용은 VRL, AA 제8권, 429면, 강조는 칸트.
54 VRL, AA 제8권, 429면.
55 마태복음 10장, 16절, AA 제8권, 370면 참조.

두는 것이라 할 수 있다: 정치는 (부분적으로는 권모술수의) 지략의
규칙들을 가지고 정치적 행위의 범위를 확정하고 (시의적절하다고
여겨질 때에만) 여러 곳에서 법의 규칙들로 제한한다. 칸트에 의하
면 이러한 관계규정은 잘못된 것인데, 여기서 법공동체의 시민들
은 그들의 권리에 대한 승인에 따라 취급되는 것이 아니라 타인
이 정한 목적을 위해 수단으로 악용되기 때문이다. 정당한 것은
그 반대의 관계일 수밖에 없으며, 즉 이 말은 법에 우선순위가 있
어야 하지만, 어떤 경우에는 법의 실현에서 지략의 규칙들을 고
려해야 한다는 것을 뜻한다.

　지략의 규칙들은 법의 형이상학에 속하지는 않으나, 사유적
으로 원리들이 적용될 수 있는 여지를 둔다 — 지금까지 말한 것
에 따라서 이 관계를 이렇게 공식화할 수 있을 것이다. 이것이 구
체적으로 무엇을 의미하는가는 먼저 『영구평화론』이라는 저작
에서 드러난다. 칸트는 여기서 법평화를 위하여 본질적인 소위
확정조항들에 앞서 여섯 개의 이른바 예비조항들을 언급하는데,
여기서는 명령과 금지를 통해 평화에 대한 장애물들이 제거되어
야 한다 — 예컨대 평화체결에 있어서 비밀유보조항을 두지 말
것,[56] 또는 상비군은 점차적으로 완전히 폐지하라는 명령이다(예
비조항 제3조). 바로 마지막에 언급한 예비조항은 지략의 규칙들
이 법원리들 속으로 어떻게 실현되는가를 보여준다: 지략의 규칙

---

56 이 (제1) 예비조항은 벌써 거짓말금지 논문의 주제로까지 이어진다;
　　Geismann (주 11), 242면, 주 51 참조.

들은 법규칙의 예외를 말하는 것은 아니지만, "목표를 잃지 않고 그 실행과 관련하여 주관적으로 권능을 확장하면서 상황에 따라" 작용한다.[57] 관계는, 정치는 실행하는 법론이라고 하는 유명한 인용에서도 분명해진다.[58] 이것은 정치가가 법의 원리들을 단순히 기계적으로 실행하는 것으로 이해해서는 안 된다. 정치가는 법의 원리들을 현실로 전환하면서 자신의 고유한 능력을 추가한다 — 물론 이때 자유적인 법질서의 원리들을 절대로 시야에서 놓치지 않으면서 말이다. 이렇게 이해한 정치적 행위에서 법원리들은 '경험을 통하여 획득한 인식'과 결합하는 것이다.

cc) 이제 거짓말금지의 논문으로 다시 돌아간다면, 먼저 칸트가 정치에서도 마찬가지로 여지를 둔다는 것이 분명해진다: 정치는 "아무리 큰 공동체에서도 자유와 평등의 원칙들에 따라서 조화를 이루어야" 하며, "인간의 경험인식에서" 도출해낸 '법령들'[59]을 만들어야 하고, 이 법령들은 "법집행의 체계 및 이 체계를 어떻게 합목적적으로 만들어야 할지를 계획한다."[60]

---

57 Zum ewigen Frieden, AA 제8권, 347면 — 칸트는 허용법칙의 개념을 한 주해에서 언급하고 있다. 이러한 관계는 이 글의 범위 내에서는 상론할 수 없는 것임을 밝혀둔다.

58 Zum ewigen Frieden, AA 제8권, 370면 — 이것도 '오늘날의' 일반적 견해와 일치하지 않을 것이다: "민주국가에서의 법은 엉긴 정치(이다)"(이러한 표현은 Nettesheim, Postpolitik aus Karlsruhe, Merkur H. 781〔2014〕, 490면).

59 칸트에 의하면 규약상 법의 일부이기는 하나, 법률은 아니다, MdS, AA 제6권, § 49 참조.

60 VRL, AA 제8권, 429면.

그렇지만 거짓말금지와 관련하여 이러한 제한적인 조건들이 있을 수 있는가의 문제는 남아 있다. 앞의 주 51에서 인용한 문장은 이에 반대한다. 그러나 칸트의 텍스트들, 무엇보다도 거짓말금지의 논문 그 자체에 있는 논거들은 이에 찬성한다:

첫 논거는 칸트가 여러 차례 언급한 손상시키다laedere와 해가 되다nocere의 구분이다. 법률가들은 타인에게 해가 되는 것nocet, 즉 외적인 권리들을 침해하는 것만이 거짓말이라고 거짓말의 개념에 추가조건을 부가했다고 칸트는 말한다. 이러한 제한을 법률가들의 단순한 발명이라고 매도해서는 안 되고, 오히려 그 자체가 법적으로 근거가 제시되어야만 거짓말 개념의 정당한 변형이기 때문에, 이러한 변형에 대한 근거들을 밝혀야 한다. 칸트는 그 근거들을 이미 언급한『도덕형이상학』의 주에서 찾고 있다: 타인에게 허용하는 거짓말은 타인이 그것을 믿든 말든 불법의 특성을 지니고 있다(단순한 도덕위반과의 차이는 매우 적다고 칸트는 말한다). 그러나 어쨌든 이러한 — 어의상 악의 없는 — 위반은 공동체의 심판에서 재판할 수 있는 성격이 아니라고 이렇게 해석적으로 말할 수 있을 것이다. 거짓말 금지가 침해되었다laedere고 해도 지략은 여기서는 자제되어야 한다.

두 번째 점은 거짓말금지의 논문에 있는 각주에서『도덕형이상학』의 간략한 주해로 이어진다. 칸트는 A의 공격을 '부당한 강요'라고 하는데, 이것은 B는 물론 위협받는 C에게도 동일하게 해당되고, A에게는 거짓말로 인한 불법이 행해지지 않았다고 하는

데, A가 B에게 "부당한 방식으로 진술을 강요하기"때문이라는 것이다.[61] 형식상으로는 거짓말로 인해 불법이 발생했으나(왜냐하면 인류의 보편적 권리가 침해당했기 때문이다), 실질적으로는 불법이 행해지지 않았다. 이것은 설명이 필요하다. 『도덕형이상학』에 있는 긴급권의 취급에서도 역시 (타인에게 생명을 위협하는) '부당한 공격자'가 나온다; 칸트는 그곳에서 공격당한 사람이 타인의 살해를 통하여 이를 방어해도 되는가에 대한 질문을 '그렇다'라는 유일한 한 문장으로 해결하고 있다.[62] 이것은 퀴퍼Küper가 타당하게 지적한 바와 같이,[63] 칸트의 법개념에 대한 원칙들과 서로 일치하며, 이에 의하면 법은 강제권능과 결부되어 있다 — 이러한 강제가 자유의 방해(공격자에 의한 강요) 그 자체를 목적으로 하는 것이면 말이다.[64] 물론 거짓말의 특수성은 거짓말로 인해, 말하자면 인류의 권리가 원칙적으로 침해된다는 데에 있다. 그래서 거짓말은 실질적으로는 공격에 대한 방어로 정당하게 사용된다고 해도, 형식상으로는 불법인 것이다.

그러므로 경험인식에서 도출하여 삶의 상황으로 옮겨 일반적으로 자유 질서의 기본원칙에서 보면 거짓말이 허용되는 상황이

---

61 VRL, AA 제8권, 426면.
62 MdS, AA 제6권, 235면 이하. 그러므로 정당방위는, 주지하다시피 칸트가 권리로서는 부인하는 긴급권과 혼동해서는 안 된다. 이에 대해서는 Küper 의 상세한 분석, Immanuel Kant und das Brett des Karneades, 1999; 동저자, Festschrift E. A. Wolff, 285면 이하도 참조.
63 Küper (주 62), 8면 이하. 거짓말금지에 대한 '예외'로서의 정당방위에 관하여는 Kahlo, Festschrift E. A. Wolff, 153면 이하, 178면 이하도 참조.
64 MdS, AA 제6권, Einleitung in der Rechtslehre, § D.

존재할 수도 있다: 그것은 바로 '해가 되지 않는' 거짓말 그리고 정당방위나 긴급구조로부터 나오는 거짓말 같은 것이다. 그렇지만 거짓말로써 여전히 불법을 행하는 것이기 때문에 개개인에게 거짓말할 것을 요구하는 권리는 없다. B는 거짓말을 하도록 강요당할 수 없으며, 그것은 C에 의해서도 강요당할 수 없다. B가 진실을 말한다면 그 진술에서 어떤 결과가 나오든 그를 법적으로는 비난할 수가 없다 — 이것이, 굳이 언급하자면, 남아 있는 엄격주의이다.[65] 왜냐하면 인류의 권리에서 나오는 보편적인 거짓말금지는, 모든 권리의 기본사상의 하나가 문제될 때에는 예외를 허용하지 않기 때문이다. 그러나 현상적 인간의 존재와 삶의 상황과의 연결성은, 경험적 인식으로부터 특수한 상황들을 찾아내고 제정된 공동체의 '법령들'을 통해 규정하는 것을 가능하게 하며, 이 법령들에서 거짓말금지는 실질적으로 제한된다. 칸트로부터는 어떠한 엄숙주의자도 삶의 상황에 따른 구분이 아주 낯선 것이라고 말하지 않는다. 하지만 칸트로부터, 기본원리들에서 나오는 한 사고는 말하는데, 이 사고는 외부적인 우연과 감정적인 마음 상태에 따라 이리저리 충돌하지 않고, 이랬다저랬다 다르게 결정하지 않는다. 이것은 '오늘날 우리들 중의' 다수에게는 전혀

---

65 그러므로 B의 정직한 진술로 인하여 실제로 살인을 한다고 해도 그에게 살인죄의 방조범으로 비난하는 것 역시 불가능하다. — 이러한 맥락에서 B의 상황에 대한 도덕적/법적 판단에 있어서 잊어서는 안 될 한 관점도 분명해진다: 그것은 사례의 '주범'은 A이며, 그의 경우에 도덕적/법적 판단은 명백하다는 것이다.

맞지 않는다고도 할 수 있다. 그렇다고 해서 그것이 잘못된 것은
아니다. 서두에서 한 인용문과 연결시킨다면 "사안이 심각하고
긴박해지면 거짓말을 해야 한다"는 그 일반성은 불법의 준칙이
지, 법의 준칙은 아니다.

Ⅳ. 결어

칸트는 여기서 다룬 논문을 만 73세의 나이에 썼다. 이것은 어
떤 해석자들에게는 텍스트가 "고령의 나이에 언짢은 기분으로
쓴" 것이라는 생각을 갖게 했다.[66] 필자의 이 글은 무엇보다도
"젊은 시절이나 혹은 노년에, 칸트가 이 만년의 즉흥적인 논문에
서도 포기하지 않았던 정신의 힘과 엄밀성을 조금이라도 지니는
것은"[67] 누구에게나 바라는 것이라는 것을 보여주고자 한 것이
다. 한스 울리히 페프겐의 고희를 축하하는 이 글의 끝에서 바로
이러한 소망이 그에게 '오래오래' 함께 하길 바란다.

---

66 Paton (주 15), 201면.
67 Geismann (주 11), 248면.

제3장

칸트와 형사법

§ 9 대학과 실무의 형법*

I. 서언

풍성한 학문적 저작들에서 잉에보르크 푸페는 형법 총론과 각론상의 많은 문제들 외에도 누차 방법론상의 문제를 다루었을 뿐 아니라, 일반적으로는 법학의 그리고 세부적으로는 형법학의 과제 및 형상에 관한 성찰도 보여주었다.[1] 또한 법학교육의 문제도 그는 늘 염두에 두었는데, 학문과 실무의 관계는 그에게 항상 난제였다. 푸페가 다룬 형법이론적인 문제에 관한 글을 써야 할지 (그리하여 본Bonn 대학의 동료들로부터 그의 고희가 지난 지 며칠 안 되서 벌써 학문적 논쟁에서 날카롭게 해명을 요구받는 위험부담을 안아야 할

---

* 이 글은 Strafrechtswissenschaft als Analyse und Konstruktion. Festschrift für Ingeborg Puppe zum 70. Geburtstag. Hans-Ulrich Paeffgen 외 (편), 2011, 305-321면에 수록된 것이다.

1 후자의 것으로는 Puppe, Vorwort, in: 동저자, Strafrechtsdogmatische Analysen, 2006, 13면 이하; 동저자, Kleine Schule des juristischen Denkens, 2008; 동저자, Besorgter Brief an einen künftigen Strafrechtswissenschaftler, GA 1999, 409면 이하; 동저자, Gespräch in einem Wartezimmer über die Macht und die Wissenschaft, in: Festschrift für E. A. Wolff, 1998, 417면 이하 — 대학 교수로서 잉에보르크 푸페의 관심사에 관하여는 자신의 대학 은사에 대한 그의 글이 많은 것을 말해준다: Wilhelm Gallas als akademischer Lehrer, in: Küper (편), In memoriam Wilhelm Galls (1903-1989), 1991, 29면 이하.

지), 아니면 우리의 의견이 대체로 신속하게 일치하는 주제를 다
루어야 할지 선택의 기로에서 후자를 택하기로 했다. 이 주제는
(종종 이론과 실무의 관계로 표현되지만) 이미 여러 번 다루어진 바 있
다.[2] 그렇지만 여기서는 연구와 교육에서의 학문과 실무를 이들
을 통합하는 과제 '형법'이라는 배경 위에서 하나의 맥락을 이루
게 하는 약간 다른 방식으로 논해보고자 한다. 이러한 계기가 된
것은 학문 자체에서의 새로운 경향도 들 수 있는데, 이 신경향에
대해서는 입장을 표명할 필요가 있다.[3]

---

2 형법학과 형법실무의 관계에 관한 최근의 것으로는 예컨대 Burkhardt,
Geglückte und folgenlose Strafrechtsdogmatik, in: Hassemer 외 (편),
Die deutsche Strafrechtswissenschaft vor der Jahrtausendwende,
111면 이하; Erb, Strafrechtswissenschaft, höchstrichterliche Rechts-
prechung und tatrichterliche Praxis des Strafrechts, ZStW 113
(2001), 1면 이하; Hirsch, Zum Spannungsverhältnis von Theorie und
Praxis im Strafrecht, in: Tröndle-Festschrift, 1989, 19면 이하;
Meyer-Goßner, Theorie ohne Praxis und Praxis ohne Theorie im
Strafverfahren, ZRP 2000, 345면 이하; Radtke, Gestörte Wechselbe-
züge?, ZStW 119 (2007), 69면 이하 참조 ─ 이 글에서의 상론은 저자의
일련의 선행 연구들을 보완해주는 것이다: Zaczyk, Strafrecht als
Wissenschaft an der Universität, in: Festgabe für Otto Theisen,
1996, 35면 이하; Über Theorie und Praxis im Recht, in: Festschrift
für Hans Dahs, 2005, 33면 이하(한국어 번역은 자유와 법, 칸트 법철학
의 현재성, 라이너 차칙/손미숙 옮김, 2021, § 3, 32면 이하); Was ist
Strafrechtsdogmatik? in: Festschrift für Wilfried Küper, 2007, 723면
이하.
3 이에 대해서는 Rotsch, Zur Hypertrophie des Rechts, ZIS 2008, 1면 이하
(이에 관하여는 이미 Puppe, Eine strafrechtswissenschaftliche Bußpre-
digt, ZIS 2008, 67면 이하); Fischer, Strafrechtswissenschaft und
strafrechtliche Rechtsprechung ─ Fremde seltsame Welten, in:
Festschrift für Rainer Hamm, 2008, 63면 이하 참조.

Ⅱ. 대학에서의 형법학 연구

1.

대학에서는 형법을 법학의 일부로서 연구하고 가르친다; (예컨대 독일 노트라인-베스트팔렌주 대학법 제35조에 의하면) 교수들은 자신의 전공을 연구와 교육에서 대표한다. 또한 대학 밖의 영역에서는 '연구'라는 개념을 반사적으로 특별히 자연과학의 선례에 따라서 경험적 연구와 연관시킨다. 이러한 시각에 의하면 '총체적인 전형법학'에서는 예컨대 범죄학, 법심리학, 법정신병리학 또는 경험적 행형학을 연구하겠지만, 형법의 총론과 각론을 연구하지는 않을 것이다; 그리고 여기에는 '견해들'이 있을 것이며, 이 견해들 중 언젠가 가장 많은 수의 원칙에 따라서 '통설'이 만들어진다. 이러한 — 결국은 얕보는 형태의 — 사고방식에, 법학에서 다루는 것은 인문학이라고 말하는 것은 그다지 도움이 되지 않는다. 그 이유는 — 현재의 관행처럼 — 인문학이 확실한 결과에 도달한다는 가능성을 부인한다면,[4] 인문학에는 소위 책과 논쟁의 학문으로 매도되는 운명만이 남아 있을 것이기 때문이다.

---

4 이에 대하여는 이러한 태도 속에 사유의 몰락에 대한 역사가 드러난다는 주장을 해보는데, 이 사유에서는 그 영역이 (자연계의) 인간보다 더 적은 곳에서는 확실한 법칙에 이를 수 있으나, 인간 자신이 그것인 (그러나 자연법칙일 수는 없는) 영역에서는 그렇지 않다고 여긴다. — 이렇게 본다면 현재는 버트런드 러셀이 그의 조모에 대해 이야기하는 말장난의 기반 위에 있다: "What is mind? Never matter. What is matter? Never mind." (Russell, Autobiographie I, 1972, 55면).

이를 법학을 위해 사실적으로 정확히 표현한다면, 입법자는 자신
의 대명을 통해 학문의 모든 장광설을 끝내는 것이다.

  (형)법학에 연구의 독자적 영역을 (형)법학에는 중요한 비판
적 기초연구가 있다는 통찰을 함으로써 확보하려고 할 수도 있
다;[5] 그리고 학문의 노력은 형법과 형벌의 (비판적인) 정당성을 위
한 것이다. 이것이 학문의 과제의 일부인 것은 분명하지만, 이러
한 추론에는 위험도 따른다: 라인하르트 폰 프랑크Reinhard von Frank같
은 주석자들을 단순히 "법의 보조원"이라고 하고, 학문에게 실무
까지도 '돌보라고' 한다면,[6] 형법학의 진정한 대가들은 나머지
사람들이 법을 '다룰 수 있도록' 하는 동안에 오직 큰 문제들에만
신경을 쓰는 사람이라는 오해를 품게 한다.[7]

  그렇지만 법에서의 연구가 기초에 관한 문제들에만 해당되는
지는 의문이다.[8] 어쨌든 대륙법계에서 법학은 법규들과 실정 법
률을 법학 연구의 대상으로 봄으로써 항상 그 활동에 대하여 (상

---

5 이에 관하여는 Jakobs, Strafrecht als wissenschaftliche Disziplin, in:
  Engel/Schön (편), Das Proprium der Rechtswissenschaft, 2007, 103
  면 이하 참조.
6 두 표현은 Jakobs (주 5), 135면.
7 이러한 표현은 Schulz, Die Strafrechtsdogmatik nach dem Ende der
  vor- und außerjuristischen Gerechtigkeit, in: Engel/Schön (주 5),
  136면 이하, 144면 이하 등; 이 표현을 기술만능주의로 이해하지 않는다면,
  이것은 어떤 진실을 담고 있다.
8 영역을 아주 타당하게 넓게 확장하는 것은 Kindhäuser, Die deutsche
  Strafrechtsdogmatik zwischen Anpassung und Selbstbehauptung —
  Grenzkontrolle der Kriminalpolitik durch die Dogmatik?, ZStW 121
  (2009), 954면 이하.

대적으로) 확고한 기반을 가지고 있었다.[9] 법 또는 불법에 대한 인식의 보편적 기준에 관한 (궁극적으로는 법철학적인) 물음에서 현행 법률은 "훌륭한 길잡이 역할을 할 수 있다"는 칸트의 지적을 성급하게 간과해서는 안 될 것이다.[10] 해석 및 체계화 그리고 때때로의 개정과 법률 내용의 발전은 연구를 위한 충분한 재료가 된다. 그렇지만 이것은 여기서 논하고자 하는 맥락에서는 단지 부분 관점이라는 것을 염두에 두어야 할 것이다.

2.

a) 푸페는 자신의 저서 『법학적 사고를 위한 입문서』를 위해 한 출발점을 선택했는데, 이는 오늘날 결코 자명한 것이 아니다: 이 책 제1장의 제목은 '법에서의 개념'이다.[11] 이것을 다른 방법론들과 비교해보면 이러한 시작의 특성이 분명해진다. 한스 마틴 파블로브스키는 『법학도를 위한 법학방법론』[12]에서 서론 다음에 '법규범의 기능'이라는 장으로 시작하고 있다; 라인홀트 치펠리우스의 경우 제1장을 '법의 개념과 기능'[13]이라고 하고, 칼 라렌츠는 『법학방법론』의 체계적 부분의 시작에 '법학의 일반적 특

---

9 그러므로 Frisch, Wesenszüge rechtswissenschaftlichen Arbeitens — am Beispiel und aus der Sicht des Strafrechts, in: Engel/Schön (주 5), 156면 이하에서는 법학을 '해석학의 학문'이라고 부른다.

10 Kant, Die Metaphysik der Sitten, Rechtslehre, § B (학술원판 제6권, 230면).

11 Kleine Schule (주 1), 15면 이하.

12 Pawlowski, Methodenlehre für Juristen, 제3판, 1999, 23면 이하.

13 Zippelius, Juristische Methodenlehre, 제10판, 2006, 1면 이하.

징'14을 위치시키고 있다. 푸페가 이러한 서술 방식을 택한 것은
그가 — 방금 언급한 저자들과는 달리 — 형법학자여서 독일 기
본법 제103조 제2항(죄형법정주의)의 원칙으로 인하여 개념을 중
심에 두어야 하기 때문이라고 짐작한다면 성급한 것이 될 것이
다. 이것이 그 책의 구성을 위한 한 동기가 될 수 있을지는 모르
나, 그러한 구성의 이유는 단순히 현행 규정을 지시하는 것보다
법에 대한 사고의 훨씬 더 깊은 층으로부터 나온다 — 비록 그 이
유가 헌법에 명문화되어 있다고 해도 말이다.

b) 지난 150년간 법학에서의 방법론의 논쟁에 따르면 개념에
서 출발하는 것은 일견에는 무언가 고지식해 보인다. 왜냐하면
법학에서는 그 당시 철학에서와 유사한 전개가 일어났기 때문이
다. 헤겔의 경우만 해도 개념은 그 중심에서 활력을 지녔고 형태
와 내용을 현실을 형성하는 방식으로 매개하였으며, 그 방식에서
는 여전히 독일 관념론의 근원인 칸트의 실천철학이 드러났다.
19세기 정신사의 진행에서 이 연결은 사라졌다. 개념은 언어의
표시나 논리의 형태가 됨으로써 그 내용과는 거리를 두게 되었
고, 주어진 세계의 수학적이고-자연과학적인 파악의 영역 속으
로 밀려들어갔다. 그렇지만 당위를 통해 현실을 형성하는 크기로
서의 법은 멈춰 서 있을 수 없었다; 법은 — 어떤 방식으로든지 간

---

14 Larenz, Methodenlehre der Rechtswissenschaft, 제6판 1991, 189면
이하.

에 ― 삶의 현실을 법 자체와 하나의 관계로 두어야만 했다. 이 연결을 (예컨대 루돌프 폰 예링이나 프란츠 폰 리스트는) 개념의 형태를 포착하여 객관화하는 거리에서 삶의 현실을 (삶의 이익들에 대한 효력의 시합으로 생각하여) 법의 개념과 외적으로 접목함으로써 이루어냈다. 이러한 전개가 표출된 것이 20세기 초 개념법학과 이익법학 간의 논쟁이다. 이 논쟁에서 이익법학 측은 언제나, 법학은 개념이 없이는 불가능하다는 것을 인정은 하였다.[15] 그렇지만 이것은 어떤 개념의 '합법성'에 대한 특성으로는 충분하지 않음을 알 수 있는데, 독재자의 명령도 개념을 통해서 생기기 때문이다. 삶의 이익 측면에서도 역시 법은 발견될 수가 없었다; 거기서는 더 강한 이익의 권력이 지배한다. 법을 사회진화론의 손에 맡기는 불가피한 결과는 입법과 '정책'을 통하여, 정확히 말하면 헤크가 기술하는 바와 같이, 실질적 정의를 '고려하여' 삶의 이익에 대한 형성과 중요도 판정을 함으로써 방지되어야 할 것이다.[16] 법개념은 이것으로 결국 사회 현실의 기능 개념이 되었다. 이러한 사고를 가장 명확하게 표출한 것은 한스 켈젠의 『순수법론』에서 볼 수 있다. 그러나 여기서 정의가 어떻게 '고려될' 수 있는가는 문제로 남아 있다.

---

15 가령 Heck, Begriffsbildung und Interessenjurisprudenz, 1932, 52면 이하; Homberger, Begriffsjurisprudenz und Interessenjurisprudenz, in: Krawietz (편), Theorie und Technik der Begriffsjurisprudenz, 1976, 252면 이하 참조.
16 이에 관하여는 Heck (주 15), 36면 이하, 40면 참조.

c) 푸페 역시 이 문제와 관련한 논법을, 먼저 법개념의 형성에서 중요한 것은 "우리는 우리의 개념을 스스로 형성하고 규정하지 않으면 안 된다"고 함으로써 진척시키고 있다.[17] 이것은 물론 임의로 생길 수는 없다고 하는데, 개념의 규정으로부터 '실제 결과'가 도출되기 때문이다. 푸페는 이에 대해 정당성의 세 가지 기준을 제시하고 있다: 그것은 바로 입법자에 의한 개념의 사용(주관적 해석), 일반적인 언어 사용, 그리고 마지막으로는 사실 가장 중요한 기준으로서 방향을 "법적용의 실제 결과에 맞추는 소위 목적론적 해석"이다.[18] 이러한 배경 위에서 임의의 법개념('소유권', '공-법상의 계약', '고의')의 방법론적 연구는 어디에 있을 수 있는가를 묻는다면, 푸페에 의하면 법학자에게는 이중의 과제가 있다: 법학자는 한편으로는 법개념을 언어적으로 해석해야 하지만, 다른 한편으로는 이 해석 속으로 '실제의 결과들'을 통합해야 한다. 푸페는 이것을 다음의 예에서 보여주고 있다: 민법에서는 인간 생명(더 정확하게는: 권리 능력)의 시기를 출생과 더불어 시작하는 것으로 이해한다고 한다(독일 민법 제1조). 반대로 형법에서는 인간 생명의 시작을 분만이 개시되었을 때로 본다는 것이다. 후자는 분만 시 (조산원과 의사에 의한) 과오를 (과실)상해죄 또는 살인죄로 처벌할 수 있도록 하기 위해서라고 한다. 푸페는 이것이 (결과가 그 이유가 되는) 순환성의 의혹을 불러일으킨다

---

17 Kleine Schule (주 1), 18면.
18 Kleine Schule (주 1), 19면.

고 본다. 하지만 푸페의 견해에 의하면 이러한 순환논법은 결론
에 대한 근거가 '다른 방식으로' 제시된다면 해결될 수 있다는
것이다: 즉 분만 중의 아기가 독일 형법 제211조(살인죄)와 제
223조(상해죄) 이하[19]의 의미에서 이미 '사람'이라는 명제는 "출
생은 매우 중요한 삶의 단계로서 분만에 종사하는 사람들의 극
도의 주의와 신중을 요하기 때문에 아기는 이미 출산 중의 과실
에 대해 형법적인 보호를 필요로 한다"는 점에 입각하고 있다고
한다.[20]

그렇지만 이런 방식으로 근거를 제시하는 데서 순환논법이
종결되는가는 의문이다; 순환논법은 단지 더 큰 범위 속으로 밀
려나게 된다. 이유는 여전히 결과로부터 규정되기는 하나, 이제
첫 순환논법의 결과(형벌)는 그 자체가 특정한 목적을 지닌 결과
로서 설명된다. 그러면 문제는 형벌이 이러한 목적을 이루어낼
수 있는가 뿐 아니라, 또한 구체적인 (침해의) 사건에서, 무엇보다
도 형벌의 위협이 그 사건을 방지하지 못했음에도 불구하고 무엇
때문에 형벌이 여기에 투입되어야 하는가이다. 법개념의 정당성
에 관한 문제는 목적론적 시각만으로는 해명될 수가 없다.

d) 그러나 푸페 자신은 법학과 특히 형법학에서 개념의 연구
에 확장된 시각을 열어주는 사유적 단서를 제공하고 있다. 그는

---

19 여기서 독일 형법이 제223조(상해죄) 이하에서 '사람'이라고 하지 않고,
   '인격'이라고 하고 있는 문제는 넘어가기로 한다.
20 Kleine Schule (주 1), 20면.

궁극적으로 개념에 대한 '정신적 이해'가 중요하다고 한다.[21] 이
것으로 중요한 단어가 맥락 속으로 들어왔다. 왜냐하면 '정신적
이해'는 외부에서 (가령 입법자에 의해) 만들어진 개념을 다루는 방
법을 묘사하는 것 이상이기 때문이다; 개념에는 또, 여러 가지 해
석방법론을 해석학의 일반론으로 덧붙인다 해도, 상이한 해석방
법론을 단순히 종합하는 것보다 더 많은 것이 들어 있다. '정신적
이해'에는 개념과 그 내용 및 이해하는 자 자신 간의 연결이 있으
며, 나아가 개념을 설정한 자의 정신에 대한 연결도 이루어졌다.
이것으로 또한 법의 개념들을 '만드는 것'에 대한 특정한 시각도
극복되었다. 왜냐하면 이 '만드는 것'은 그 성공이 단지 '작동하
는' 것에만 달려 있는 기술적인 '물건'이 아니기 때문이다; 만약
그렇다면 법률은 자동차를 생산하는 규칙과 다르지 않다. 그런데
오늘날 널리 확산된, 법을 사회의 조절 혹은 조정 기구로 이해하
는 시각은 완전히 이 노선에 있다; 주체들과 대조를 이루는 이러
한 기능주의는 국가이론상으로는 기껏해야 홉스에게로 거슬러
올라갈 수 있으며, 이것은 여전히 규명되어야 하는 문제이다.[22]
이러한 규명의 진행에서 법의 개념은, 실무의 개념으로서 법주체
들의 법이성적인 의지와 행위의 표출일 수 있는 특성을 (다시) 획

---

21 Kleine Schule (주 1), 22면.
22 법에 대한 이러한 시각에 관하여는 예컨대 Luhmann, Das Recht der
   Gesellschaft, 1995, 특히 124면 이하, 550면 이하 참조. 결함은 사회의
   자기조종을 말한다고 제거되지 않는다; 결함은 그렇게 해서 은폐되는 것이다.
   Teubner, Recht als autopoietisches System, 1989, 81면 이하도 참조.

득해야 한다 — 법주체들이 '법의 적용자'이든, 일반적으로 '규범의 수범자'이든 간에, 양자는 공화국의 이념에 의하면 이성적 일반의지 자체에 대한 공동참여자이다. 그러므로 법개념들을 '만드는 것'은 개념 속에 법이성적인 내용을 포착할 것을 요구하는데, 모든 법개념은 실무의 개념으로서 행위를 규정하기 때문이다. 따라서 법개념에 대한 작업에는 정의에 대한 작업이 들어 있으며, 법개념의 작업은 정의의 작업에 피상적으로 덧붙여지는 것이 아니다. 민주적으로 제정된 국가에서는 입법자 자신의 일도 오로지 법에 근거하고 있어야 한다; 그래야 국가는 일반적 구속력을 창출한다고 주장할 수 있다.

그러므로 이렇게 만들어진 법과 그 원리 및 개념의 '정신적 이해'에는 개념의 정당성과 타당성을 밝혀야 하는 요구도 들어 있다.[23] 앞서 언급한 푸페의 예를 가지고 본다면, 아기의 생명과 완전성은 출생 중에는 (예컨대 조산원의 가능한 형사처벌과는 전혀 무관하게) 특별한 주의를 요하기 때문에 그래서 이러한 주의가 결여되었다면 불법으로 파악할 수 있는 것이다.

이러한 근본 과제와 연결하여서 비로소 가령 개념들의 체계화와 내적 연관성, 적절한 언어 표현, 그러나 또 살고 있는 지역,

---

23 그런데 법학에서는, 피셔가 생각하는 것처럼(주 3, 81면), 규정의 결과를 평가하고, 결과 책임을 지는 것이 결정적인 관심사가 될 수는 없다. 당위적인 행동의 결과는 결코 완전하게 평가할 수 없기 때문에 학문적 해명의 원리가 될 수도 없다. 당위적인 행동의 현실적 가능성을 근거를 제시하는 데서 고려하는 것은 조금 다르다.

이 속에서 개념들이 행위를 규정해야 하는 것의 고려와 같은 방법론적 문제들도 풀리게 된다. 특히 마지막으로 언급한 과제를 해결하는 데는 법학의 각 문화적 특수성이 함께 고려된다.[24] 이러한 작업은 이에 필요한 철저함과 끈기를 가지고 이 작업을 가능하게 하는 기관에서만 해낼 수 있다. 이 기관이 바로 대학이다.

3.

사고과정의 이 점에서 혹자는 현실적으로 이를테면 중간 야유가 시급히 필요하다고 할지도 모른다. 왜냐하면 요구되는 법학과 특히 형법의 본질적 작업은 이러한 작업에 대한 인정이 반드시 수반되어야 하기 때문이다. 그러나 매우 타당하게 피셔는 앞의 주 3에서 언급한 논문에서 "형법학이 그동안 입법자로부터 당하는 거의 굴욕적인 취급 (…)"을 지적하였다.[25] 학문적인 조언은

---

24 독일 연방헌법재판소는 리스본 판결에서 인정할 만하게도 법의 추상적인 보편타당성에 비해 법사고의 이 점을 강조하였다. Urteil vom 30.06.2009 – 2 BvE 2/08 u.a –, Nr. 249, 363 참조.

25 Fischer (주 3), 77면. — 현 정책의 이러한 입장은 기이하게도 (계몽된) 전제주의와 같다: 프로이센 일반 국법의 준비 초반기인 1780년 프리드리히 2세의 정부 명령에서는 다음과 같이 말하고 있다: "내가 (…) 나의 최종 목적(즉 이해하기 쉽고, 대중적이고, 완전한 법전)을 달성하면, 그러면 당연히 법률학자들은 이 내용의 단순화에서, 온갖 잡동사니를 치밀하게 묘사하고, 기존의 모든 법률고문단을 무능하게 하는, 신비에 찬 그들의 명성을 잃게 될 것이다. 그 대신에 나는 (…) 더 숙련된 상인들과 제조업자들 및 예술가들을 기대할 수 있게 될 것이며, 이들로부터 국가는 더 많은 이득을 얻을 수 있다."(인용은 v. Savigny, Vom Beruf unserer Zeit für Gesetzgebung und Rechtswissenschaft, wiederabgedruckt in: Hattenhauer (편), Tribaut und Savigny. Ihre programmatischen Schriften, 1973, 95면 이하, 148면 각주 1).

사실 더 이상 구하지 않고, 오히려 당리당략적으로만 권력의 계산에 투입되고 있다고 한다. 이에 대한 책임은 — 정당들이 자기 자신을 이미 국가라고 여기는 상황 외에도 — 분명 피셔가 같은 논문에서 언급한 '상당히 확산된 이론 및 지성에 대한 반감'이며,[26] 어떤 긴 일련의 사유에 대한 두려움의 근거는 기본적으로 생각하기 싫어하는 데 있다.

학문은 다른 지성적 문제 상황에 대한 해결은 자신의 과제가 아니라며 거만하게 물러날 수도 있다. 정말 그렇게 한다면 형법학은 이러한 상황에 공동책임이 있다는 것을 오인하는 것이 될 것이다. 두 가지 점을 들 수 있다:

a) 형법학은 지난 세기의 70년대부터 형사정책에 관한 입장을 이것이 우선순위가 되도록 매우 혼란스럽게 규정하였다. 구체적으로는 저명한 형법학자 중의 한 사람인 록신의 『형사정책과 형법체계』라는 책의 본문에서 입증할 수 있다.[27] 이 책에서 록신은 강조한다: "법적인 구속성과 형사정책적인 합목적성은 서로 모순되어서는 안 되고, 오히려 하나로 종합되어야 한다 (…)."[28] 그러나 두 요소의 모든 종합은 이들을 연결시켜주는 제3의 요소를 필요로 한다. 근대의 국가관에 의하면 이 제3의 요소는 자유법치국가의 원리들에 의해 형성되었으며, 형사정책과 형법은 모

---

26 Fischer (주 3), 64면 각주 4.
27 Roxin, Kriminalpolitik und Strafrechtssystem, 1973.
28 Roxin (주 27), 10면.

두 이 원리들을 따르고 있다. 그런데 이 양자를 갑자기 나란히 병존시킨다면 — 록신이 그의 저서의 제목의 순서에서도 이미 암시하는 바와 같이 — 형사정책에 (특히 현재 행해지고 있는 형사정책의 단순한 방식으로) 더 우위를 두는 것에 대해 놀라서는 안 될 것이다. 법에는 정치(= 정책)에 대한 구속력이 없으며, 법은 정치의 시녀가 되고 — "그것이 자신이 모시는 정신적 귀부인들 앞에서 횃불을 들고 길을 안내하는지, 아니면 긴 옷자락을 잡고 뒤따라가는지"는 더 이상 의문의 여지가 없다.[29] 여기서 문제는 형법의 문제들에 대한 최종판단의 권한을 형법학에 주고자 하는 것이 결코 아니다. 그러나 정치는, 그것이 법의 정책이 되고자 한다면, 법학과 진정한 대화를 할 준비가 되어 있어야 한다.

록신도 이것을 그 당시에는 달리 보지 않았을 것이다. 그렇지만 (형사)정책은 아마 이를 달리 파악하였으며, 형사정책이 법과 정치의 해결되지 않은 관계로 인하여 어떤 초권력적인 위치를 차지할 수 있었는가를 점차 깨닫게 되었다. 이것을 형사정책은 형법학을 사실상 굴종시키는 방식으로 실행에 옮겼다 — 그것이 제6차 개정형법이든,[30] (사후적인) 보호감호의 규정에서든 혹은 경찰 사고적인 구성요건을 독일 형법 제89조a(국가를 위협하는 중한 폭력행위의 예비죄)와 제89조b(국가를 위협하는 중한 폭력행위의 실행

---

29 Kant, Zum ewigen Frieden, 학술원판, 제8권, 369면(신학과 철학의 관계에서).
30 이에 관하여는 라크너Lackner가 최근 공동으로 발간한 주석서(제24판, 2001, vor § 38 난외번호 8, 10, 12) 참조.

을 위한 교류죄) 및 제91조(국가를 위협하는 중한 폭력행위의 범행안내 죄)에서 창설하든 간에 말이다.[31]

b) 외견상의 것으로 보이는 둘째 점은 법학에(어쩌면 더 정확하 게는: 법학의 학술공장에) 대해, 특히 학문과 거리가 먼 사람들이 외 부에서 갖는 입장이다: 학문이 논쟁하는 것 뿐 아니라(이것은 모든 학문에 해당하며 또 꼭 필요한 것이다), 정말로 출판홍수와 투쟁한다 는 것은,[32] 한편으로 학문은 대체 한 목소리로 말할 수 있는가의 문제와 다른 한편으로는 출판물의 질에 대한 문제를 야기한다. 이 두 문제는 서로 관련이 있다. 첫 번째 문제는 개별 학문 분야와 학문 분과 자체에 대한 모든 학자들의 자아상을 말하는 것이다. 이 학문 분과는 (개별사안에서 모든 논증들의 다양성에도) 각자는 다 른 모든 이들과 연결되어 그 분야에서 일을 하는 사람으로 이해 하는 그 분야의 모든 학자들에 의해 지지될 때에 — 여기서는 — '형법학'으로 나타날 수 있다. 그다음 각자는 그래도 자신의 논 증방법을 지지하겠지만, 자신의 논증방법을 그 학문의 논증방법 으로 이해하기 때문에 이에 종사하는 모든 이들과 연결되어 있을 것이다. 이러한 토대 위에서만 학문적 논쟁을 생각할 수 있다; 그 렇지 않고는 떠버리들의 불협화음의 성가대가 될 것이다. 출간을 하고 논쟁을 한다는 것은 — 그 양과는 아주 무관하게 — 살아 있

---

31 이에 관하여는 가령 NK-Paeffgen, 제3판, 2010, § 89a, 난외번호 1 이하, § 89b 난외번호 3, § 91 난외번호 3 이하 및 passim.
32 이에 대해서는 가령 Burkhardt (주 2), 125면과 각주 66 참조.

는 학문에 꼭 필요한 것이며, 결코 결함이 아니다.

　논문의 질에 물론 양이 중요하지 않은 것은 아니다. 이 점에서 강조할 필요가 있는 것은 그 논증의 질에 관하여는 오로지 학문 스스로가 판단할 수 있어야 한다는 점이다. 그러나 양과 질이 정비례 관계에 있지 않다는 것은 학문에서는 누구나 알고 있다. 학문적인 것을 출판한다는 것은 학문의 세상에 어떤 대상에 대한 논문을 검토를 위해 공개한다는 것을 말하며, 그 대상에 관하여 대상에 적절한 방식으로 고찰한 것이다. 여기서 수량은 그것이 학자 자신의 이력을 보여주는 동시에 논문이 완성된 작업의 기간을 나타낸다는 점에서 역할을 한다. 전자에 관한 것은 얼마나 어린 나이에 출판을 시작하는지가 현재 이목을 끈다.[33] 한스 벨첼이나 칼 엥기쉬 혹은 빌헬름 갈라스[34]의 첫 교수임용까지의 출판물 목록을 오늘날 여러 강사들의 그것과 한번 비교해보라. 한 논문의 작업기간에 관한 한, 좋은 것은 시간이 걸리게 마련이라는 소박한 통찰을 상기할 필요가 있다. 빌헬름 갈라스는 언젠가 교수초빙 절차에서 다방면일 뿐 아니라 많은 양의 출판물 목록을 다음과 같은

---

33 이에 관한 한 일화. 필자의 형법 세미나(대학의 형법 세미나를 말하며, 독일의 법과대학은 원칙적으로 별도의 대학원 과정이 없음 — 옮긴이)에서 두 명의 학생이 두 부분으로 분담하여 세미나 발표를 하였는데, 대학의 세미나 발표문으로는 정말 훌륭하였고 '최우수' 점수를 받았다. 얼마 후 필자는 매우 놀랍게도 저명한 법학 잡지에서 글자 하나 고치지 않은 발표문을 읽게 되었다.

34 발표 연도 순으로 된 벨첼(1937년부터 교수)의 출판물 목록은, FS Welzel, 1974, 1면 이하; 엥기쉬(1934년부터 교수)의 출판물 목록은, FS Engisch, 1969, 725면 이하; 갈라스(1934년부터 교수)의 출판물 목록은, Küper (편), (주 1), 65면 이하 참조.

말로 논평하였다고 한다: "말도 안 되는 얘기야." 그래서 독일 연구재단이 장래 연구지원 신청 시 신청자 자신이 중요하다고 여기는 논문 다섯 편을 들고, 한 프로젝트의 성공에 대한 입증으로는 일 년에 두 편의 논문만을 요구한다는 것은 매우 환영할만한 일이다.[35] 이 점에서 수량과 질이 이성적인 관계가 되었다. 각 학자들은 빌프리드 퀴퍼가 표현한 '정언금령'에 방향을 정립하는 것으로 충분하다: "만약 그것을 타인이 썼다면, 네가 그것을 반드시 읽을 것이라는 완전한 확신이 없는 것은 출판하지 마라!"[36]

Ⅲ. 대학에서 형법 교육의 과제와 현상태

1.

이 점에서 적절하게 대학에서 형법의 다른 측면으로서의 교육을 논할 수 있는데, 출판물 범람의 일부는 교육 및 수험을 위한 참고도서들이기 때문이다.[37] 그렇지만 이 절에서는 교육의 이 측

---

35 이에 대해서는 Schmoll, Qualität statt Quantität, FAZ v. 24. 02. 2010, 6면; Osel, Qualität durch die Hintertür, 2010년 2월 24일자 Süddeutsche Zeitung, 13면 참조.

36 Küper, Theorie und Praxis des Strafrechts in wissenschaftlicher Solidarität (Rez. FS Tröndle), GA 1991, 193면, 199면 참조.

37 앞 절에서 언급한 특성에 관한 요소들은 반복하지 않기로 한다; 그것은 더 엄격한 형태로 여기에도 해당된다. 언급해 두어야 할 점은: 강의 노트를 제본하여 판매한다고 해서 그것이 교과서가 되는 것은 아니라는 것이다. 이와

면이 중심이 되는 것이 아니라, 대학에서의 교육의 과제와 상태
가 중심이 되어야 할 것이다.

교육의 과제는 연구에 관하여 말한 것으로부터 풀어낼 수 있
다: 학생들이 현행법의 개념들을 가지고 책임 있게 일할 수 있는
능력을 습득하는 것이다. 이러한 일은 책임감을 필요로 하기 때
문에 교육은 피상적으로 배우는 내용들을 무비판적으로 수용하
는 '길들이기'가 되어서는 안 된다. 교육은 학문을 통한 양성이어
야 되며, 결코 학문을 위한 양성이 아니다.[38] 대학에서의 교육은
법조인 직업의 토대를 구축하는 것이지, 결코 직업교육이 아니다
(직업교육을 대학은 해낼 수도 없다). 그러나 대학은 장래에 이 법조
직역의 한 분야에 종사하는 사람들을 위한 교육이라는 것을 단
한순간도 잊어서는 안 될 것이다; 이것은 이 글의 마지막 절에서
큰 의미가 있을 것이다.

간단히 서술한 이러한 과제를 현재 대학의 강의에서 현실로 실
행하는 것은 매우 어렵다. 이 상태는 많은 요인들로 인해 제약을
받고 있으며, 이것은 깊이 있게 전공을 공부하는 것을 점점 더 어

반대되는 것으로 한스-하인리히 예섹Hans-Heinrich Jescheck의 교과서 제1판의
머리말 서두 부분을 인용하고자 한다: "많은 사전작업 후에 형법 총론 교과
서를 출간하기로 결정하였다. 이 책의 기본 생각은 1954-1959년에서 비롯
된다 (…)." 이 머리말은 1969년도의 것이다.

38 이에 관하여는 Kahlo, Wozu heute Rechtswissenschaften lernen und
studieren?, in: Gedächtnisschrift für Dieter Meurer, 2002, 583면 이하
─ 매우 의아한 것은 당시 노트라인-베스트팔렌주 교육부 장관 핑크바르트
Pinkwart의 발언으로서, 그는 대학의 과제에 대한 질문을 받은 인터뷰에서, 대
학의 우선 과제는 학문후속세대를 양성하는 데 있다고 대답하였다(General-
anzeiger Bonn 13./14.02.2010, 5면).

렵게 하고, 이 요인들에는 피셔가 불평한 정당정치와 사회의 이론
및 지성에 대한 반감이(정신과 거리가 먼 것이라고도 말할 수 있을 것이
다) 나타난다. 언급해야 할 것은 현재 학생들이 받고 있는 엄청난
시간적 압박, 점점 더 형체가 없고 원리도 없는 공부 내용의 방대
함, 학생들에게는 매혹적인 '임의응시제도'(Freischuss, 미신의 어
휘에서 나온 단어; 8학기 후에 1차 사법시험을 보면 한 번의 응시 기회를 더
부여받는 제도 — 옮긴이)의 도입, 대학을 고위직의 직업교육을 위한
장소라고 생각하는 더 확산되는 오해, 그리고 마지막으로는 대학
교원들과 학생들 간의 아주 부당한 관계를 가지고 대학을 (특히 법
학에서) 대중화하는 것이다.[39] 그럼에도 불구하고 대학이 스스로
를 포기하지 않기 위해서는 서두에서 언급한 목적을 단념하여서
는 안 될 것이다. 특히 법학은 대학에서 장래의 법관, 검사, 변호사
및 행정 법조인 등을 양성한다는 점을 간과해서는 안 된다.

2.

비판적이고-개념 중심적인 학문을 통한 법조인 양성을 원칙
적으로 고수한다면 교육에는 어려움이 발생하며, 무엇보다도 현
재의 양성 제도 상태에서는 (앞서 언급한 요인들로 인하여 제약을 받
는) 현저한 결과들이 따른다.

---

39 소위 볼로냐-과정은 학자의 기념논문집에서는 언급의 가치조차 없다; 이에
   관하여는 Zaczyk, Rechtswissenschaft oder McLaw? Myops 2008, 56면
   이하[이 글에 대한 소개는 손미숙, 법학인가, 맥로(McLaw)인가? 법조 2010
   년 2월호 통권 641호, 363면 이하] 참조.

법개념은 형법규범의 요소로서 실천개념이다(앞의 Ⅱ.). 이러한 법개념은 말하자면 개별사건에서 살아 있는 것이다. 양성의 기초 교육과 비교하여 이러한 적용은 매우 고유한 추가적인 어떤 특성의 양성을 요구한다: 그것은 바로 법적인 판단력이다. 양성의 이 부분의 특수성은 그것이 다시 모든 보편 규칙으로 일반화될 수 없다는 점에 있다. "판단력iudicium은 가르칠 수 있는 것이 아니라, 오직 훈련될 수 있는 것이다 (…). 이것이 다른 방도가 없다는 것도 쉽게 이해할 수 있다; 왜냐하면 가르침은 규칙의 전달을 통해 일어나기 때문이다. 따라서 판단력을 위한 교의가 존재해야 한다면 보편 규칙이 존재해야 할 것이며, 이 보편 규칙에 의거하여 어떤 것이 규칙의 사안인지 아닌지를 구별할 수 있을 것이다: 이는 되묻는 것을 무한히 계속되게 한다."[40]

지난 약 30년간 이 점에서 근본적인 위치 변동이 교육과 동시에 교육 및 수험 도서에서 일어났다. 시험을 점점 더 목표로 하는 경향(여기에는 대학도 공동책임이 있다)과 게다가 현재 독일에서 유행하는 영미법에 대한 굴종적 자세로 인하여 사례풀이가 점점 교육의 중심이 되고 있다. 원래 사례는 개념을 위한 학습 자료였는데, 점점 사례 자체와 — 마치 수수께끼를 푸는 것 같은 — 그 '해결'이 법조인 양성 교육의 중심이 되고 있다. 배우는 것은 사례를 판단하는 것을 훈련하는 것 대신 판결이 난 사례들이다. 이러한 전개는 교육 및 수험도서와 상호관계가 있다. 교과서는 점점 더

---

40 Kant, Anthropologie, 학술원판 제7권, 199면.

학습 교과서와 수험 교과서가 되고, 이것이 과거의 학원 교재와 구별되는 점은 단지 교과서가 저명한 출판사에서 발행되고, 교수 본인이 책 전체를 집필하였다는 것이다. 이것은 한편으로는 어쨌든 솔직한 것인데, 학생들에게 시험에 나올 수 있는 내용에 대한 난이도의 (적은) 한도를 제공하기 때문이다.[41] 그러나 다른 한편으로 정말 치명적인 것은 이렇게 해서 생기는 교육에 대한 왜곡이며, 이것이 바로 학생들의 관심사일 수는 없다는 것이다. 왜냐하면 이런 방식으로는 이미 그 자체로도 매우 심각한 일인 대학교육에 대한 높은 요구만 상실되는 것이 아니기 때문이다. 더군다나 학생들에게는 이러한 방식으로는 결코 이루어낼 수 없는, 그렇지만 교육과정에서는 꼭 이루어내야 하는 무언가를 믿게 한다: 그것은 바로 훌륭한 지식의 토대 위에서 판단력을 훈련하는 것이다.

지금처럼 이런 식으로 진행된다면, 이는 대학교육에 대한 시각과 그 과제에도 영향을 미친다. 그러면 교수의 이상적인 모습은, 예컨대 형법에서 행위개념에 대한 문제들은 시험에 잘 나오지 않기 때문에 신경쓰지 않아도 되는 다소 늙은 학원 강사가 될

---

41 그 사이 또 보게 되는 교과서에 나오는 삽화들은(독일 형법 교과서에 이제 만화 같은 그림까지 나오는 것을 빗대어서 한 지적임 — 옮긴이), 칸트의 인류학에 나오는 각주에서 추론할 수 있는 바와 같이 이미 과거에도 존재했었다([주 40], 183면 주*): "그렇게 그림 성경처럼 아니면, 그림으로 소개한 판덱텐 교리처럼, 그림 독본은, 자기 제자를 실제로 그런 것보다 더 애 같이 만들기 위한 애 같은 교사의 시각적 완구이다. 후자에 관하여는 그러한 방법으로 기억을 믿는 판덱텐의 제목: de heredibus suis et legitimis를 예로 사용할 수 있다. 첫 번째 단어는 맹꽁이자물쇠가 있는 상자로 구체화하고, 두 번째 단어는 암퇘지로, 세 번째 단어는 두개의 판에 새겨진 창세기로 구체화하였다."

것이다. 어떤 경우에도 법학은 예전에 제안된 바 있는 연구교수
와 강의교수의 구분을 해서는 안 된다.[42] 이것은 현재의 정신 상
태를 볼 때, 법학은 연구되는 것이라는 주장이 전혀 공감을 얻지
못할 것이라는 이유 때문에도 그렇다; 그리고 머지않아 모두 강
의교수가 될 것이다. 하지만 이러한 구분은 무엇보다도, 법학에
서는 단순한 피상적 지식의 전달이 관건이 되어서는 안 되기 때
문에 동의하지 않는다; 이 구분은 저급한 법조인 시종侍從이 생기
게 할 것이며, 이러한 법조인 시종은 권력을 가진 모든 정치인의
동경이기도 하겠지만,[43] 자유법치국가를 위해서는 재난이다. 비
판적인 거리는 이것을 자신의 일을 통해 습득하였고 그리고 지속
적으로 새로이 습득하는 자만이 가르칠 수 있다. 정신의 영역에
서 시종은 다시 시종만 양산할 뿐이다.

3.

대학에서의 교육은 사법시험을 마치면 다 끝낸 것처럼 자족하
는 자기목적이 아니다. 대학에서는 (형)법의 이해를 위한 토대를
구축하고, 이것을 가지고 학생들은 그들의 직업 활동을 한다(근본
적으로 깊이 생각해 보게 되는 것은 정년퇴임하고 나서임을 그들은 부인하
지 않을 것이다). 이것을 간결하게 포스터 방식으로 표현할 수 있다:

---

42 이에 대해서는 가령 Gutzwiller, Der Universitätslehrer, in: 동저자,
   Elemente der Rechtsidee, 1964, 289면 이하.
43 볼리비아의 대통령 에보 모랄레스Evo Morales는, 자신의 조치 중의 하나를 위
   헌이라고 한 법률가들에게 되받아 말했다고 한다: 위헌이라면 그럼 합헌으
   로 만들어라; 너희들은 무엇 때문에 법학을 공부했느냐.

교육이 비참해지면 질수록, 실무는 더 비참해진다 — 여기서 실무
는 당연히 일상의 지식과 처세술을 모아 놓은 것이 아니라, 법의
영역에서 책임감 있는 일로 이해한 것이다. 형법에서 이 점은 매
우 중요한 의미를 갖는데, 형법의 영역에서 감정적인 것과 비이성
적인 것[44]으로 치우치는 것은 특별한 위험이기 때문이다. 특히 형
법의 교육에서 많은 연방주가 1차 사법시험에서 (형법은) 1개의
필기시험만 보도록 요구하고, 게다가 이 시험은 너무나 종종 일종
의 기계적인 지식만으로도 해결할 수 있는 것이라는 점을 생각하
면 (우리 교수들에게 개선할 것을 거듭 호소한다), 어쩌면 (비밀리에 전해
지는 바에 의하면) 이미 현실이 되어버린 하나의 결과에 대해 경고
할 수 있다: 형법 분야에서도 고도의 책임감을 가지고 활동하는
'우수한' 법조인들이 그들의 '우수성'은 다른 법영역에서 획득하
였고, 형법은 학원수준으로만 알고 있다는 것이다.[45]

　이러한 설명은 대학 교수의 (유명한?) 오만이라고 쉽사리 오해
할 수도 있다. 필자는 이제 실무에서의 형법을 언급함으로써 이
러한 의혹을 해명할 수 있을 것이라 생각한다.

---

44 양자는 다양하게 말할 수 있다: 가령 지난 세기의 70년대에는 범죄자에게
　감정적인 배려를 했었다면, 요즘은 피해자가 중요하며, 범죄자는 가두어야
　하는 어떤 것으로 취급된다. 양자는 각기 잘못된 것이다.
45 누구도 직업 활동에서 예컨대 형사소송법에 대한 기본 시각을 얻을 수 있다는
　점을 진지하게 주장하지 않는다. (독일 형사소송법에서 어느새 끌어들이고 있
　는 법의 매수성을 보면, 형사소송법 제153조a(부담과 지시사항하의 불소추)
　와 제257조c(법원과 소송관계자들 간의 협상) 참조, 이러한 시각이 그러나
　아직도 필요한지 또한 절망적으로 물을 수 있다). 독일 형사소송법의 협상에
　관한 분석은 손미숙, 독일 형사소송법의 최근 경향 — 협상에 관한 논의를 중
　심으로, 형사소송 이론과 실무 제6권 제2호(2014. 12), 109면 이하 참조.

Ⅳ. 실무에서의 형법

1.

우선 대학 교수가 감히 법의 실무에 대해 전문적인 것을 말할 수 있는가라고 물을 수도 있을 것이다. 피셔는 이미 여러 번 거론한 논문의 제목에서 형법학과 형법실무의 관계에 관해 말하였으며, '낯선 기이한 세계들'이라고 하였다.[46] 그런데 그는 ─ 그 논문의 말미에서[47] ─ 양자를 연결하는 것, 법 자체를 지적하고 있다. 이것이 단지 피상적으로만 진부하다는 것은 이미 언급한 바 있다. 이제 이 글에서는 두 세계 간의 또 다른 가교가 만들어졌다: 모든 실무가들은 한 번은 대학을 졸업한다(독일에서 법조인이 되기 위해서는 법과대학을 졸업하여야 하며, 졸업 자격은 1차 사법시험의 합격으로 주어진다 ─ 옮긴이). 이것을 언급하는 것도 진부해 보이지만, 그럼에도 언급한 양자의 연결은 중요한 것으로서 법에서의 이론과 실무의 관계에 관한 모든 성찰의 기초가 된다.

그런데 형법실무의 적절한 이해를 위해서는 형법학에 대한 관계를 올바르게 볼 필요가 있다. 형법실무는 (법으로서) 법원의 판결을 중심으로 이루어지는데, 오로지 법원만이 형사 제재를 부과할 수 있기 때문이다. 그러므로 피셔는 근거를 가지고 형사 판결을 그의 고찰의 중심에 두었다.[48] 그렇지만 이러한 사실의 전

---

46 Fischer (주 3), 63면.
47 Fischer (주 3), 81면.
48 검찰과 변호인이 형법의 실현에서 본질적 요소라는 사실은 변하지 않는다.

체적인 중요성은, 사법부에서 문제가 되는 것은 법치국가에서의
제3권이라는 것을 함께 생각할 때에 비로소 알게 된다. 피셔가,
입법자는 형법학을 천대한다고 말할 때, 형법학자는 (물론 이것으
로 위로삼지 않고), 사법부(그리고 또한 법무 전체, 말하자면 예컨대 검
찰)도 (예산-)입법자와 재무부에 의해 매년 천대받는 것을 지적할
수 있을 것이다: 사법부의 인력과 물적 장비에 대한 끊임없는 긴
축 재정은 법치국가에 합당하지 않다.[49] 그렇지만 제3권으로서
의 사법부의 실제적 중요성은 당연히 변하지 않는다 — 여기서 다
루고자 하는 것은 오로지 이러한 실제적이고 실질적인 중요성이
다. 그러나 사법부는 법치국가에서 법실현의 일부이기 때문에
모든 법학자에게 존중을 요구하는 특성을 지니고 있다: 법학자
와 달리 사법부는 법적 관계들을 직접 만든다. 사법부의 판결은
확정력이 생길 수 있게 하는 성질을 가지고 있다 — 어떤 정통한
책도 그 점에서 확정력에 대적하지 못한다('다행히'라고 조소자들
은 — 그들뿐만 아니라 — 말할 것이다). 이것으로 법학의 아주 특별한
책임의 성격을 규정한 것이며, 법관은 법률과 법에 구속되어 책
임을 이행해야 하는 것이다.

2.

a) 이 점을 확고히 한다면 우선 법학의 모든 자만을 뒤로 물러

---

49 이에 관하여는 Köhler, Zur Stellung der Justiz in der Gerechtigkeit-
sordnung, in: Schleswig-Holsteinische Anzeigen, 2001, 201면 이하도
참조.

나게 한다; 법학은 자신의 책임을 이행해야 하는 것이다(앞의 Ⅱ.
와 Ⅲ. 참조). 그러나 여기에도 잘못된 전개의 근원이 있으며, 이것
은 지금도 각별한 세력으로 진행되고 있다. 그 까닭은 피셔가 진
단한 이론과 지성에 대한 반감은 (이러한 근본결핍의 결과로서) 실용
주의와 결합하며, 실용주의는 모종의 것이 일어난다는 사실을 그
것이 유익하게 제대로 일어나는지의 문제보다 더 중시하기 때문
이다. 이것은 현재의 법실무에 (특히 점점 빠듯해지는 예산을 고려하
면) 모든 근본적인 성찰을 특별한 종류의 시간낭비라고 여기는
위험을 안고 있다. 하지만 법학에는 불가항력적인 무력감으로 사
안에 직접 영향을 미치고, 법학 자체의 잘못을 판단하고, 발작적
으로 '실무적'으로 되려는 위험이 도사리고 있다. 이때 이러한
시도는 어리석게도 학문 자체를 무력하게 하는 동시에 학문을 연
구와 교육에서 원래 과제가 아닌 다른 쪽으로 주의를 돌리게 한
다는 것을 알지 못한다.[50]

b) 학문이 소위 실무와 거리가 있다는 잘못된 반응에 대한 예
증으로는, 이 기념논문집의 주인공인 푸페도 이미 다룬 바 있는
로취의 '법의 비대화에 관한 고찰'이라는 논문을 들 수 있다.[51]

---

50 이것으로 [가령 'Karlsruher Strafrechtsdialog(칼스루헤 형법대담)' 같은
   것을 통한] 학문과 실무의 교류 가능성을 결코 부정해서는 안 될 것이다;
   그렇다고 해서 본문에서 한 진단이 달라지는 건 아니다. 왜냐하면 이러한
   행사에서는 개인적인 대화를 나눌 때 법조문을 배우는 대학 공부에서와 똑
   같은 것만 일어나기 때문이다.

51 Rotsch, Zur Hypertrophie des Rechts, ZIS 2008, 1-8면. 이에 대해서는

로취는 이 논문에서 적고 있다: "세계의 어느 형법체계에서도 형법학자들은 실무적으로 중요하지 않은 이론을 그토록 철저하게 최종적인 정제를 하면서 찾고 있지는 않다."[52] 로취는 학문으로 인하여 발생한다고 하는 형법의 비대화를 여섯 개의 예를 들어 입증하는데, 흥미로운 것은 그중 세 개는 연방대법원의 판례에서, 하나는 입법에서 그리고 두 개만 학문에서 가져온 것이며, 이 두 개 중 하나는 로취 자신이 '최종적인 정제'에 기여하였다;[53] 학문에서 가져온 다른 예는 '적대형법'에 관한 논의이다 — 하지만 여기서 논의하고 있는 것은 분명 가지를 친다는 의미에서의 '정제'가 아니라, 학문에서 당연히 할 필요가 있으며 그리고 행하여진 기초에 관한 논의이다.

　로취가 자신의 논제에 대해 납득할 만한 예를 찾지 못한 것은 전혀 놀랍지가 않다: 그의 논제는 그릇된 것이다. 학문이 자신의 문제 설정을 학문적으로, 즉 철저하고, 끈기 있고, 면밀하게, 학술적으로 해결하려고 하지 않는다면, 그것은 더 이상 학문이 아니다;[54] 학문은 잘못된 전개를 스스로 바로 잡아야 하며, 당연히 법을 적용하는 실무에서 나오는 조언도 귀담아들어야 한다. 로취가 그의 논문 말미에서 자신이 — 피셔와 의견이 완전히 일치하

Puppe, ZIS 2008, 67면 이하.

52 Rotsch (주 51), 2면.

53 Rotsch/Sahan, § 3 StPO und die materiell-rechtlichen Regelungen von Täterschaft und Teilnahme oder: Gibt es einen strafprozessualen "Beteiligungsbegriff", ZIS 2007, 142면 이하 참조.

54 이에 관하여는 Puppe (주 51), 67면 참조.

며 타당하게도 — 피상적이라고 비판한 시대정신에 학문적인 심화 등을 말하며 대학에서 행하는 '심사숙고에 대한 열의'라는 대안을 제시한다면, 그가 지금까지 말한 모든 것에 따르면 이것으로 그가 말하고자 하는 것이 무엇인지를 묻게 된다. 학문은 깊은 생각에 잠긴 듯 이마를 찌푸리며 인상을 쓴다고 되는 것이 아니다. 특수성에서 일반성을 인식하는 것은 엄격한 사유적인 작업이며, 이 작업은 바로 여기에 드는 노고와 노력 때문에 결코 일상의 법적용에서는 해낼 수가 없다.

c) 그 밖의 또 다른 다소 기이한, 특히 독일 형법학의 자숙에 관한 경향에 대해서는 언급하는 정도로만 해 두기로 한다. 광범위하게 진행되는 소위 형법의 '유럽화'와 '국제화'의 과정에서 독일 형법학은 자신의 이론적 해설이 세계 도처에서 이해받고 있지 못하다고 스스로를 점점 더 질책한다. 여기서 자신의 생각을 관철하고 이러한 방식으로 '시장의 선도자'가 되기 위해 내용을 줄이는 시도를 볼 수도 있다.[55] 그러나 이렇게 하면 학문은 조롱거리가 된다. 예컨대 '조건부 고의'가 존재하는지의 문제는 제기해야 하며, 이 문제가 모든 형법문화에서 똑같이 진지하게 받아들여지는가와는 무관하게 다루어져야 할 필요가 있다. 다른 모든

---

55 학문에서는 다소 어색한 이러한 개념을 포겔Vogel은 클립Klip의 European Criminal Law라는 책에 관한 서평에서 사용하고 있다 — An Integrative Approach, GA 2009, 606면("… 시장 및 여론의 선도자가 되려고 하는 자는 영어로 저술해야 한다 …").

학문에서는 이러한 자숙을 경멸적으로 취급할 것이다. 아인슈타인이 일반 상대성이론을 모든 사람들이 자신처럼 그렇게 보게 될 때까지 기다렸어야 된다는 말인가?

Ⅴ. 결어

대학과 실무의 과제가 구분되는 동시에 또한 독자적으로 인지되어야 한다는 것은 자명하며, 그 과제가 서로 내적인 관계에 있다는 것도 자명하다: 중요한 것은 바로 인적으로 뿐 아니라 내용적으로도 (형)법에서 하는 일이다. 따라서 문제의 핵심에서 이러한 상호관계가 대화에서도 표출된다는 것은 지극히 당연한 일이다. 피셔[독일 (전) 연방대법관이자 형법 주석서의 저자 ― 옮긴이]가 실무에서는 학술 잡지들을 읽지 않을 것이라고 생각한다면,[56] 이에 대해서는 (다소 놀랍겠지만) 다음과 같이 답할 수 있다: 읽지 않아도 된다. 판사들은 소송 기록을 읽는다. 그렇지만 '실무가'도 경우에 따라서는 어떤 문제가 어려워지면 짧은 주석서만 들여다보는 것이 아니라, 그 주석서 안에 인용된 많은 논문들 중의 여러 논문이나 판례에서 들고 있는 문헌들을 인용한다는 것을 짐작해도 될 것이다. 어떤 형사 변호인이 언젠가, 학자들의 논문과 논평

---

56 Fischer (주 3), 65면 참조.

은 아무도 읽지 않는다고 하는 필자의 넋두리를 그의 반론을 통
해 진정시켰다: 소송에서 자신의 입장을 이론적으로도 확실한 논
거를 가지고 뒷받침해야 할 필요가 있을 때는 전적으로 학술 논
문에 몰두한다.

　　반대로 법원의 판결 또한 사건의 상황과 논증방법에 있어 형
법학의 중요한 대상이다. 당연히 법원의 판결은 비판적인 검토도
받아야 한다. 그러나 이때 학문은 한 가지 실수를 경계할 필요가
있다: 그것은 바로 예컨대 연방대법원의 형사부 법관 같은 실무
가를 도주로 인해 충분한 설명을 고지받지 못한, 일종의 조기 탈
주한 학생으로 취급하지 말아야 한다는 것이다. 그들 과업의 자
립성과 어려움을 항상 염두에 두어야 한다. 그래야 비로소 토론
을 제대로 벌일 수 있다.

　　플라톤의 『국가론』[57]에서 소크라테스는 정의를 '각자의 일을
하는 것'이라고 한다. 이것은, 법의 실현을 위하여 전제한 공동의
과제에서, 또한 형법학과 형법실무의 관계도 만들어야 할 것이
다. 이러한 시각의 선구자가 있다. 1857년 오스트리아 문학과 예
술 공보지Österreichische Blätter für Literatur und Kunst에 형사법원의 판례
를 다수 소개하는 율리우스 글라저의 논문이 발표되었다.[58] 이

---

57 Platon, Der Staat, Otto Apelt (역), 4. Buch, 433b.
58 여기서는 Glaser, Gesammelte Schriften I, 1869, 65면 이하에 나오는 판
　에 따라 인용하기로 한다 ― 빈 대학의 형법 교수였고, 후에 법무부 장관 및
　대검찰청장Generalprokurator을 역임한 글라저의 인적 사항에 대해서는 친구
　로서 가까이서 본 예링의 법에서의 목적, 제2판 서문, XV면 이하에 나오는
　말 참조. 여기에 나오는, 여전히 현재의 요구를 말하고 있는 글라저에 관한

논문에 나오는 다소 긴 인용으로, 본대학 동료인 존경하는 잉에 보르크 푸페 교수에게 고희를 진심으로 축하하며 바치는 이 글을 맺고자 한다.

　"해결방안을 찾는 것이 관건인 과제들을 법률가들은 당연히 항상 분담해야 한다; 한쪽이 법규범을 자신과 타인에게 이해할 수 있게 명확하게 설명하려고 애쓰는 반면, 다른 한쪽은 개별 사건을 이미 언급한 법규범과 바른 관계로 두는 것에 더 몰두하며, 이 점에서는 그러나 이론가와 실무가 간에 의견 차이가 있다. 다만 실무에 기준이 되는 적합하고 정당한 해답을 얻으려는 과제를 끊임없이 부과하지 않는 그 이론은 잘못된 이론일 것이고, 개별 사건을 법적으로 평가하는 데 해당되는 법규범 및 전 영역에 대한 관계없이도 이를 처리할 수 있다고 생각하는 그 실무는 기계적이고 비법학적인 실무일 것이다.""방금 언급한 것은 빈번히 오인되었는데 (…), 이론가와 실무가가 움직이는 정신적 환경은 동일한 것이며, 단지 이것이 어떻게 행해지는가 하는 방식이 이론가와 실무가를 구별하기 때문이다."

한 문장. "… 장관이라는 것을 그의 경우는 오직 그가 무엇을 했는가를 보고 알았다."(XVII면) (제5판, 제2권, 1916에 따라 인용).

§ 10 형벌의 정당성의 근거에 관한 고찰*

Ⅰ. 서언

이 글에서 다루고자 하는 내용의 계기가 된 것은 알빈 에저가 클라우스 뤼데르센의 고희기념논문집에 발표한 글이다. "인간은 어떤 형법을 필요로 하며 (어떤 형법을) 수용할 수 있는가?"[1]라는 제목으로 에저는 한 형법을 옹호하는데, 이 형법은 개체를(범죄자 뿐 아니라 또한 피해자를) 모든 성찰의 중심에 두고 자신의 기준을 전부 어떤 사유적인 영역으로부터 획득하며, 이 사유의 영역은 그의 논문 제목에서 사용한 개념들을 통해 설명되고 있다. 그런 데 에저는 이러한 매우 근본적인 숙고를 하면서 '절대성'에 대한 요구를 하며 드러낸 입장에 회의적이라는 점도 밝히고 있다. 그래서 그는 예컨대 "정의 그 자체를 위한"이라는 표현에 대하여 정의에 대한 요구는 "그것이 오로지 평화와 평화의 회복을 위한 것일 때에만"하고,[2] 전자의 언명(= 정의 그 자체를 위한)을 사유적

---

* 이 글은 알빈 에저 고희기념논문집(Menschengerechtes Strafrecht. Fest-schrift für Albin Eser zum 70. Geburtstag), Jörg Arnold 외 (편) 2005, 207-220면에 수록된 것이다.
1 FS-Lüderssen, 2002, 195면.
2 앞의 책 (주 1), 201면.

으로 지나치게 불손한 것으로 보고 이에 반대한다는 데 의문의
의지를 남기지 않고 있다. 그렇지만 에저는, 법의 척도인 개체에
서 출발하는 것은 기본 전제라는 것도 인정할 필요가 있다. 그의
견해에 의하면 이 전제는 정의의 개념과 달리 기능적으로는 설명
할 수 없으며, '신조'로서 입증할 수 있어야 한다.[3] 그런데 에저
는 또 하나의 부정적인-중요한 판단도 하고 있다: 인간의 신에
대한 지향은 (그리고 더 나아가 법에서 신률은) 배제할 수는 없으나,
이것은 "하나의 신앙의 차원이며, 이 차원은 세속화된 형법의 기
반 위에서는 구속력을 기대해서는 안 된다고 한다."[4]

이러한 대체로 매우 조심스러운 태도로써 원리적 언명에 대
해 에저는 독일 형법학의 통설의 견해와 같은 입장이다. 이것은
형벌의 근거에 관한 분석의 논증방식에서 잘 알 수 있다. 주지하
는 바와 같이 형벌의 근거를 오로지 저지른 범행과의 관계로부터
논증하는 이론이 지난 몇 년간 학계에서는 다시 강하게 대두되었
다.[5] 이러한 입장을 굳어진 표현으로 '절대적' 이론이라고 한다.
이에 반대되는 것은 '상대적' 이론으로서, 이 이론은 형벌의 근
거를 형벌을 가지고 추구하고자 하는 목적으로부터만 도출하고
자 한다; 한 유력한 견해는 시민의 법의식에 대한 안정화를 형벌

---

3 앞의 책 (주 1), 196면 이하.
4 앞의 책 (주 1), 197면.
5 대표적으로 E. A. Wolff, ZStW 97 (1985), 786면, 818면 이하; Köhler,
  Der Begriff der Strafe, 1986; 동저자, Strafrecht AT, 1997, 43면, 48면
  이하; Zaczyk, Das Strafrecht in der Rechtslehre J. G. Fichtes, 1981,
  104면 이하 참조.

의 주된 근거라고 본다.[6] 이러한 이론유형을 현대적이라고 이해
하는 반면에,[7] 첫 번째로 언급한 전자의 이론(= 절대적 이론)을 취
하는 사람을 "신-고전주의자"라고 하며[8] 요즘의 통상적인 형법
입문서에서도 거의 반사적으로 '칸트'와 '헤겔'을 참조하도록
지시하는데, 이것으로써 또 이론의 상황이 200년 후퇴한 것처럼
보인다. 이러한 논법으로 내용을 분석하는 방식을 취하는 대표적
인 예로는 록신의 설명을 들 수 있을 것이다. 형벌을 통해 범행을
응보하는 이론을 반대하는 것을 그는 다음과 같이 논증한다: "국
가는 인간의 제도로서 정의의 형이상학적 이념을 실현할 능력도
권한도 없다. 시민의 의사는 국가에게 평화와 자유 속에서 인간
의 공동생활을 보장할 의무를 지운다; 국가의 과제는 이러한 보
호에만 국한된다. 해악(범죄)을 (형벌을 받는) 또 다른 해악을 부과
함으로써 상쇄할 수 있거나 없앨 수 있을 것이라는 생각은 한 신
앙에만 가능하며, 이 신앙을 국가는, 자신의 권력을 신으로부터
이끌어내지 않고 국민으로부터 도출한 이래 어느 누구에게도 강
요해서는 안 된다. 또한 응보적 '책임'을 가정하는 것도 형벌의
근거가 될 수는 없다; 개인의 책임은 의사자유의 존립에 구속되

---

6 대표적으로는 Jescheck/Weigend, AT, 제5판, 1996, § 8 IV와 V의 소위
  합일론에 관한 설명 참조. 합일론의 불가피한 '완전한 불확실성'의 근거는
  [이는 Köhler, AT (주 5), 44면] 이질적인 근거들을 종합해 놓은 데 있으
  며, Wessels/Beulke, AT, 제33판, 2003, 난외번호 12a에 있는 표현에서
  극명하게 드러난다: "(즉 형벌의 근거에 관한) 모든 이론들은 취약점이 있
  기 때문에, 이 이론들을 통상적으로는 서로 결합시킨다 (…)."
7 이러한 설명으로는 가령 Schünemann, GA 1995, 201면 이하 참조.
8 Krey, Strafrecht AT 1, 난외번호 125.

며, 이것이 입증 불가능하다는 것은 책임을 국가의 침해에 대한 유일한 근거로서 부적합하게 한다."⁹ 전체적으로 록신은 이러한 '절대적' 형벌론에 관하여 이 이론은 자신의 관점에서는 오늘날 학문적으로 더 이상 받아들일 수 없다는 매우 부정적인 판단을 하고 있다.¹⁰

이 점에서 에저는 서두에서 언급한 논문에서 형벌과 형법의 근거에 관한 물음에서는 "피상적인 표피성"에 머물러 있어서는 안 된다는 점을 매우 적절하게 지적하였다.¹¹ 하지만 이 물음의 심오한 이유들에 대한 숙고는 어떻게 하며, 개념들을 타당한 것으로 입증할 수 있기 위해서는 얼마나 깊은 숙고를 할 수 있고 또 해야만 하는가? 이것을 간단명료하게 방금 인용한 록신의 문장에서 보여주자면: 한 문장에서 한편으로는 의사의 자유는 입증될 수 없는 것이기 때문에 논증의 의도로는 고려할 수 없는 것이라 하고, 다른 한편으로는 동일한 확신을 가지고 시민의 의사는 국가에게 자유의 보장에 대한 의무를 지운다는 주장을 한다면 개념들은 철저하게 숙고된 것인가? 자신의 자유에서 입증되지 않은 의사가 어떻게 국가에게 ― 자유가 없으므로 ― 전혀 알 수가 없는 것에 대해서 의무를 지울 수 있는가를 알고자 하는 것은 너무 많은 것을 요구하는 것이 아닐 것이다. 또한 그러한 의사가 이러한 조건하에서 어떻게 타당하게 형성될 수 있으며, 무엇 때문에

---

9 Roxin, Strafrecht AT I, 제3판, 1997, § 3 난외번호 8.
10 앞의 책 (주 9).
11 앞의 책 (주 1), 195면.

국가에게(권력에게?) 의무를 지워야 하는지도 불명확하다. 질문해야 할 것은 경험적으로는 결코 근거를 밝힐 수 없는 이러한 언명들이, 더 상세히 규정되는 형이상학의 개념을 토대로 삼는다면 타당하게 입증될 수 있는가 하는 것이다.

Ⅱ. '칸트'와 '헤겔'

논증의 진행은 이른바 '절대적' 형벌론을 분석하는 것으로부터 시작할 수 있다. 이것은 일거에 칸트와 헤겔의 저작에 나오는 일련의 인상 깊은 '대목들'을 종종 반복적으로 인용하는 것으로 이루어진다. 칸트의 경우는 '섬비유'가 중심이 되고,[12] 헤겔의 경우는 (강의 초안을 편찬한) 『법철학강요』 § 97과 § 99의 보충이 중심이 되는데,[13] 헤겔에 의하면 형벌은 "부정의 부정"이며, 일반

---

12 Die Metaphysik der Sitten, Rechtslehre, 전집 제7권, A 199/B 229(칸트의 저작들은 별도의 표시가 없는 한 바이쉐델Weischedel판 Darmstadt, 1975, 10권 전집을 인용하며, 초판(A)과 재판(B)의 각 면수를 인용한다; 도덕형이상학은 MdS라는 약어로 면수를 인용하고 간혹 §을 인용한다). — 섬비유에 관하여는 Zaczyk, Staat und Strafe — Bemerkungen zum sogenannten "Inselbeispiel" in Kants Metaphysik der Sitten, in: Landwehr (편), Freiheit, Gleicheit, Selbständigkeit, 1999, 73면 이하(한국어 번역은 자유와 법, 칸트 법철학의 현재성, 라이너 차칙/손미숙 역, 2021, § 7, 132면 이하).

13 G. W. F. Hegel, Grundlinien der Philosophie des Rechts oder Naturrecht und Staatswissenschaft im Grundriss(20권 전집, Moldenhauer/

예방에서 나오는 형벌의 근거는 "마치 개에게 막대기를 드는 것"
과 같다고 한다. 여기서 저자의 말을 곧이곧대로 믿는 것은 당연
한 일이긴 하다. 그렇지만 형벌권처럼 복잡한 문제의 경우『도덕
형이상학』및『법철학강요』같은 매우 난해한 작품들에서 설명
한다면, 이 작품들의 개별 자구에 관한 입장표명은 통상의 법학
적인 문언해석으로는 할 수가 없다. 근거가 제시된 해석을 위해
서는 인용문이 나오는 텍스트의 맥락, 무엇보다도 사유적인 맥락
을 함께 고려할 필요가 있다.[14] 이렇게 해야 비로소 개별언명을
비판적으로 평가할 수도 있게 된다. 거론한 두 철학자가 생각했
던 이론적 맥락의 부흥은 형법학에서는 앞서 언급한 인상적인 대
목들에 약간의 부가적인 논평을 하고 난 다음 갑자기 '더 적극적
으로' 이해되었던 방식으로 일어나지는 않았다. 오히려 자유, 법
칙, 국가와 같은 개념들은 생성의 방식에 대한 분석과 함께 이 저
작들과 이 철학에서 철저히 숙고되었으며, 추가적으로 규정되었
고, 그다음에 (형)법의 중요한 맥락들 속으로 들어왔다. 칸트 법
철학을 분석하는 데 있어서 별도로 유념해야 할 점은, 칸트는 18

Michel 편, 1971, 제7권).

14 칸트는 도덕형이상학의 서문에서 여기에는—특히 형법의 경우— 해석이
   필요하다는 점을 스스로 지적하고 있다: "책의 말미에서(형법에 관한 설명
   이 나오는 부분—저자) 나는 몇몇 장을 이 앞의 다른 장들과 비교하여 예
   상될 수 있는 것보다 덜 상세하게 다루었다: 그것은 부분적으로는 이 장의
   내용이 앞 장들로부터 쉽게 추론될 수 있을 것으로 보였기 때문이며, 부분
   적으로는 (공법에 관한) 마지막 장은 현재 많은 논의 중에 있지만 그럼에도
   매우 중요한 것이기 때문에 결정적인 판단을 당분간 유예하는 것도 정당화
   될 수 있기 때문이다."(MdS, AB X).

세기의 60년대부터, 즉『순수이성비판』의 작업 전부터 법개념의
문제에 관하여 연구하였다는 것이다;[15]『도덕형이상학』의 법론
은 칸트가 자기 생의 30년 동안이나 개념적으로 천착했던 작품
이라고 충분한 근거에 의해 말할 수 있을 것이다. 이러한 작품을
임시변통으로 해석함으로써 제대로 평가한다는 것은 있을 수 없
는 일이다. 그 밖에도 20세기의 70년대부터 비로소 칸트 법철학
에 대한 집중적인 연구가 시작되었다는 것을 생각해본다면 지나
치게 성급한 판단을 할 때에는 주의가 요구된다는 점을 알아야
할 것이다.[16]

　그렇지만 '칸트'와 '헤겔'에 관한 것은 단지 이 두 철학자에게
만 국한된 작품 내재적인 차원만을 가지고 있는 것은 아니다. 독일
관념주의의 철학은 칸트 철학에 대한 분석에서 비롯된다. 칸트는
사유를 성찰적인 비판의 힘으로 파악하였으며, 이것으로 의식적
인 인간의 현존재의 근거를 자의식에서 입증함으로써 변혁시켰다.

---

15 Ritter, Der Rechtsgedanke Kants nach den frühen Quellen, 1971, 특
히 68면 이하 참조; Busch, Die Entstehung der kritischen Rechts-
philosophie Kants, 1979. ― 그렇지만 이와 관련된 칸트의 법철학은 '전前
비판적(= 비판 이전)'이라는 리터의 논제에는 동의할 수 없다.

16 이것은 예컨대 쉬네만Schünemann이 뤼데르센 고희기념논문집(327면 이하)에
서 시도한 칸트를 해석하는 연구에도 해당된다. 칸트의 법론에 관하여 무언
가를 쓰고자 하는 사람이 실천이성의 도덕법칙을 국가의 법법칙과 동일시
한다면(333면), 어의語意상 논의할 필요가 없는 연구를 한 것이다. 칸트가
하필이면 법론에서 현상계를 예지계와 연결하려고 한 것은(이러한 차이는
쉬네만에게 칸트 법철학의 기본난제들 중의 하나가 되는데) 쉽게 설명할
수가 없다. ― 반대의 예로는 매우 상세한 해석을 하는 Altenhain, Die
Begründung der Strafe durch Kant und Feuerbach, GS für Keller,
2003, 1면 이하 참조.

그렇게 하여 발생한 철학이 서양사상사에서 그리스 철학의 시작
및 정초와 더불어 철학적 성과의 제2 정점이었다는 것은 분명 몇
몇 형법학자들이 퍼뜨린 단순한 주장이 아니다.[17] 이렇게 하여 주
목을 받은 개인의 자기 의식적인 존재는 근대 사고의 기반이 된다.
누구든 예컨대 — 종종 단순한 형태로 — 견해의 다원성을 말하는
자는 이러한 근원의 타당성에 대해 항상 전제는 하지만, 오로지 사
고를 통해서만 개인의 세계관에 관한 의미를 확실히 설명할 수 있
다. 이 중심사상은 실천철학에서 매우 중요하며, 그러므로 법철학
에서도 매우 중요하다. 인간의 자유(인간의 자기존재)는 법의 목표일
뿐만 아니라 동시에 법의 토대이기도 하다.[18] 헤겔의 다음과 같은
문장은 사유의 변화된 입장을 함께 이해하지 않는다면 전혀 이해
할 수 없을 것이다: "법의 지반은 정신적인 것이며, 이것의 구체적
인 입각점과 출발점은 자유로운 의지인 까닭에, 자유는 법의 본질
이 되고 법의 규정을 하며, 법체계는 실현된 자유의 왕국이고, 정
신 스스로가 제2의 자연으로서 만들어낸 정신의 세계이다."[19]

---

17 이 맥락에 관하여는 Henrich, Der Begriff der sittlichen Einsicht und Kants
  Lehre vom Faktum der Vernunft, in: Prauss (편), Kant — Zur
  Deutung seiner Theorie von Erkennen und Handeln, 1973, 223면 이
  하 참조.
18 이 표현 또한 E. A. Wolff (주 5), 786면, 809면. — 덧붙여 언급해 둘 것은
  쉬네만이 이 대목을 잘못 인용하고 있다는 점(앞의 책, 주 16, 328면 각주
  8)과, 어떻게 328/329면에서 볼프Wolff와 쾰러Köhler 및 야콥스Jakobs에 대하여
  여섯 개의 불충분하고 학문적으로 부정확한 인용을 할 수 있는가 하는 점이
  다. 같은 법철학 저자로부터 언어의 분석을 확장시키라고 권고를 받는 것은
  분명 아이러니가 아닐 것이다.
19 Hegel, 앞의 책 (주 13), § 4.

자의식 속에 있는 이 근거는 연원을 거슬러 올라갈 수 없는 것이며, 자의식은 최종 근거이다. 이러한 근거로부터 비로소 개별 인식으로 나가는 단계들이 가능하며, 이때 자의식의 특별한 성찰적 특성을 언제나 함께 생각해야 한다. 이것은 가령 개별 학문으로서의 법학을, 매일 근거를 찾아 내려가는 방식으로만 할 수 있다는 것을 의미하는 것이 아니다. 그렇지만 — 예컨대 앞서 한 인용문에서의 록신처럼 — 법과 국민의 의사 그리고 자유에 관하여 말하기 시작하면, 얼마나 깊이 하강하는지를 분명히 알고는 있어야 할 것이다.[20]

Ⅲ. 칸트에게 있어서 법의 형이상학

다음에서 하는 고찰은, 법사상을 칸트의 법론에 있는 자유로

---

20 이러한 배경 위에서 칸트와 헤겔을 원용하는 것(그리고 다른 이들도 언급할 수 있을 것이다) 역시 새로운 관점을 준다. 중요한 것은 양자 중 누구인가 하는 것이 아니라, 우선적으로는 통일된 입장을 수용하는 것인데, 두 사람은 자기 자신을 이해하는 사유를 설명하기 때문이다. 물론 여기서 차이점이 있다는 것을 부인할 수는 없으나, 개별사항에 대하여 비판할 수 있다는 것 또한 부인할 수 없을 것이다. 그러나 결정적인 것은 그 비판이 사유 자체의 범위를 벗어날 수 없다는 점이다; 이 비판도 동일한 근거의 연속성 안에서 움직인다. 그러므로 칸트가 철학의 과제를 "인간이란 무엇인가?"라는 질문에서 통합한다면[Kant, Logik, Jäsche 편, 칸트 전집, 학술원판 Akademie-Ausgabe, 제9권, 25면], 헤겔의 기획은 "그것은 정신이다"라는 문장에서 통합할 수 있을 것이다. 이 두 문장을 차례차례로 말해보길 제안한다.

부터 획득한 형상에 집중하려고 한다. 이 법철학에 회의적인 특별한 이유는, 이 법철학이 주로 이미 책의 제목에서 단정적 의미로 쓸모없게 된 것 같은 개념을 내포하는 저서에서 전개된다는 데 있을 수 있다: 그 책은 바로 『도덕형이상학』이다. 이것은 특히 '근대' 의식을 자유로운 연상으로 형이상학Metaphysik의 개념에 집중하게 함으로써 가령 — 첫스펠링이 동일하여 — 신화Mythos 또는 신비주의Mystik와 불분명하게 연결하려고 한다.[21] 그렇게 하면 형이상학은 흡사 전부 자정이 넘어서야 비로소 발을 들여 놓는 유령세계와 배후세계가 되고, 계몽된 사고는 참된 의미에서 사유이고자 하는 성격을 잃게 된다. 이러한 상상들은 철학적 근거가 없다. 칸트는 유럽 계몽의 뛰어난 인물로 인정받는다는 점을 환기시킬 필요가 있으며, 이러한 괴상한 생각과 함께 그를 연상하는 일이 정말 다시는 발생하지 않아야 할 것이다. 칸트가 형이상학을 어떻게 이해했는가를 정확히 살펴보면 이러한 선입견은 완전히 근거가 없다는 것이 드러난다.

'형이상학'이란 표제로, 원래는 '자연학'으로 분류할 수 없었

---

21 형이상학의 적절한 관계에 대해서는 예컨대 Heimsoeth, Die sechs großen Themen der abendländischen Metaphysik und der Ausgang des Mittelalters, 제7판, 1981; Schulz, Die Subjektivität als Prinzip der neuzeitlichen Metaphysik, in: 동저자, Die gebrochene Weltbezug, 1994, 32면 이하; 현재의 언어분석적인 가설들과의 논쟁에 관하여는 Henrich, Was ist Metaphysik — was Moderne?, in: 동저자, Konzepte, 1987, 11면 이하. 그리고 Hoerster, JZ 1982, 714면에 들어 있는 결론과 더불어 Hoerster, JZ 1982, 265면과 Joerden, JZ 1982, 670면의 논쟁은 시사하는 바가 매우 많다.

던 아리스토텔레스의 저작들을 모아 놓은 것이다. 하지만 이미 개념의 이러한 기원에서 사서상의 배열적 관심뿐 아니라, 철학상의 내용적 관심도 볼 수 있다:[22] 자연학Physik이 뚜렷한 대상들에 관한 것이었던 데 비해, 메타Meta-자연학Physik(= 문자적으로는 자연학 뒤의, 혹은 자연학을 넘어서는 형이상학 — 옮긴이)은 비감각적 (또는 — 지금은 오해의 여지가 있는 — 초감각적) 대상들에 관한 것이었다; 그래서 아리스토텔레스는 메타-자연학을 '제1 철학'이라고도 불렀다. 여기서 제기되는 문제는, 비-감각적으로 경험할 수 있는 대상들을 넘어 그러한 앎을 감각적으로 경험할 수 있는 앎처럼 습득할 수 있는가 하는 것이다. 칸트가 구형이상학이라고 비판하였던 것은 그 대상들이 초월적인 학문이었다. 그 학문은 경험을 통한 앎의 형상을 우선은 목적론적인 앎의 형태의 범위에서, 그러나 그다음에는 기계론적인 자연관에 대한 맥락에서, 마지막으로는 신과 영혼 그리고 자유에 관한 앎의 형상으로 옮겨갔다. 칸트는 이러한 '구'형이상학을 극복한 사람이었다. 자연학상 앎의 형상은 여전히 세상에서 정신적 지주 역할을 하고 있었기 때문에 그 앎의 형상은 이러한 지주가 갖고 있지 않은 사고와 구별될 필

---

22 이에 관하여는 Kant, Vorlesungen über Metaphysik, Metaphysik L1 (Teilstücke Heinze), 칸트 전집, 학술원판, 제28권, 174면의 논평을 참조: "형이상학의 이름에 관하여는 같은 것이 우연히 생겼다고 생각해서는 안 되는데, 그 이름은 바로 학문 자체에 매우 적합하기 때문이다; 왜냐하면 physis는 (그리스 원어로는 — 저자) 자연을 말하지만, 우리는 경험을 통해서만 자연의 개념에 다다를 수 있기 때문에 경험 이후에 따르는 학문을 ((그리스 원어로 — 저자)meta, trans, 그리고 physica 자연학을 넘어서는) 형이상학Metaphysik이라고 부른다."

요가 있었다. 하지만 이 둘을 하나로 만드는 것은 인간의 이성이
다. 칸트는 "인간의 이성은 (…) 그 인식의 기질에서 물리칠 수 없는
질문들로 곤란한 입장에 처하게 되는 특별한 운명(을 가지고 있다)."
는 통찰로 구형이상학의 대상들을 인간의 이성 속으로 되찾아왔
을 뿐 아니라, 이 대상들을 통해 근거를 밝히기도 하였다.[23] 그러
면 형이상학은 초월철학의 일부가 된다. 그렇지만 이러한 새로운
시각을 통하여 그 대상들에 대한 앎의 질도 변하게 되는 것이다.[24]
　칸트의 철학에서 형이상학은 이중으로 구분되는 의미로 등장
하였다. 한편으로 ― 이것은 방금 말한 것과 관련되는 ― 마지막
사고의 세 가지 요소(신, 자유, 영혼의 불멸성)로서 이로 인하여 인
간의 사유는 자신의 통일체를 자기 자신을 통해 유지하고 제한한
다.[25] 이러한 관계를 해명하는 것이 철학의 본래 과제이다. 하지

---

23 Kritik der reinen Vernunft, 칸트 전집, 제3권 (주 12), A Ⅶ. ―피상적인
　의혹은 이 통찰을 쉽게 논박할 수 있을 것이다. 개인의 정신적 삶 뿐 아니라,
　한 사회의 지성적 운명도 칸트의 이러한 통찰이 옳다는 것을 보여준다.
24 Metaphysische Anfangsgründe der Naturwissenschaft, 칸트 전집, 제8
　권 (주 12), A ⅩⅢ도 참조: "모든 참된 형이상학은 사유능력 자체의 본질로
　부터 되는 것이지 결코 꾸며낼 수 없는데, 그것이 경험에 의해서 차용될 수
　없기 때문이 아니라, 개념과 선험적 원리는 물론 사유의 순수한 행위들을
　내포하고 있기 때문인바, 참된 형이상학은 경험적 상상들의 다양성을 가장
　먼저 법칙적으로 연결시키고 이를 통해 경험에 근거한 인식, 즉 현실 인식
　이 될 수 있다."
25 Kant, Kritik der praktischen Vernunft, 칸트 전집, 제6권 (주 6), A 238
　이하(실천이성의 요청); '종결사고'란 개념은 헨리히Henrich에게서 유래하며,
　주 21에서 인용한 논문 19면 참조; 그 밖에도 Henrich, Bewusstes Leben,
　1999, 74면 이하와 194면 이하에 나오는 논문 'Warum Metaphysik(왜 형이
　상학인가)'과 'Bewusstes Leben und Metaphysik(의식적인 삶과 형이상
　학)' 참조.

만 다른 한편으로 칸트는 형이상학의 개념을 첫 번째 의미의 제
한하는 요소도 수용하는 완전히 독자적인 의미로 사용하고 있다:
이것은 순수한 (이론 및 실천) 이성 그리고 인간의 앎의 큰 두 영역,
자연Physik에 관한 학문 및 인간의 행위에 관한 학문(실천, 일반적 의
미의 '윤리') 간의 체계적인 사유의 진행이다. 그래서 근거를 밝히
는 사고는 벌써 여기서 "오성의 일정한 대상들에 국한"되었으며,
따라서 기본원리들을 이미 "이러한 일정한 대상들"[26]의 방향으
로 형성한다. 자연인식의 영역에서는 그 대상에 대한 이성의 이
러한 중간단계가 더 쉽게 인정된다고 칸트는 시사하는데, 거기서
인간의 앎은 자연을 (표면적으로는) 항상 예비적으로 대강 정돈된
것으로 경험하며 그래서 자연에 관한 앎을 일정한 앎으로 만드는
이 요소들이 어떻게 되어 있는지 더 쉽게 이해할 수 있기 때문이
다. 이렇게 칸트는『자연과학의 형이상학적 기초원리』에서 물질
의 운동을 공간 속에서 다루었는데, 이것은 우리의 감각이 물질
에 대해 어떻게 작용하는가 하는 방식이기 때문이라고 한다. 반
대로 인간 실천의 영역에 있어서는, 즉 인간의 행위는 그 최종 근
거가 자유에 의해 규정되는 것이지, 어떤 방식이든 경험적 충동
에서 규정되는 것이 아니라는 형이상학의 전제조건을 인식하기
가 어렵다: "(⋯) 이성은, 어떻게 행위해야 하는지 비록 이에 관한
예가 없다고 하더라도, 요구한다."[27]

---

26 Kant, Grundlegung zur Metaphysik der Sitten, 칸트 전집, 제6권 (주
   12), BA V, VI.
27 Kant, MdS, AB 11.

여기서 고찰하는 것을 잠시 멈추고, 다소 우격다짐식으로 건
너뛴다는 점을 시인하지만 이 고찰을 앞서 언급한 독일 형법학의
입장과 대조해 본다면, 이 입장에서 보면 적어도 여기서는 모순
이 생긴다. 왜냐하면 자유가 입증될 수 없다면, 그것은 '법의 형
이상학'의 기초원리가 될 수도 없기 때문이다. 그런데 이상하게
도 바로 법학에서도 회자되는 일반적인 확신은, 이러한 문제에
대한 숙고는 아직 완전히 그 결말에 도달하지 않았다는 것을 보
여준다: 당위가 존재로부터 충분히 도출될 수 없다는 것은 일반
적이고 적절하게 받아들여지고 있다: 연결 혹은 짜맞춤이 있다
하더라도 당위의 근거는 고유한 성격을 가지게 된다.[28] 그러므로
당위는 어쨌든 원칙적으로는 독자적으로 근거가 제시될 필요가
있는 것이다. 그것은 가령 신의 의지에 의해서나 독재자의 명령
에 의해서도 생길 수 있을 것이다. 그렇지만 근거가 (앞의 주 9에서
예로 든 록신의 문장을 가지고 본다면) 법적인 당위로서 국민의 의사
를 통해서 형성될 때는 그러한 의사에 대한 가능성의 조건들은
그 근거가 밝혀지지 않으면 안 된다. 국민의 의사가 모두에 의한
개인의 타결정이 아니어야 한다면, 그것은 개인의 의사의 자기결
정과 관련되기 때문에 이러한 자기결정의 가능성은 설명되어야
하는 것이다. 하지만 자유는 칸트의 시각에서 다르지 않다. 그래

---

28 자세한 것은 예컨대 법철학에서 이와 관련된 입장들에 대한 개관과 함께
   Armin Kaufmann, Problemgeschichte der Rechtsphilosophie, in:
   Kaufmann/Hassemer, Einführung in Rechtsphilosophie und Rechts-
   theorie der Gegenwart, 제6판, 1994, 109면 이하 참조.

서 앞에서 언급한 록신의 발언도, 모든 인간은 "비록 불분명한 방식으로나마 자기 속에 보편적으로" "도덕의 형이상학"을 가진다는 칸트의 문장을 입증해 준다.[29] 칸트의 이러한 가정에 대한 정당성을 입증하기 위해서는 '형이상학'을 한다는 부당한 요구를 단호하게 거부할 것인 이러한 저자들의 텍스트를 어느 정도는 꼼꼼히 살펴볼 필요가 있다.[30]

그러므로 인간의 행위는 고찰의 대상이며, 이 점에서 사유가 타인의 규정에서 상실되지 않고 자기 자신에게 있을 것을 요구한다면, 사유는 각 단계에서 행위를 자신의 의식적인 행위로 만드는 전제와 조건을 규명할 필요가 있다. 이때 사유는 취해 있는 것이 아니라, 통일체로서 의식이 있기 때문에 이러한 조건은 맥락을 제시함으로써 하나의 체계를 형성한다. 이 전체를 칸트는 '도덕형이상학'이라고 부르고, 이에 상응하게 이 책의 서문 첫 문장은 다음과 같다: "실천이성비판 다음에는 도덕형이상학의 체계가 뒤따라야 할 것이다 (…)."[31] 칸트는 이미 생존 당시에 이 제목

---

29 Kant, MdS, AB 11.
30 근래에는 예컨대 Hilgendorf, Jahrbuch für Recht und Ethik 11 (2003), 83면 이하 참조. 힐겐도르프는 인간의 자연주의적 관점을 형법에 추천하는데, 그 이유는 인간이 자연적 진화의 '한 결과'이기 때문이라는 것이다. 힐겐도르프는 아마도 이러한 통찰을 자연 자체가 우리에게 선물한 것이기 때문에 인식비판적인 검토는 더 이상 필요하지 않다고 믿는 것 같다. 그래서 그는 또 말할 수 있는 것인데, " (…) 가치 및 규범에 대해 근거를 제시하는 문제에서 자연주의적인 프로그램은 경합하는 공개 혹은 비밀의 형이상적 근거의 출발점보다 더 뛰어나 보인다."(101면). 이것이 바로 그를 관대한 암흑으로 감싸고 있는 비밀의 형이상학이다.
31 MdS, AB Ⅲ.

이 '위하적'[32]이고 또 이 점에서 독일어로 불명확하다는 것을 알고 있었는데, '도덕Sitten'이라는 말이 라틴어 '모레스mores'와 같이 '단지 예의범절과 생활양식'[33]을 의미하기 때문이다. 그렇지만 그것은 사유이며, 이 사유는 효과가 없는 것이 아니라 이에 상응하는 행위를 통해 삶의 현실로 새겨지는 것이기 때문에, 삶과 행위가 (그리하여 광범위한 이해에서 '도덕'이) 이성적이라면, 애매모호함은 명료함 앞에 굴복하게 된다.

그러면 칸트가 '법론의 형이상학적 기초원리'라고 부르는 것은[34] 결코 세상과 거리가 먼 법의 구조가 아니라 인간의 사유 자체가 기획한, 모든 인격의 자유로운 자기결정이 이 기획 안으로 통합되는 공동체 속에서의 자유로운 행위의 기본구상인 것이다. "그래서 법이란 한 사람의 자의가 타인의 자의와 자유의 보편법칙에 따라 공존할 수 있는 조건들의 총괄개념이다."[35] 이러한 맥락에서 정의 또한 잘 담보된 장소가 있다: 정의의 특징은 한편으로는 타인에 대한 관계에서 인격의 자유를 인정하는 행위이며, 정의는 또 한 국가에서 법적 상태의 형상을 만든다.[36] 그러므로

---

32 Kant, Grundlegung zur Metaphysik der Sitten (주 26), BA XIV.

33 MdS, AB X.

34 "(…) 형이상학의 기초원리"라는 언어적 제한을 칸트는, 법의 형이상학적 '체계'는 동시에 법사례들의 경험적인 다양성을 고려해야 하지만, 이와 관련하여 체계는 기대할 수 없는 것이라고(MdS, AB Ⅲ/Ⅳ) 설명한다. 이 점도 칸트 법론을 해석할 때 염두에 두어야 할 것이다.

35 MdS, Einleitung in die Rechtslehre § B, A B XXXIII.

36 상세한 것은 Köhler, ARSP 79 (1993), 457면; Zaczyk, ARSP-Beiheft 56 (1994), 105면 이하(한국어 번역은 자유와 법, 칸트 법철학의 현재성, 라이너 차칙/손미숙 역, 2021, § 5, 75면 이하 참조).

정의는 자유를 위한 인간 실천의 요소들 중 하나이다. 자유를 주장하는 것은 신의 지위를 차지함으로써 인간의 정의를 결코 신의 정의와 혼동하는 것을 의미하는 것이 아니다. 따라서 '그 자체를 위한 정의'는 '인간에게 타당한 행위'에 대립되는 개념이 아니다. 개념은 — 바르게 숙고한다면 — 인간에게, 정의 속에서 자신의 행동을 통합하는 과제인 동시에 능력이라는 것 외에는 다른 의미를 전혀 가질 수가 없다. 이러한 한계에서, 하지만 또 이러한 힘을 가지고 정의의 집은 법인 것이다.

Ⅳ. 인간에게 타당한 형벌

이러한 고찰점으로부터 뤼데르센 기념논문집에 실린 에저의 논문을 회고해보면 그의 숙고의 기본맥락은 이중의 방식으로 유지되고 강화되고 있다.

1.

법에서 개인의 핵심 위치에 대한 '신조' 속에 들어 있는 진술하는 것과 진술된 것의 간격은 없어졌으며 사유적으로 필요한 관계로 변형되었다. 이것은 — 일관되게 사유에 머문다면 — 개개인이 법(자신의 법 또는 타자의 법)에 대해 타당하게 말하면서 개개

의식의 이러한 통일체를 포기하거나 기만하는 것은 전혀 있을 수 없다. 세계에 관한 숙고의 이 지점을 획득해야 비로소, 자유를 부정하는 것이 아닌 자유를 보장하는 사회 공동체의 형태들을 전개하고 파악할 수 있다; 개체의 근원적인 통일체는 사회의 형태들 속에 항상 존재해야 한다. 그러므로 법이 개인을 그 중심에 두는 것은 어떤 신조Bekenntnis를 근거로 하는 것이 아니라, (단순히 경험적인 것이 아닌) 인식Erkenntnis을 근거로 한다.

2.

이러한 근원으로부터 인간에게 타당한 형벌의 개념으로 귀결되는 고찰을 하는 것은 더 어렵고 또 더 광범위한 형태로 될 필요가 있다. 말하자면 이렇게 과정들이 길어질 때에는 형법에 대한 칸트의 공식과 결론을 화석화된 최종언명처럼 그렇게 토대로 삼을 수가 없다. 앞의 각주 14에서 인용한 바와 같이, 칸트는 그의 숙고가 잠정적인 것임을 인식하였고, 이에 관해서도 명시적으로 언급하였다. 따라서 해석을 할 때에는, 어쩌면 '타당한' 형벌을 바로잡는 규정을 할 수 있기 위하여 비판적인 법철학의 기본 사상을 그 근본 요소들 속으로 항상 함께 가지고 갈 것을 칸트 스스로 요구하였다.[37] 이러한 근거를 밝히는 과정은 현재 형법학에서

---

37 그리하여 가령 ― 칸트의 발언과는 상반되게 ― 사형은 법적 형벌로서 자유법칙적으로 근거를 밝히는 법관계 속에서는 근거를 찾을 수가 없게 된다; 이러한 사상적 토대 위에서 사형에 대한 고찰은 손미숙, 사형제도에 대한 법철학적인 고찰, 비교형사법연구 제13권 제2호 (2011), 44면 이하 참조.

자유법칙적인 법개념과 형벌개념을 주장하는 학자들의 저서에
서 여러 차례 소개된 바 있다.[38] 그럼에도 여기서는 그냥 넘어갈
수 없기 때문에 필자의 관점에서 다시 한 번 간략하게 설명하고
칸트적 관점에서 본 추가적 입장을 지적해 두어야 할 것이다:

'인간에게 타당한 형벌'의 첫째 요건은, 인간에게 정당한 것
이어야 하는 법상태 그 자체의 존재이다. 이것은 진부하게 들릴
수도 있지만, 오늘날 이 세계의 전개를 본다면 당연한 것이 아니
다. 이러한 법상태의 제1 원리는, 국가에서 그리고 국가들의 관
계에서 인간의 법적 자유이어야 한다. 이렇게 구체화되고 광범위
하게 보장된 ('정당한') 토대로부터 비로소 인간에 의해 실현된
불법의 형태에 관한 물음을 제기할 수 있다. 이러한 출발점만으
로도, 여기서도 인격적 불법을 그 차원들에서 (바로 행위자와 피해
자 간의 사건으로서도) 적절하게 이해하는 에저의 관심사가 유지되

---

38 앞의 주 5에서 언급한 텍스트 외에도 Kahlo, Die Handlungsform der
Unterlassung als Kriminaldelikt, 2001, 특히 181면 이하; 다른 데 강조
점을 둔 것은 Rath, Das subjektive Rechtfertigungselement, 2002, 특
히 347면 이하도 참조; Gierhake, Begründung des Völkerstrafrechts
auf der Grundlage der Kantischen Rechtslehre, 2005; Kleszewski,
Die Rolle der Strafe in Hegels Theorie der bürgerlichen Gesellschaft,
1991; Noltenius, Kriterien der Abgrenzung von Anstiftung und mit-
telbarer Täterschaft, 2003; Zaczyk, Das Unrecht der versuchten Tat,
1989, 특히 126면 이하. — '젊은 세대의 학자들'이 '미래를 향한(원문 그
대로!) 형법론'에 그들의 노동력이 사용될 수 있을 텐데도 불구하고 이러한
기본 논법에 끌린다는 것에 대한 스트라텐베르트Strathenwerth의 놀라움은
(FS für Lüderssen, 373면, 381면) 학문의 기이한 단순성을 보여준다: 미
래를 향해 나아가는, 그러나 미래의 품에 몸을 던지기를 원치 않는 자는 자
기 행보의 이유를 확실하게 하는 것이 좋다.

었고 개념적으로 파악될 수 있다는 것이 분명해진다. 왜냐하면
자유를 중심으로 한 이해에서 법은 행위기준에서 전개되는 두 사
람 간의 실제 관계이며, 이 관계는 인간들의 삶을 외적인 당위규
범의 체계로서 규정하는 것이 아니라 그들의 의식적인 삶의 일부
이기 때문이다. 이러한 배경 위에서 불법의 다양한 등급이 있는
지 그리고 더 이상 불법을 행하는 자와 불법으로 고통받는 자 간
의 개인적인 ('민사상의') 문제로 이해할 수 있는 것이 아니라, 법
공동체 전체의 반응을 요구하는 그러한 불법인가 하는 문제를 풀
어낼 수 있다.[39] 이러한 반응을 통상 형벌이라고 부르지만, 형벌
은 법개념으로서 설명할 필요가 있다. 그렇지만 그러한 반응으로
서의 형벌을 '해악' 혹은 타인에게 그저 해악을 부과하는 '불행
한 것'으로 파악한다면 적절하게 규정되지 않았다.[40] 법개념으로
서의 형벌은 그 안에 들어 있는, 법강제로서 (자유법칙적인 의미에
서) 입증된 인격의 법지위의 저하가 중심이 될 때에 비로소 규정
되는 것이다.[41] 이것을 '해악'으로 받아들이는 것은 그(= 형벌의)
결과이지 그 근거가 아니다.

　　그렇지만 이러한 근거는 형벌 개념으로 이미 획득한 것은 아

---

39 이에 관하여는 E. A. Wolff, in: Hassemer (편), Strafrechtspolitik, 1987,
　　137면, 162면 이하 참조.
40 이것은 칸트 자신의 규정에도 반하는 것이다: "형법은 신민권자에게 그의
　　범죄를 이유로 고통을 부과하는 명령권자의 권리이다." MdS, A 195/B
　　225.
41 이에 관하여 더 상세한 것은 Köhler, Begriff der Strafe, 1986, 44면 이하;
　　동저자, AT (주 5), 48면 이하; 일반적인 법강제와의 구분으로는 동저자, in:
　　Kahlo 외 (편), Fichtes Lehre vom Rechtsverhältnis, 1992, 93면 이하.

니다. 무엇 때문에 인격의 법지위가 강제로써 저하되어야 하는
가? 모든 인간에게 해당하는 법에 대한 자유의 구상을 통하여 살
펴본 결과 칸트 논거의 중요성은 목적으로부터 근거를 찾는 형벌
에 대해 더 분명해진다: 많은 사람에게 유익한 (예컨대 법의식의 강
화와 같은) 것으로부터만 각 개인에 대한 권리를 이끌어내는 것은
있을 수 없다;[42] 개개인을 미성숙한 사람으로 취급하여 그에 대
한 교육권을 인정하는 것 역시 있을 수 없다. 이 두 경우에 개개인
은 법의 주체로 취급당하는 것이 아니라, 객체로 취급되는 것이
다. 인간은 목적 그 자체로서 타인의 목적을 위한 프로그램에 고
려될 수도 없으며, 고려해서도 안 된다. 가령 록신이 제안하는 것
과 같은 순수한 예방형법은[43] 전체 공동체에, 결국은 각 개인에
게도 모호한 호의인 것이다. 그러나 이 예방형법은 개개인을 그
의 자기결정적인 자유에서 인지하지 않기 때문에 '인간에게 타
당한' 것이 아니다. 행위가 이성적 존재의 표시로서 진지하게 받
아들여질 때에 비로소 그 행위와 함께 형벌을 위한 연결점도 존
재하며, 형벌은 이렇게 해야만 확고한 기준을 얻는다.[44·45]

---

42 이것은 목적만으로 모든 형벌의 근거를 제시하는 것에 대한 칸트의 설득력
   있는 이의이다. MdS, A 196/B 226 참조: "(…) 그 이유는 인간은 결코 타
   인의 목적을 위한 수단으로서 취급될 수 없고 물권법의 대상이 될 수 없기
   때문이며, 이에 반하여 그의 생래적인 인격성은 비록 그가 시민적 인격성을
   상실할 선고를 받을 수 있다 하더라도 그를 보호해준다. 이 형벌로부터 그
   자신 또는 같은 국민을 위하여 여러 이익을 끌어내는 것을 생각하기 전에
   먼저 그는 형벌을 받을 상태에 있지 않으면 안 된다."
43 AT (주 9), § 3 난외번호 37 이하.
44 이 원리의 (본질적인 의미만 지닌) 책임원칙에 대한 영향은 명백하며 이 글
   에서 필자가 취하는 것과 유사한 입장을 취하지 않는 학자들에 의해서도 인

그렇지만 나중의 행위(형벌)를 앞선 첫 번째 (범행)행위와 타당하게 연결하는 어려움은 남는다. 칸트는 이러한 연결의 가능성, 즉 필요성을 확신하였다. 이 필요성을 각 단계에서 해석하면서 설명하기 위해서는 별도의 상세한 논문이 필요하다. 그럼에도 여기서는 칸트의 개념성에서 이러한 근거를 개략적으로나마 정리해 보고자 한다.

칸트에 의하면 형법은 정언명령이다.[46] 이 공식이 놀라운 것은, 칸트가 정언명령을 실천철학의 기초가 되는 저서들에서 도덕원리로서 단수로 소개하였기 때문이다.[47] 정언명령은 절대적으로 요구되는 명제로서, 이 명제는 그러한 행위를 의무로 만든다. 이 규정에서 명령을 칸트가 알고 있었던 것처럼 단순히 법으로 옮길 수는 없는데, 법에서 문제는 하나의 세계에서 서로 만나는 다수 주체들의 외적인 행위에 관한 것이기 때문이다.[48] 정언명령만으로는 여기서 요구되는 것을 해낼 수가 없으며, 왜냐하면 정

정되고 있다. 가령 NK-Paeffgen, vor § 32 난외번호 208, 209 참조.

45 이 기준 역시 사유적인 작업을 필요로 하며, 그 본질이 단순한 재응보가 아니라는 것은 자명해야 할 것이다; 이에 관하여는 Köhler, AT, 578면 이하 (Kap. 10 I) 참조.

46 MdS, A 196/B 226.

47 Kant, Kritik der praktischen Vernunft, 칸트 전집, 제6권 (주 12), § 7, A 54: '순수실천이성의 근본법칙'으로서의 정언명령; Grundlegung zur Metaphysik der Sitten, 칸트 전집, 제6권, BA 52: "그러므로 정언명령은 오직 하나 (⋯)."

48 "법의 보편원리"의 공식, MdS, Einleitung in die Rechtslehre, § C, AB 33 참조: "행위가 또는 그 행위의 준칙에 따른 각인의 의사의 자유가 모두의 자유와 보편법칙에 따라 공존할 수 있는 모든 행위는 법적이다."

언명령은 개개인의 자유에 대한 근거를 밝히지만, 개개인의 자유
는 다른 모든 타인을 위한 보편적인 법명제를 제공할 수 없기 때
문이다. 그러므로 법적-실천이성은, 칸트가 재차 언급한 바와 같
이,[49] 좁은 의미의 도덕과 구별되는 독자적인 법칙성을 가지고
있다. 많은 주체들의 자유를 보장하는 근본 법명제들은 선험 명
제들인데, 이것들은 이성법칙이기 때문이다.[50] 그런데 이러한 법
명제들은 체험으로부터는 보편화할 수 없으며 (왜냐하면 경험론으
로 이해한 체험에서는 법과 불법을 전혀 구별해 낼 수 없기 때문이다), 오
히려 실천적 앎의 요소들로서 행위의 현실을 특징짓는 명제들이
다. 선험적 명제 역시 정언명령인데, 그것은 선행하는 조건들 없
이 개개인의 의사와 일어나야 할 행위를 연결하기 때문이다.[51] 의
지는 원리들에 따라 행위할 수 있는 능력이다.[52] 그러나 일정한
행위가 의사와 반드시 결부되어 있다는 것은 의사 그 자체의 개
념에는 아직 들어 있지 않다. 정언명령이 이러한 연결을 해내기
때문에 (정언명령은 가령 타인을 도울 것을 절대적으로 명령한다), 종합
적-실천명제이다.[53] 칸트가 이 점에서 정언명령으로서의 형법인
동시에 그러나 법적-정언명령이어야 하는 형법에 관하여 언급

---

49 예컨대 MdS, § 7 (AB 71), § 17 (AB 92) 참조.
50 MdS, § 6 (AB 63).
51 Grundlegung zur Metaphysik der Sitten, 칸트 전집, 제6권 (주 12), BA
   40 참조.
52 Kant, Grundlegung zur Metaphysik der Sitten (주 26), BA 36.
53 Kant, Grundlegung zur Metaphysik der Sitten (주 26), BA 50 mit
   Anmerkung*.

할 때는 일차적으로는 법적-정언명령을 통해 외적 행위(범행)가
다른 행위(형벌)와 무조건 연결된다는 것을 암시한다. 그렇지만
이러한 연결의 독자적인 근거를 제시하는 것은 범죄 개념 하나만
으로는 형벌 개념을 도출해 낼 수 없기 때문에 그래서 필요한 것
이다. 하지만 범죄는 이성적인 개인들(행위자와 피해자) 간의 상호
인격적인 사건으로서 이미 한 사건이며, 이것은 그 파악을 위한
일정한 법적 기준을 전제로 한다; 단지 경험적으로 일어난 일로
서는 범죄를 타당하게 파악할 수가 없다. 칸트가 말한 자연상태
에서의 소위 임시적인 소유권 취득과 유사하게[54] 범죄도 (부정적
인 것으로서) 법적으로-임시적 성격을 갖는데, 그것은 원칙적으로
이성적인 존재들 간의 사건으로서 이미 법적-실천이성의 기준
에 의해서 성격이 규정되었기 때문이다. 부정적인 것으로서 범죄
는 상쇄를 요구한다. 이러한 상쇄는 자연상태의 단계에서는 타당
하게 이루어질 수가 없다; 그렇게 된다면 — 헤겔이 제대로 본 것
처럼 — 그 자체가 반작용으로 유발되고 무한으로 반복될 단순한
복수Rache가 될 것이다.[55] 범죄를 법적인 자유의 침해로 이해하는
관점에 인간들 간 법상태의 전개를 위한 동인이 있다. 왜냐하면
여기서 범죄의 상쇄는 정당하고 합법적인 상쇄이어야 하기 때문
에 발생한 불법은 그 자체가 스스로 법상태의 존재를 요구하고,
이 법상태에서 범죄가 상쇄될 수 있기 때문이다. 그러므로 발생

---

54 MdS, AB 74이하 (§ 9).
55 Hegel, Grundlinien der Philosophie des Rechts (주 13), § 102.

한 범죄에서 또 공법의 요청을 위한 접점을 찾고, 국가 이전의 상
태를 벗어나 공-법적인 (시민) 상태로 들어가는 것이 필요하다.[56]
(이러한 요청에 대한 다른 접점은 국가에서 비로소 보장되는 소유권이다)
이러한 관계 또한 형법은 정언명령이라는 공식 뒤에 감추어져 있
다. 여기서 형법을 정언명령이라고 말하는 이유는 형벌권은 '명
령권자'의 것이다(명령권자를 여기서 절대 군주로 이해해서는 안 된다)
는 칸트의 언명과 연결시키기 위해서이다.[57] 예컨대 '실천법칙'[58]
이라는 표현에서와는 달리 '형법' 개념은 (칸트에 의하면) 공법의
첫 단계, 국가를 말한다. 두 개의 외적 행위들 '형벌'과 '범죄'의
연결(종합)은 모든 종합처럼 오로지 제3의 것에서만 타당하게
(최종적으로) 이루어질 수 있으며,[59] 여기서는 국가의 포괄적인 통
일체(좁은 의미의 법상태) 안에서이다. 그러므로 형법에서 법적-실
천 이성은 법의 정언명령을 통하여 두 개의 외적 행위들을 그 밖
의 조건들 없이 연결하고 이러한 방식으로 확장한다. 형법은 선
험적 종합 법명제이다.[60] 그렇지만 이것으로 형법도 법적-실천

---

56 MdS, A157, 158/B 156-158 (§ 42).
57 MdS, A 195/B 225.
58 이것을 칸트는 일반적으로 정언명령이라고 부른다; 예컨대 Grundlegung
   zur Metaphysik der Sitten (주 26), BA 50 참조.
59 Kant, Kritik der reinen Vernunft, 칸트 전집, 제3권 (주 12), B 130,
   131.
60 이러한 해석의 결과는 형벌권의 근거는 궁극적으로 도덕에 속하는 것으
   로 파악하는 회폐Höffe의 전제뿐 아니라(Kategorische Rechtsprinzipien, 1990,
   215면 이하, 228면, 243면), 형법은 '사실 가언명령'이라고 하는 벡치Becchi
   의 전제(ARSP 88 〔2002〕, 549면, 556면)를 논박한다. 이 두 저자들의 논
   증에 대한 상세한 분석을 여기서는 할 수 없다.

이성의 전 영역 안으로 들어온 것으로 이해할 수 있다; 형법은 관련된 사람들을 광범위한 보편성 속에서 연결하는 공-법적인 상태에서 실현되어야 그래야 범죄를 상쇄하는 동시에 평화를 되찾는 힘을 펼칠 수 있다.[61]

이렇게 해서 형벌은 범죄와 그 범죄를 정당하게 상쇄하는 법적-실천이성의 요구로부터 그 근거가 밝혀졌다.

V. 결어

지금까지 설명한 것과 같은 논증은 자유의 개념을 이미 많은 이들이 (물론 언급한 비판 이전의 의미에서) '형이상학'이라고 여기는 시대에는 자발적인 동의를 기대하기가 쉽지 않을 것이다; 그리고 선험적인 법명제들은 쉽게 "구속력 없는 '철학적 발견'"[62]으로 매도되는 위험에 처할 수 있다. 하지만 스스로를 법치국가적이라고 파악하는 현재의 형법적 사고는 역사적 관점에서도, 더 나아가 사안에서도 토대가 되는 기초들과 너무 빨리 작별해

---

61 이러한 이유에서 칸트는 말할 수 있는 것이다: "인간들 간의 국가체제의 순전한 이념은 이미 최고 권력에 속하는 형벌의 정의라는 개념을 가지고 있다." MdS, B 170(강조는 원문).

62 알바르트Alwart는 투겐트하트Tugendhat를 근거로 순수이성의 전 개념을 이렇게 처리하고 있다(Jahrbuch für Recht und Ethik, 11 [2003], 127면, 137면).

서는 안 된다. 형벌의 정당성에 대한 근거는 칸트가 (비판적으로 이해한) 형이상학이라고 불렀던 차원 없이는 밝혀낼 수가 없다. 이것을 포기하는 것은 사유하는 것을 포기하겠다는 것에 다름 아닐 것이다.

§11 형법을 제한하는 원칙으로서의
관용에 대한 요구?* **

I.

이 글의 제목에 있는 (학술행사 주체측이 달아준) 물음표는 단지
한 주제의 개막이라기보다는 더 많은 것을 나타내준다. 아울러
문제 제기를 해야 할 것은 법개념 자체로서의 '관용에 대한 요구'
개념이다. 그 이유는 어쨌든 독일 형법상 완성된 개념으로서의
'관용에 대한 요구'는 존재하지 않기 때문이다. 그러므로 여기서
는 형법과 관용에 관한 맥락 없이 갑자기 궤변을 늘어놓을 수도
없으며, 구체적인 문제들(가령 명예보호에서 관용과 표현의 자유; 종교

---

* 이 글은 Toleranz als Ordnungsprinzip? Die moderne Bürgergesell-
  schaft zwischen Offenheit und Selbstaufgabe, Christoph Enders/
  Michael Kahlo (편), 2007, 235-242면에 수록된 것이다.
** 이 글은 학술대회에서 발표한 강연문을 보완한 것으로서, 체계적으로 완전
  하게 전개되고 학술-문헌적으로 보장된 논법이 아니기 때문에 그래서 각주
  도 최소한으로 국한하였다.

단체의 관용과 비방 등)을 설명할 수도 없다. 왜냐하면 이러한 개별 문제들은 법 자체인 형법의 문제이기 때문이다; 이것은 법에서 경계를 정하는 문제로서 때로는 법리적인 현안에 관한 세부 사항의 형태이기 때문에 결코 법과 관용의 관계에서 관용에 관한 명확한 개념의 문제가 아니다. 그러므로 정말 독자적으로 생각할 수 있는 관용에 대한 요구가 형법에서 혹은 형법을 위해 존재하여야 하는가의 문제에 관한 검토는, 먼저 개념에 대한 설명을 전제로 하고, '관용'은 무엇을 의미하며 법과의 관계에서 무엇이고 또는 무엇일 수 있는가를 밝혀야 한다. — 그렇지만 '관용에 대한 요구'를 말하면서 이미 고찰이 고려해야 하는 영역도 아주 적절히 암시되었는데, 요구의 개념에는 당위가 나타나기 때문이다. 그러나 이것으로 처음부터 분명한 것은 사유상 실천철학의 영역에서 움직이고, 제시한 규정들이 그 조건들을 충족시켜야 한다는 점이다.

또한 근대가 여기서부터(= 이 관점으로부터) 실천을 생각할 수 있는 그 관점을 특징짓기 위해서는 어떤 사전설명이 필요하다. 서구 사유의 역사를 자기 자신에 관한, 동시에 자기 자신으로 인한 사유의 진보적인 해명의 과정으로 이해한다면, 이 과정은 확고함과 근거를 인격의 자의식이라는 곳에서 획득했어야 했으며, 이 장소가 자기계몽을 이루어내고 이곳에서 자기계몽을 직접 경험할 수 있다. 이것이 실천철학에 의미하는 바는 각 주체가 실천적 정당성의 근거를 밝히는 데서 핵심적인 의미를 지녀야 한다는 것이다. 각 개인이 무엇인지 그 최종 근거는 타인의 명령에 있을

수 없고, 개개인은 어떤 경우에도 스스로에 의해서 공동의 근거
라고 생각될 수 있어야 한다. 인간 주체는 자율적이며, 자기입법
적이다. 그래서 관용에 대한 요구가 존재한다면 그것은 각 주체의
인식과 결부될 수 있어야 하고, 주체의 자기근거에서 입증해 보
이지 않으면 안 된다. — 이러한 관용에 대한 요구의 독자적인 의
미를 탐구하기 위해서는 일차적으로 관용과 법을 근대에 타당한
관계 속으로 두어야만 한다; 여기서 또 유럽정신사의 긴 과정도
알게 될 것이다.

Ⅱ.

1.

관용은 그 의미가 '참는 것'과 '견디어 내는 것'으로서 원래는
전쟁에서 입은 고통과 관련된 것이었다.[1] 수백 년이 지나면서 개
념의 내용은 말하자면 세상의-육체적인 전장에서 정신적인 전

---

1 개념사에 관하여는 무엇보다도 G. Besier/K. Schreiner의 '관용'에 관한 항
목, in: O. Brunner/W. Conze/R. Koselleck (편), Geschichtliche Grund-
begriffe, 제6권, 1990, 445면 이하; G. Schlüter/R. Grötker, Toleranz,
in: J. Ritter/K. Gründer (편), Historisches Wörterbuch der Philosophie,
제10권, 1998, 문단번호 1251 이하 참조. 그 밖에도 R. Forst, Toleranz
im Konflikt, 2003, 53면 이하(이 책에 대해서는 Th. S. Hoffmann,
Philosophische Rundschau, 2006, 169면 이하).

장으로 옮겨졌다: 즉 개념은, 인간의 절대자에 대한 구속으로서
의 종교가 그들의 다양한 형태들에서 어떻게 생활 형식과 더불어
인간의 만남의 방식 또한 한 삶의 공간에서 화합하도록 하는가의
문제를 규정했다. 이러한 문제의 해결은 또 인간의 사회적 삶에
절대자의 직접적인 영향이 약해지는 경우에도 자기결정적인 각
인격의 중요성이 점점 더 부각됨으로써 촉진되었다. 결국 이것은
한 사람의 '종교'와 타인의 '종교'라고 말할 수 있었으며, 사고의
귀결상 이를 상호적으로 받아들이고 참아야 했던 것으로 발전될
수밖에 없었다. 그러나 이것은 결론적으로 정말 쉽게 묘사할 수
있는 사상적인 전개이다. 역사의 전개 또는 삶의 현실에서의 전
개는 알려진 바와 같이 훨씬 더 고통스럽다. 왜냐하면 종교는 통
일을 이루어냈던 것이 아니라 차이로서 경험할 수 있었으며, 이
차이는 전쟁으로 해결되었기 때문이다. 여기서 관용의 개념 또한
어려움과 한계를 보여준다: 관용은 사실 자신의 신앙에 대한 확
신이 약하다는 표시는 아닌가? 관용은 상호성을 전제하는가, 아
니면 타종교에 대한 배척도 묵인하라는 것인가? 실천적 관용에
는 더욱이 타인에 대한 월권은 없는가?[2] 그리고 종교와 관련된
관용의 개념은, 특히 19세기와 20세기에는 점점 더 절대자에게
구속된 것으로 이해하지 않는 전체로서의 인간의 한 삶에 ─ 이
것은 벌써 현재의 관점으로 바뀐 것으로서 ─ 결국은 어떤 의미

---

2 그래서 칸트는 관용을 '거만한 이름'이라고 부른다; I. Kant, Beantwortung
  der Frage: Was ist Aufklärung?, 10권 전집, W. Weischedel (편), 제9
  권, 60면(A 491).

를 가질 수 있는가?

2.

여기서 법개념의 정신사적인 발전에 대한 고찰로 넘어가는 것은 유용할 뿐 아니라 필요하다. 고대에서 법은 각 개인을 아우르고 있는 일반 질서의 부분요소였다. 이렇게 이해되고 살아온 관계 속으로 ― 헤겔이 탁월하게 표현한 바와 같이 ― 자유로운 유한한 인격의 심오한 원리가 들어왔다.[3] 현재의 서양 혹은 '서구'는 역사적으로 막강한 이러한 변혁과 성공이 근본적으로는 기독교,[4] 즉 한 종교의 덕택이라는 것을 잊어서는 안 될 것이다. 법은 오랫동안 그 속에 인간과 신의 의사 또는 달리 말하면 개개 인격과 절대자의 관계를 담는 것으로 생각되었다. 18세기 계몽에서 근대의 인격 개념은 절대자로부터 해방되었으며, 아무튼 인간의 피상적인 자아상에서 절대자로부터 해방되었다. 인격의 자기 근거인 자율성은 법의 궁극적인 토대가 되었고, 포괄적 공동체인 '국가'는 그 근거를 주로 계약이론에서 찾아야 했다.

이렇게 인격의 자율성, 인간의 자유와 관련시킨 법의 논증에는, 관용의 개념에서는 부차적으로만 문제시되었으며 이 개념을 가지고는 또 타당하게 해결될 수 없었던 것이 들어 있었다: 즉 타

---

3 G. W. F. Hegel, Grundlinien der Philosophie des Rechts, in: E. Moldenhauer/K. M. Michel (편), 20권 전집, 제7권, 24면.

4 이에 대해서는 Arnulf von Scheliha의 글, in: Toleranz als Rechts-ordnung, 109면 이하도 참조.

자의 승인(= 인정)은 더 이상 주체가 추가적으로 이루어내야 하는
가령 덕과 같은 어떤 능력이 아니라 법 자체의 구성조건이었으
며, 타자의 존재 자체로 인하여 이미 요구된 것이었다. 이러한 전
개는 관용의 개념을 확언하는 동시에 법을 위해서도 해결되어야
만 했던 것이다. 타인의 종교적인 확신에 대한 관용은 강제되었
다. 그러나 법관계에서는 허용에서 승인이 되었다는 괴테의 발언
이 들어맞았다.[5]

괴테가 여기서 허용에서 승인이 되어야 한다고 할 때는 관용
으로부터 관용이 되어야 한다는 것을 말하는 것이 아니다. 승인
은 피히테의 법철학에서 나오는 한 개념이다.[6] 이 개념을 가지고
피히테는 상호 간의 외적인 자유를 토대로 한 대우함과 대우받음
으로부터 자의식이 어떻게 추론되고 구성되는지를 설명하였다.
여기서 중요한 것은 실제의 외적인 자유로움이기 때문에 승인 개
념은 타자의 확신을 반대하지 않는다는 내용이 담고 있는 관용의
정당한 형태보다 훨씬 더 많은 것을 포함한다; 상호적인 사상의
자유에 대한 전제하에서 이러한 '관용'에는 실천 능력이 존재하

---

5 J. W. Goethe, Maximen und Reflexionen, in: 동저자, Werke. Hamburger
　Ausgabe, 제12권, 1981/1998, 385면: "관용은 사실 지나가는 일시적인
　심정이어야 한다: 그것은 승인에 이르도록 해야 한다. 견딘다는 것은 불쾌감
　을 준다는 것을 의미한다."
6 이에 대하여는 J. G. Fichte, Grundlage des Naturrechts nach
　Prinzipien der Wissenschaftslehre, §§ 1-4; M. Kahlo/E. A. Wolff/R.
　Zaczyk, Fichtes Lehre vom Rechtsverhältnis, 1992; 그 밖에도 개념에 관
　하여는 L. Siep, Anerkennung als Prinzip der praktischen Philosophie,
　1979 참조.

지 않는다. 승인은 타자에게 그의 활동적인 삶에서 여지를 주는 것을 말하는데, 그렇지 않으면 타자는 자기를 전혀 주체로서 경험할 수 없고 획득할 수 없기 때문이다. 그러므로 자유와 법 그리고 상호성은 서로 지시관계에 있으며, 하나는 다른 것들 없이는 결코 생각할 수가 없다.

3.

법개념에 대한 이러한 확신을 하고 난 후에야 비로소 이제, 여기서는 개별적으로 설명하지 않는 단계들에서 침해와 관련하여 형벌권을 작동시키기 위해서는 어느 정도의 침해가 있어야 하는가를 보여줄 수 있다.[7] 여기서 보여주고자 하는 관계를 위해서는 법과 불법의 경계에 대한 규정은 오로지 법개념으로부터 나와야 하지만, 또한 확정되어 있다는 지적으로 충분하다. 가령 타인에게 강제로써 불법을 묵인하라는 요구는 그 자체가 불법일 것이다; 개개인이 이러한 요구를 스스로에게 하고 또 그 결과를 감당하는가는 도덕의 영역에 속한다.[8]

그렇지만 관용의 개념이 지금까지의 규정에 따라 법에 대한

---

7 이에 관한 근본적인 것은 E. A. Wolff, Die Abgrenzung von Kriminal-unrecht zu anderen Unrechtsformen, in: W. Hassemer (편), Straf-rechtspolitik, 1987, 137면 이하, 특히 162면 이하 참조.
8 그렇지만 이러한 '관용'이 자기비하의 정도에 이르렀다면, 그럼에도 불구하고 (모든 인격 안에 있는 인류의 권리에 대한 침해로서) 법의 문제가 될 수 있다; 이에 대해서는 Kant, Metaphysik der Sitten, 제7권 (주 2), AB 48(Einleitung der Metaphysik der Sitten überhaupt) 참조.

본질적인 의미를 지니고 있지 않다면, 이 개념은 어떤 보충적이고 강화시키는 의미를 지니고 있는가? 그리하여 '관용에 대한 요구'는 이 글의 주제에서 개념으로 제시되었던 것처럼 법적-실천이성의 사고 관계 속으로 정돈할 수 있으며, 법과 동시에 형법의 확장된 이해에 대한 결론도 가질 수 있는가?

Ⅲ.

1.

이러한 문제 제기에 대한 대책을 강구하는 데서 법의 중심개념인 인간의 자유는 더 자세히 살펴볼 필요가 있다. 칸트는 이 중심개념을 근본적으로 완성한 사람이었으며, 여기서는 그의 사상과 연결되어야 할 것이다. 인간의 자유는 인간의 자기결정 능력을 통해 경험할 수 있다. 인간의 자유는 사유과정 속에서 일어나며, 이 과정에서 주체는 자신의 의사를 명령을 통해서 규정하고 그리하여 생각을 행위로 실행한다. 일반적으로 명령을 통하여 의사결정을 유도하는 경우에 (그러니까 정언명령에서만이 아니라) 칸트는 항상 실천이성의 수행능력을 부각시켰으며, 이 능력은 실천이성에게 당위를 납득하게 할 뿐 아니라 또한 자신의 통찰에서 나온 의지가 통찰한 것을 행위로 옮기도록 한다. 그런데 여기서 칸트는 또 자기결정에서 인간의 나약함도 염두에 두었다.[9] 오로지 이러한 근거에서 그는 인간의 의지와 같은 의지에서 명령에 대해 말하며, 인간이 그 의지를 인식한다는 단지 그 이유만으로 인간이 올바르게 행동하는 것은 아니다. 이에 아주 상응하게 칸트는 준칙, 즉 행위자의 주관적 원칙을 기본원리로서 규정하며, 이 원리에 따라 주체가 실제로 행위하고, 이러한 원리의 내용은 흔히 주체의 무지 또는 성향에서 기인하는 것이지, 이성에서 기인하는 것은 아니라고 한다.[10] 『도덕형이상학』의 법론에서도 사법에서 시민상태로 이행하는 근거를 제시하면서 타인에 대해 주인 노릇을 하려는, 즉 타인에 대해 잘난 체하는 인간의 성향을 지적하였다.[11] 그리고 마침내 『세계시민적 관점에서 본 보편사의 이념』에 나오는 휜 목재로 만든 인간성에서 곧은 것이 될 수 없다는 칸트의 문장은 잘 알려진 바이다.[12]

이 모든 것은 결코 상대화하려는 지적이 아니며, 이는 우리에게 자신의 실패를 (그것이 도덕에서든, 타인에 대한 법관계에서든 간에[13]) 인간의 본성적인 나약함을 지적하면서 잊도록 할 것이다.

---

9 이에 대해서 그리고 뒤에서는 Kant, Grundlegung zur Metaphysik der Sitten, 제6권 (주 2), BA 36 이하 참조.

10 Kant, Grundlegung zur Metaphysik der Sitten, 제6권 (주 2), BA 51, 주*.

11 Kant, Metaphysik der Sitten, 제7권 (주 2), § 42(AB 157).

12 Kant, Idee zu einer allgemeinen Geschichte in weltbürgerliche Absicht, 제9권 (주 2), 6. Satz, A 397.

13 또 법에서 관건이 되는 것은 개개인의 능력 없이 이루어진 외적인 합법성이 아니다; 법 또한 법적-실천이성의 능력에서 기인하며 이것으로 ─ 어떻게 매개되든 ─ 각 인격의 실천 능력에 근거를 두고 있다. 이에 대해서는 필자의 Einheit des Grundes, Grund der Differenz von Moralität und Legalität,

그런데 칸트가 자율성의 논증맥락에서 인간의 나약함을 이성원리의 규정에까지 들고 간다는 사실은 이로부터 또 상호인격적으로 중요한 결과를 도출하는 계기가 된다: 인간과 같은 유한한 이성존재 간의 만남은 이성에서 나오는 상호적인 자기결정에 대한 앎이 기본이 된다. 그렇지만 정신적 힘의 상호적 능력에 대한 이러한 앎과 마찬가지로 중요한 한 인식은 결부되어야 하는데, 그것은 바로 인간의 현존재와 분리할 수 없는 관계에 있는 인간의 나약함에 대한 인식이다. 관건이 되는 것은 타자의 나약함이 아니며, 이것은 교만만 초래한다. 중요한 것은 자신의 나약함에 대한 반성적 인식이다. 이것은 곧 좁은 의미의 도덕에서든, 법에서이든, 실천이성의 입법에 관한 모든 사고를 본질적으로 수반하는 요소이다: 양자의 행위특성에는 인간의 나약함에서 문자 그대로 쟁취한 능력이 들어 있다 — 그러니까 가령 완전한 자유의 전 단계로, 그 완전단계는 인류를 장차 모든 조건으로부터 자유로워지게 하는 것으로 보아서가 아니라, 인간으로서의 존재와 밀접하게 연결되어 있는 것으로 보아서이다.

내가 나를, 즉 나의 실천적 능력에서 본다면, 나는 — 칸트가 『실천이성비판』의 결어에서 매우 인상적으로 표현한 바와 같이 — 예지적 존재로서의 나의 가치를 무한히 높이는 것을 알 수 있으나,[14] 이러한 높임은 또한 나의 현세의 삶에서 나의 유한한 인

Jahrbuch für Recht und Ethik 2006, 312면 이하(한국어 번역은 이 책 § 7) 참조.

14 Kant, Kritik der praktischen Vernunft, 제6권 (주 2), Beschluss(A 288

간-존재 및 이로 인하여 항상 현존하는, 조건화된 나약함과 불가분의 관계에 있다는 점도 알아야 한다. 이러한 제약성하에서 올바른 것의 척도는 이성에 의해 규명되고 나에 의해 실현된다. 내가 나를 위해서 이것을 인식한다면, 나는 타자를 위해서도 이것을 인식하는 것이다. 타자에 대한 이러한 관계의 차원에서야 비로소 이 인식은 법적-실천이성의 영역에 다다른다. 왜냐하면 이때 일거에 법적 관계를 만들어내는 데서 드러나는 능력뿐 아니라, 이 능력의 과오에 부여될 수 있는 의미도 납득할 수 있게 되기 때문이다; 이러한 과오는 과오로 남지만, 타인을 법속에서의 인간의 관계로부터 떨어져 나가도록 하는 것이 아니라, 오히려 또 모든 공동의 나약함에 대한 상기와 같은 것이어야 할 것이다. — 그러므로 이 글의 주제의 의미를 통해 충분히 이성의 관용에 대한 요구를 말할 수 있지만, 오로지 실제로 자유의 근거를 밝히는 이성의 힘하에서나 아니면 그 힘을 동반하면서이다.

2.

이제야 비로소 거의 마지막에 와서야 형법에 대해서 논할 수 있다. 법의 이 부분영역도 (폭력법칙의-본능이 아니라) 자유법칙적으로 근거가 제시되었을 때에만 타당성과 영속성을 가질 수 있다. 하지만 이것이 형법에서는 다른 법영역보다 한 단계 더 어려운데, 형법은 이미 법적으로 만들어지고 제정된 공동체를 전제하

이하).

기 때문이다. 법의 침해에 대해 법적으로 근거 있는 제재가 따를
수 있어야 한다면 법은 법으로서 확고한 지위를 가지고 있어야
한다.[15] 이러한 법 자체의 개념에서부터 불법의 개념 및 법관계의
회복인 형벌 개념까지 그 근거를 밝히는 힘은 오로지 법적-실천
이성 그 자체이다; 그리고 여기서 관용의 개념을 아무 곳에서나
원리를 형성하는 개념으로 투입한다면, 이것은 과제의 해결을 어
렵게 할 것이다. 칸트는 공정을 무언의 여신이라고 했으며,[16] 관
용을 춤을 추는 여신이라고 부를 수도 있을 것인데, 이 경우에는
그녀가 누구에게 관심을 두는지 혹은 호의를 보이지 않는지를 결
코 알 수가 없다. 이 여신과 함께 감정의 우연에 던져졌으며, 특
히 형법에서는 '사회의 피해자'로서의 범죄자에 대한 감정적 배
려에서 현재 자주 읽게 되는 '무관용'의 구호로 가는 길은 간단
하다.

그러나 법에 대한 논증의 견고성이 만들어지고 보장되었다면
긍정적으로 규정된 관용에 대한 요구의 내용은 영향력을 가질 수
있다. 범죄행위에서 인간의 나약함을 보아야만 범죄행위는 적절
하게 파악되며, 이 나약함은 다름 아닌 자신의 나약함인 것이다.
이러한 사고가 법의 확고한 개념에 기반을 두고 있다면 이 사고

---

15 이에 관한 근본적인 것은 E. A. Wolff, Das neuere Verständnis von
   Generalprävention und seine Tauglichkeit für eine Antwort auf
   Kriminalität, ZStW 1985, 786면 이하; M. Köhler, Der Begriff der
   Strafe, 1986 참조.
16 Kant, Metaphysik der Sitten, 제7권 (주 2), AB 40.

와 함께 또한 범죄의 개별 피해자에게도, 전체로서의 공동체에도 너무 많은 것을 요구하는 것이 아니다. 범죄행위는 항상 법관계에 대한 매우 중대한 침해이다. 관용되는 것이 침해는 아니지만, 타자에 의해서 감수되어야 하는 것은, 모든 과오 안에는 또한 무언가 타자들과 범죄자를 연결하는 점이 있다는 것이다. 불법을 이렇게 다루는 데서 법은 스스로를 획득하고 광범위한 의미에서 인간의 법으로서 나타난다. 이러한 차원에서 이것이 빠져있다면, 사회는 '악'을 내쫓고 가두려고 할 것이다; 이러한 사회는 여기서 더 깊은 의미에서 비인간성을 보여준다. 이것은 형사범죄자를 취급하는 현재의 많은 경향에 해당한다.

3.

그러므로 전술한 관점에서의 관용은 하나의 요구이며, 이 요구는 사실 그 특성상 인격의 자율성에 대한 근거를 제시하는 과정에서 함께 그 근거가 밝혀질 수 있다. 관용은 이러한 제한된 명령으로서의 법은 아니지만, 단순한 처세의 규칙 그 이상이다. 관용은 월권과 교만이 생기지 않도록 해주는데, 관용은 법적-실천 이성과 인간의 실제 삶이 연결되는 그 지점과 관계되기 때문이다. 관용은 법 자체의 일부가 아니면서도 법을 강화시킨다.

§12 소송의 주체들인가, 훼방꾼들인가?
조직범죄척결법에 의한 형사소송법
― 잠입수사관에 관한 규정을 중심으로*

I. 서언

'불법마약거래 및 기타 조직범죄의 척결을 위한 법률'[1]은 이 법률의 제3조에서 독일 형사소송법을 크게 바꾸어 놓았다. 이 법률이 제정되기까지의 긴 과정에서[2] 학문은 이 법률의 형성에 부차적으로만 관여했다는 점이 빈번히 지적되었다.[3] 반면에 주안점은 '실무'의 요구들이었다. 이는 주지하는 바와 같이 학문을

---

* 이 글은 Strafverteidiger 1993, 490-498면에 수록된 것이다; 이 글은 거의 30년 전에 발표되었고, 그동안 잠입수사관과 관련한 독일 형사소송법의 규정도 여러 차례 개정되었지만, 법치국가적으로 많은 문제점을 지닌 형사소송법의 규정이 근본적인 법이념과 조화될 수 있기 위해서는 어떠한 방향으로 해석되어야 하는가를 보여주는 뛰어난 통찰로서 지금도 우리에게 시사하는 바가 매우 크다 ― 옮긴이.

1 1992년 7월 15일에 제정되어(BGBl. I, 1302면 이하), 1992년 7월 22일에 공포되었으며, 1992년 9월 22일부터 시행되었다. 이 법 제12조 참조.

2 이에 관하여는 예컨대 Hilgendorf, wistra 1989, 208면 이하; Dokumentation "Entwurf eines Strafverfahrensänderungsgesetzes" 1988, StV 1989, 172면 이하; Strate, ZRP 1990, 143면 이하; Wolter, StV 1989, 358면 이하 참조.

3 Wolter, StV 1989, 358면; DRiZ 1992, 150면 이하도 참조.

'현실과 거리가 먼 것'이라고 비난하는 주류적인 시대정신과 상
통한다. 충분히 가능한 이 비난의 전환에 대해 한번 생각해 보는
것은 의미 있는 일이다: 혹시 실무가 이론으로부터 멀리 떨어져
있는 것은 아닌가? 그러나 이것은 사실 이론과 실무를 이렇게 이
해한 관계에서 또 칸트가 이를 '속설'이라고 칭할 수 있었던 아주
오래된 잘못된 모순에 관한 것이다.[4] 왜냐하면 법은 오로지 실행
에서만 생명력이 있기 때문에, 법학에서 이론과 실무는 분리할
수 없는 관계에 있다.[5] 만약 서로를 분리시킨다면, 이론을 진지하
게 받아들이지 않고, 실무를 파악되지 않은 일상의 업무로 이해
한다는 것이다.[6] 이렇게 단순화시켜 이해한 실무의 어려움을 그
대로 방치하여 이를 임시 개념으로 옮기고, 더구나 또 법률에 이
식시킨다면 결과가 이론과 실무 어떤 것도 충족시켜주지 않을 때
이에 대해 놀라서는 안 될 것이다. 바로 이것이 어쨌든 여기서 설
명하는 신형사소송법의 잠입수사관 규정에서 일어났다.[7] 유감스
럽게도 이때 너무나 슬프게도 명백한 또 다른 한 가지를 더 배울

---

4 칸트는 모순의 오류와 일반적 해결을 '이론적으로는 타당할지 모르나, 실무
  에는 적합하지 않다는 속설에 관하여'라는 글에서 규정하고 있다, 칸트 전
  집, Wilhelm Weischedel (편), Darmstadt 1975, 제9권, 125면 이하.
5 이에 관하여는 C.-W. Canaris, JZ 1993, 377면 이하(390면 이하). 상기시
  켜야 할 것은 또한 Karl Engisch, Einführung in das juristische Denken
  의 서론에 나오는 문장들, 제8판 1983, 7면 이하.
6 그러므로 이론은 실무가에게 ─ Paulus, JZ 1993, 303면에 의하면 ─ 첫 사
  건처리를 어떻게 할지에 대한 어려운 결정들을 결코 덜어줄 수 없을 것이다.
7 이론에 대해서는 뒤에 나오는 이 글의 내용이 보여주며, 경찰실무에 관하여
  는 예컨대 Krüger, Kriminalistik 1992, 594면 이하와 ZRP 1993, 124면
  이하 참조.

수 있게 해주는데, 그것은 바로 형사소송의 파괴 및 형사소송에
참여한 관계자들의 관계의 손실이다.

　잠입수사관에 관한 규정을 정확하게 고찰하기 전에 먼저 이
논문의 제목을 설명하는 몇 가지 근본적인 규정들을 숙지해 둘
필요가 있다. 이러한 배경 위에서만 새로운 규정들에 대한 비판
도 이해될 수 있을 것이다.

II. 근본 규정들

　약칭 조직범죄척결법은 그 표제에 의하면 불법마약거래 및
조직범죄 발현형태의 척결을 위한 법률로 이해된다.[8] 이 표제만
으로도 형법과 형사소송법에 관해 현재 유포되고 있는 많은 오해
들을 보여준다. 형법으로 범죄를 '척결하겠다'는 것은 이미 법치
국가의 실체형법에 대한 잘못된 성격규정이다. 오히려 형법은 범
죄를 먼저 구성요건으로 정하며, 이 범죄와 법적 결과인 '형벌'

---

8 Krüger, ZRP 1993, 127면은 이 표제를 '듣기 좋은 소리'로 간주한다. 사실
　이 표제는 이 분야에서 입법부의 이해가 (국가 이전의) 자연 상태로 후퇴하
　였다는 것을 보여준다. 본문 내용도 참조. ― 국가 형법과 또 그 '개정'으로
　일상 생활의 영역에서 증가하는 '국제화'로 인해 생기는 문제들을 해결할
　수 없다는 점도 일반적으로 언급해 둘 필요가 있다. 형법은 행위자와 국가
　의 통일성을, 이 통일성이 이미 그 전에 존재하지 않았을 때에는 법강제를
　통해서 복구해 낼 수가 없다.

을 연결한다. 형법은 우선 독일 기본법 제103조 제2항(죄형법정주
의)의 원칙을 충족시킨다; 이 원칙이 — 많은 다른 원칙들처럼 —
형법에서 원치 않는 행동을 효율적으로 제거하는 것이라면 매우
불합리한 것이 될 것이다.[9] — 규범은 한번 시행되면 시민들에게
행위를 규정하는 효과를 가질 수 있다. 그러나 규범은 그 속에 규
정된 어떤 범죄가 실현되었을 때, 즉 이미 어떤 일이 발생하여 이
행위와 관련하여 더 이상 투쟁할 것이 없을 때에 비로소 다시 국
가행위의 기초가 된다. 법을 곤봉으로 변화시키고자 하는 것은
우리를 역사적으로만 수백 년 후퇴시키는 것이 아니라, 현재의
국가를 개념적으로도 무법상태로 만드는 것이다. 이 모든 것은
피의자가 그 범행을 저질렀는지 그리고 법적 결과인 형벌을 정당
하게 받아들일 수 있는지가 문제되는 형사소송에서 더 분명하게
드러난다. 형사소송법의 규정으로 무엇을 척결하겠다는 것은 형
사소송법에 대한 근본적인 오해를 보여준다.[10] 형사소송은 강제
수단인 형벌로 선언하는 것을 인위적으로 지체하는 연극이 아니
다('그에게 공정한 재판을 제공하고 그를 교수형에 처해라!'). 형사소송
과 형사소송을 규정하는 법은 오히려 법판단을 위한 방법을 만든
다; 전자는 후자를 전제할 수가 없다. 전형적인 경찰시각은 그들

---

9 이에 관하여는 Lisken, ZRP 1993, 121면 이하도 참조.
10 이러한 오해에 대해서는 Lorenz, JZ 1992, 1000면 이하 참조. 여기서는 예
　방이 더 이상 형사소추와 정확하게 구분되지 않으며, 전략적인 정보조사의
　개입범위가 이익형량에 맡겨지고 있다(1004면); 그럼에도 고문은 금지되었
　다는 것을 거의 안도적으로 받아들인다(이 견해의 옹호를 위한 각주 90의
　문헌과 함께 1006면 이하 참조).

의 결과를(즉 종종 의심의 여지가 없는 범행의 존재와 혐의자에 대한 성공적인 수사를) (형이 선고되는 경우에) 형사소송과 동일한 결과로 간주한다는 것이다. 그러나 이것 역시 잘못된 것이다. 형사소송은 법적인 책임을 법적인 방법으로 해결한다. 이는 소송으로서 범죄혐의에서 시작하며, 여기서 출발하여 소송절차로서 실질적으로 무죄인 사람에게서도 기대될 수 있는 규정을 찾는다. 형사소송이 범죄척결을 위한 수단으로 잘못 이해된다면 법치국가에서 피의자와 국가 간에 존재하지 않는 모순을 전제하는 것이다. 따라서 개정된 형사소송법의 여러 곳에서(제98조a 제1항, 제100조c 제1항 1b호 및 2호와 제2항, 제163조e) 주저 없이 범죄자라고 하는 것은 스캔들이다. 하세머가 다소 의아해하며 이를 지적한 바 있으나,[11] 이것은 바뀌지 않았으며, 여기에서 또한 조직범죄척결법의 논리가 드러난다. 더구나 지금 형사소송법에서 '가장신원'이라고 하고(제110조a 제2항과 제3항, 제110조c), '변경한'(제110조a 제2항) 것이나 '이전'(제68조 제3항)의 신원이라고 하는 것은 이 시대에 누구에게도 방해가 되지 않는 것 같다.

잠깐 이 법률의 논리를 형사소송법과 관련된 부분만 두고 보면 소송에서의 관계를 다음과 같이 정렬하고 있다: 한편에는 형사소추기관, 특히 경찰과 ― 경찰보다는 덜 강하게 ― 검찰[12]이

---

11 KritJ 1992, 64면 이하(69면).
12 놀랍게도 검찰은 이제 형사소송법에서 다른 소송관여자의 계열에서 분리되어 특정영역에서, 즉 제101조 제4항과 제100조d 제2항의 비밀유지에 대한 규정에서 경찰과 동급으로 되었다.

있으며, 이들은 선두에서 범인을 잡는다. 다른 한편에는 피의자
와 변호인 그리고 법원이 있다. 이들은 최후에 저지하면서 형사
소추에 끼어들고, 그래서 훼방꾼들이다.

이제 이러한 그릇된 추론에 대해서 경고할 필요가 있다: 형사
소송법의 이같은 발전을 즉각 잘못된 경향이라고 규정하고, 여하
튼 이렇게 해서는 도저히 법치국가적인 소송을 달성할 수 없을 것
이라고 하는 것은 결코 충분하지 않다. 이것은 넓게 보면 옳지만
법률의 개별결정의 부당함을 보여주기에는 너무 일반적이다. 이
를 위해서는 중간단계를 달성하는 것이 필요하다. 그 밖에도 설
명한 것과 같은 논리가 현행법으로 관철될 수 있었던 것에 대한
더 심오한 이유들이 존재한다는 것으로 오인하게 될 것이다. 그
이유는 — 조직범죄척결법과 그 이전의 법률개정안에 대한 분석
에서 항상 지적된 바와 같이 — 형사소추에서 경찰의 독자적 의
미가 증가하는 데만 있지 않다.[13] 오히려 지난 수십 년간 법을 도
구로 파악하는 법에 대한 시각, 무엇보다도 형법에 대한 시각이
점점 더 강하게 관철된 데에 있다:[14] 즉 법은 기능을 가진다는 것
이다. 그렇지만 이렇게 해서 법은 그 척도와 범주를 더 이상 스스
로 내포하지 않는 것이 아니라, 오히려 그것을 장악하고 있는 자

---

13 예컨대 Wick, DRiZ 1992, 217면 이하; Schoreit, MDR 1992, 1013면 이
하 참조.
14 이는 형법이 일반예방으로 일반인의 법의식을 강화시키는 역할자로 이해되
는 적극적 일반예방이라는 형벌목적의 부흥에서도 알 수 있다. 예컨대
Jakobs, AT, 제2판, 1/4 이하 참조. 이에 대해 비판적인 것은 무엇보다도
E. A. Wolff, ZStW 97 (1985), 786면 이하.

에게 넘겨준다. 그러면 법은 정치의 수단이 되고 만다.[15] 이것은 우리가 정치개념을 아직 마음대로 규정하고 도시 국가Polis에서 정의에 대한 옛 사고의 관념의 실체를 내포할 수 있는 정치개념을 실현했을 때는 더 이상 문제가 되지 않을 것이다.[16] 그러나 지금 우리가 가지고 있는 것은 제조자나 관리인, 빠른 동의나 거절 그리고 대단한 '어떤 방법'에서 기능하는 것의 정치개념이다.[17] 법이 이러한 정치에 문호를 개방하는 것은 스스로의 원칙을 포기하고 자신을 그때그때의 상황(더욱이 종종 당일 세태)에 따른 목적에 종속시킨다는 것을 말한다.

이러한 배경 위에서 형사소송에서는 오로지 선한 사람만이 변호인이 될 수 있다는 말이 비록 오해에 그친다 하더라도, 어떤 오해를 더 잘 파악할 수 있게 해준다.[18] 이런 시각에서 형사소추의 의심스러운 일은 다른 이들, 즉 경찰과 검찰 그리고 법원, 결국

---

15 여기서 특히 볼프강 나우케Wolfgang Naucke의 선견지명 있는 경고를 상기할 수 있으며, 예컨대 Generalprävention und Grundrechte der Person, in: Hassemer/Lüderssen/Naucke, Hauptprobleme der Generalprävention, Frankfurt/M. 1979, 9면 이하; Die Sozialphilosophie des sozial-wissenschaftlich orientierten Strafrechts, in: Hassemer/Lüderssen/Naucke, Fortschritte im Strafrecht durch die Sozialwissenschaften? Heidelberg 1983, 1면 이하; Versuch über den aktuellen Stil des Rechts (Schriften der Herrmann-Ehlers-Akademie, H. 19); KritV 1993, 135면 이하.

16 이에 관하여는 Köhler, Loccumer Protokolle 8/92, 157면 이하와 162면 이하도 참조.

17 Naucke, KritV 1993, 154면 이하도 참조.

18 이 입장에 대해서는 예컨대 Crummenerl, StV 1989, 131면 이하(132면: "많은 사람들이 안전에 대하여 말하지만, 우리는 자유에 대해 말한다.")

은 국가가 하는 것이다. 그러나 형사소송을 법의 실현을 위한 공동의 과제로 파악하면 이 과제에 관여한 자들의 통일체로서 이해할 수 있는 형사소송의 붕괴를 단지 다른 쪽에서 보게 된다.

현재 상황에서는 이제 두 가지 가능성이 있다: 하나는 편안히 사실의 폭력 앞에서 체념하고 법의 몰락을 촉진시키는 데 기여하는 것이다. 아니면 다른 하나는 오로지 의무적인 방법으로서 다시 더 높은 사고방향으로 넘어가는 데 기여하기 위해 노력하는 것이다. 그래야 비로소 형사소송에 대한 타당한 이해도 다시 가능해진다. 물론 이러한 방향설정은 바로 학문적 추론이 필요하다는 적극적 가정을 전제한다. 이 가정은 다음과 같다: 형벌은 법제도이다. 그러므로 정당한 형벌도 존재한다. 형사처벌할 불법이 존재하며, 이는 국가권력의 발견이 아니라 경험 가능한 사실이다. 그래서 불법에 대한 책임자의 수사는 꼭 필요하고 인정해야 하는 국가의 과제인 것이다. 이 과제를 첫 개입에서 수행하는 사람, 특히 경찰은 이 일에 대한 존경과 인정을 받을 가치가 있다. 그러나 불법에 대한 형벌은 모든 개별사례에서 오로지 법원리에 따라서 심사하는 소송에만 법강제로서의 형벌의 권능을 부과해야 한다. 범죄청산에 대한 이러한 측면은 침착한 선두진행, 바로 소송을 요구하며, 이는 경찰에 의해서는 결코 행해질 수 없다. 이를 에버하르트 슈미트는 적절하게 묘사한 바 있다: "경찰은 어떤 수단이든 상관없이 그들에 의하여 인정된 통계수치가 증가하기만 하면 너무 쉽게 성공한 것으로 간주하고 그들의 왕성한 대패질에서 날아가는 무고한 나뭇조각은 잘 고려하지 않는다."[19] 형사소송법은 범죄혐의의 해명과정을 규정하는 것이며, 여기서 고수해야 하는 무죄추정의 원칙은 검찰과 법원이 피고인을 마치 범인이 아닌 것처럼 대하라는 의미가 아니다: 그것은 판결이 비로소 피고인의 책임을 법적으로 구속력 있게 확정해 주기 때문에 판결이 선고될 때까지 피고인의 무죄에 대한 추정은 반드시 지켜져야 한다는 것을 말한다. 형사소송에서 실현되는 법과 관련하여 모든 관여자들이 — 전혀 상이한 과제와 책임영역을 가진다 하더라도 — 같은 방향으로 일한다는 인식이 다시 보편화될 때에 근거를 가지고 소송 주체들에 관해서 말할 수 있으며, 이들은 각기 자신의 과제에서 책임감 있게 소송에 기여하며, 그래서 소송과정을 그들에 의해 공동으로 결정된 것으로 이해할 수 있는 것이다. 이러한 기초 위에서만 단지 부탁하는 입장과는 다른 입장에서 또 피고인의 관여권에 대하여 말할 수 있다; 오로지 이러한 토대만이 결국은 또 형사변호의 중요성을 완전하고 긍정적인 힘에서 발휘하게 한다.[20]

소송의 통일과 이와 관련된 (그러나 결코 그 독자성이 상실되지 않는) 소송관계인들의 통일은 해당 부분에 요구되는 배경의 한 측면이다. 다른 측면은 조직범죄척결법과 형사소송법에 가까우나 여

---

19 Schmidt, MDR 1951, 5면.
20 이런 규정들은 예컨대 '협상'이라는 술책을 통해서 형사소송의 실종된 통일체를 법원식당에서 재생시키는 현재의 형사소송 현실과 비교할 수 없다. 법이 사실성에만 방향을 맞춘다면 스스로를 권력과 폭력에 넘겨주는 것이나 다름없다.

전히 근본적인 성질이다. 어쨌든 독일 법질서에서 형사소송에 요
구되는 기초로서의 법에 관한 것이다. 조직범죄척결법의 몇몇 소
송법적 규정은 연방헌법재판소(E 65, 1면 이하)의 이른바 인구조
사판결에 따라 수사절차의 상이한 처분에 법적 권한이 불가피하
게 된 데 그 원인이 있다.[21] 그러나 형사소송법과 같은 소송법은
행정부가 그들이 일을 할 때 제시할 수 있는 증명서를 발급하는
단순한 형식적 토대가 아니다. 이는 제정된 법이며, 그 특성은 이
법이 오로지 타당한 일반성의 정당한 구체화로 이해될 수 있는가
에 따라 결정된다. 이 특성은 국회의 입법 형태를 통해서 당연히
얻어지는 것이 아니다.[22] 이는 오히려 파악된 내용을 가지며, 이
내용은 ― 형사소송법의 영역처럼 ― 상이한 관여자의 법영역에
정당하고, 그리하여 또 소송에서의 실제 행위를 타당하고 이해가
능하게 규정할 수 있다. 이것은 오로지 연구를 통해서만 이루어
낼 수 있으며, 이를 헤겔은 "개념의 어려움"이라고 칭한 바 있
다.[23] 이것이 행해지지 않으면 법률에는 '어휘만 많은 가상의 구

---

21 이에 관하여 일반적으로는 Rogall, Informationseingriff und Gesetzes-
vorbehalt im Strafprozessrecht, Tübingen 1992, 특히 11면 이하; 근본
적인 것은 이미 Amelung, Rechtsschutz gegen strafprozessuale Grund-
rechtseingriffe, Berlin 1976, 13면 이하; 잠입수사관의 문제점에 대해서
는 Lammer, Verdeckte Ermittlungen im Strafprozess, Berlin 1992, 23
면 이하 참조.
22 그래서 특정한 수사처분의 법적 토대에 대한 의미는 수사기관에게 '녹색불'
을 주는 것에 있었다; 이러한 방향으로는 가령 Zachert, BKA-Schriften-
reihe Bd. 36, 37면 이하 (48면 이하) 참조.
23 Phänomenologie des Geistes (헤겔 전집, Eva Moldenhauer/Karl
Markus Michel 편, 제3권), 56면.

성요건'이 생겨난다.[24] 이에 대한 좋은 예는 조직범죄척결법에 있는 신형법 제261조(자금세탁죄, 불법으로 취득한 재산가치의 은닉죄)이며, 이 조문은 법률에는 돈세탁이라는 표제를 달아 놓았는데, 이 표제와 제1항의 내용은 개념적으로 일치하지 않는다.[25]

여기에는 체계적인 어려움이 따른다. 조직범죄척결법과 이에 선행한 개정 형사소송법 법률안들을 통해 더 강한 경찰의 요소가 형사소송법에 도입된다는 점이 계속해서 지적되었다.[26] 그래서 힐거는 조직범죄척결법이 제정되고 나서 꼼꼼한 일독의 가치가 있는 다음의 문장을 썼다:[27] "형사소송법은 소송법, 보호법, 자유질서의 법일 뿐 아니라, 오히려 실제로는 형사소추기관들의 작전법률이기도 하다." 그러나 눈에 잘 띄지 않는 단어 '오히려'의 명백한 대조가 형사소송법이지, 경찰의 복지후생법이 아니라는 소송법에 대한 긴장을 사실상 유지하고 있는지는 매우 의문이다. 그러나 형사소송법은 확고한 구조를 가지고 있기 때문에 다음과 같은 해결책이 가능해 보인다: 해석학적인 방법으로 모든 새로운 규정들을 형사소송법의 체계 속으로 동화시킬 필요가 있으며, 이

---

24 또한 Denninger, in: Lisken/Denniger (편), Handbuch des Polizei-rechts, München 1992, Abschn. E, 난외번호 164.

25 돈세탁 개념이 수준보다는 환경과 더 많은 관련성이 있다는 것을 부언해둔다. 흔히 요구되는 국가와 조직범죄 간의 기회균등은 상이한 언어수준의 동화도 필요한 것으로 보인다.

26 예컨대 Strate, StV 1989, 406면 이하와 ZRP 1990, 143면 이하; Lücke, DRiZ 1989, 306면; Wolter, StV 1989, 358면 이하; Hassemer, KritJ 1992, 64면 이하 참조.

27 Hilger, NStZ 1992, 526면.

방법을 규정하는 과제에서 중요한 것은 형사소송법이어야 한다
는 것이다. 그러면 이 체계를 가지고 수용할 수 있는 것의 결합과
수용할 수 없는 것의 거부반응이 밝혀질 것이다. 이 가정이 신규
정들의 난해함과 관련하여 단지 논의를 위한 제안이 될 수도 있
는, 뒤에서 하게 될 해석상의 시도를 하게 해준다.[28]

Ⅲ. 잠입수사관에 관한 규정들의 해석

이하에서는 예고한 방식대로 형사소송법에 있는 잠입수사
관에 관한 규정들을 서로 연관된 네 개의 장에서 검토하기로
한다.

1. 잠입수사관에 대한 개관

잠입수사관의 투입은 형사소송법 제110조a — 제110조e(제
110조d와 제110조e는 2008년에 폐지되었음, BGBl, I 3198면 참조 — 옮

---

28 그러므로 기본 원리적인 비판은 뒤에서는 더 이상 하지 않기로 한다. — 원
  리적으로 일을 하는 형사 법률가로서 이러한 합병에 관여해서는 안 된다는
  입장을 취할 수도 있는데, 그렇게 함으로써 내용적으로 의심스러운 것(숨어
  서 엿듣기, 속이기, 거짓말하기)을 만회해주기 때문이다; 필자는 이 문제를
  자주 제기한 바 있다. 그러나 또 한편으로는 여기서 논하는 규정들은 결코
  명백한 헌법위반이 아닌, 현행법에 관한 것이다. 그러므로 실무는 이것을
  가지고 일을 해야 한다; 그렇다면 실무는 신규정의 어려운 이해를 학문으로
  부터 도움을 받을 권리가 있는 것이다.

긴이)에,[29] 즉 체계상 수사절차의 특정한 침해권한 부분에 규정되어 있다. 이 규정들이 미치는 범위는 제200조(공소장), 제101조(통지)와 제68조(증인의 인적사항에 관한 신문)에서도 볼 수 있다. 잠입수사관에 대한 개념은 제110조a 제2항에 정의되어 있다: 그는 이른바 가장신원으로 수사하는 경찰공무원이다. 가장신원은 장기적으로 배치되었으며, 이는 중요한 의미를 지닐 것이다. 핵심은 제110조a 제2항 2문으로서, 이에 의하면 잠입수사관은 이 가장신원으로 법률교류에 대한 참여가 허용된다. 따라서 그는 — 입법자의 의사[30]와 법률의 표현에 따르면 — 법률행위를 할 수 있으며, 회사를 건립하고, 고소하고, 고소당할 수도 있다. 이것으로 실제 다른 법인격과 비교하여 기만적으로 허구의 법적 지위를 얻어냈다. 이러한 잠입수사관의 투입이 얼마나 자주 있는가는 그 횟수로 알 수 있다고 해도[31] — 국가의 내적 관계 영역에서 기만이 소송법에 규정되고, 법원마저도 기망되는 것을 허용하는 것은 새로운 것이다.[32] 그리고 이러한 지위변화의 법적 결과에 대해서

---

29 이하에서 법률의 명칭이 없는 것은 독일 형사소송법을 말한다.

30 BT-Drucks. 12/989, 42면(Begründung des Gesetzesentwurfs des Bundesrats, 연방참의원의 입법안이유서) 참조.

31 이에 관하여는 가령 Zwehl, Der Einsatz von V-Leuten und die Einführung des Wissens von V-Leuten in das Strafverfahren, 1987, 13면 그리고 또 Beispielsfälle im Protokoll der 31. Sitzung des Rechtsausschusses vom 22.1.1992(1992년 1월 22일 법사위원회 제31회 회의 기록의 사례들), 31/2면 이하.

32 따라서 형사소송법에서 이러한 규정의 특징도 가령 유사한 연방헌법보호법 BVerfSchG 제8조 제2항(헌법보호를 위한 연방관청의 권한: 헌법보호를 위한 연방관청은 비밀정보 수집을 위해 가령 신뢰자나 보증할 만한 사람의 투입,

아무런 생각도 하지 않았다는 것은 조직범죄척결법의 전형적인
경찰사고이다. 이를 입법안 이유서에서는 명확하게 말하고 있지
않다: "잠입수사관이 손해를 야기했거나, 새로운 가장신원으로
활동하게 된다면 그의 직무상 상사의 임무는 신뢰자가 손해를 보
지 않도록 하는 것이다."[33] 그래서 부언한 것은 어려운 문제들이
과거에는 발생하지 않았다는 것이다. 분명히 여기서 직무책임 사
례들을 생각하였다. 그러나 이것으로 — 특별히 이것을 강조하는
것은 불필요하겠지만 — 이러한 새로운 인격의 창조에 대한 법적
결과를 무마할 수 없으며, 이것은 잠입수사관을 통해서 실제로
회사설립이 이루어지는 경우의 법관계들을 상상하는 것만으로
도 충분하다.

이 지위문제와 제110조a 제3항 규정은 또 관련이 있다. 여기
서는 잠입수사관이 가장신원으로 스스로 제작한 문서에 관한 것
이 아니라는 점은 (왜냐하면 이는 진짜 문서이기 때문이다) 이미 제2
항에서 도출된다. 그러므로 제3항에서 문서는 오로지 다른 발행
자를 기망하거나, 타인들이 제작하고 내용적인 정당성 보장에 반
하는 문서를 의미한다고도 할 수 있을 것이다. 힐거는 조직범죄

관찰, 비디오나 음성녹음, 위장서류, 위장표시 등과 같은 방법이나 대상 혹
은 기구들을 사용할 수 있다. 이것은 이러한 정보수집의 명령에 대한 관할
을 규정하는 업무규정에도 적시되어야 한다. 업무규정은 의회의 통제위원회
에 보고하는 연방 내무부의 동의를 필요로 한다 — 옮긴이)과 구별된다. 이
러한 규정들을 형사소송법에 적용하면 형사소송법이 실체적 진실을 발견하
는 것에 관한 것이라는 원칙은 공허한 말이 된다.
33 BT-Drucks. 12/989, 42면.

척결법에 관한 논문에서[34] 이것은 공적인 책이나 대장에서 변경
이 허용되지 않는다고 했다; 하지만 이는 분명 잘못된 것인데,[35]
잠입수사관은 이미 전술한 바와 같이 허위의 회사를 상업등기부
에 기재할 수 있으며, 어쨌든 이론적으로는 부동산 등을 구매할
수 있기 때문이다.

잠입수사관의 개념규정을 위해서는 아직 두 가지 사항을 더
언급할 필요가 있다. 첫째, 정보원과의 구분은 조직범죄척결법의
규정에 따르면 우선은 필요하지 않다는 점이다. 법안이유서는 형
사소송법상의 잠입수사관에 대한 규정으로부터 "증인들(정보 제
공자, 정보원들)을 관여시키는 것은 장래에 허용되지 않는다"는 것
을 추론해서는 안 된다는 내용을 담고 있다. 이 문장을 먼저 신중
하게 오해의 여지가 없도록 한다면(그 이유는, 도대체 누가 잠입수사
관의 규정에서, 향후 형사소송법상 증인이 더 이상 아무런 문제도 되지 않
는다는 것을 추론하겠는가? 하는 것 때문이다) 그러면 여하튼 핵심은
타당하다: 예컨대 이 규정은 정보원에 대해 획득한 인식을 더 이
상 수사에 사용할 수 없다는 역추론을 허용하지 않는다.[36] 그렇
지만 이는 실무에서 종종 보는 바와 같이 정보원이 실제 조종되
어 투입되었다면 달라져야 한다.[37] 잠입수사관 규범의 개별규정

---

34 Hilger, NStZ 1992, 524면.
35 BT-Drucks. 12/989, 42면도 참조.
36 역추론들에 대한 문제점에 관하여는 Krey/Haubrich, JR 1992, 315면도
    참조.
37 경험자료는 Scherp, Die polizeiliche Zusammenarbeit mit V-Personen,
    Heidelberg 1992, 88면 이하, 108면 이하; Beck, Bekämpfung der

들이 유추 적용되어서는 안 되는지, 정보원이 권한이 없다는 것
을 잠입수사관에 대한 규정에서 추론해야 할지에 관하여는 더욱
정확한 검토가 필요하다. 이 부분에 대해서는 뒤에서 다시 살펴
보기로 한다.

　둘째는 투입의 경험적인 면이다. 형사소송법의 규정으로부터
분명해지는 것은 잠입수사관의 경우에는 경찰공무원이 어떤 조
직의 영역으로 잠입한다는 점이다: 투입은 장기적으로 계획되었
다. 이것은 이제 공무원에 관한 것이며, 이에 대해 헌법재판소가
말한 것은(BVerfGE 57, 281면) 기본적으로는 분명히 타당하다: 기
본법의 국가에서 경찰업무에 대해 원칙적으로 의구심은 없다; 공
무원은 신뢰할 만하다. 그렇지만 공무원이 현실적으로 장기간 한
번, 가령 마약거래와 같은 비교적 단순한 방법으로 큰돈을 벌 수
있는 사건에 숨어 들어가 있다고 생각하면, 여기서 큰 유혹상황
에 직면할 수 있다는 점을 분명히 해 둘 필요는 있다.[38] 공무원들
도 꿈이 있다. 유의하건대 이는 일반적으로 혐의를 두는 것은 아
니지만, 바로 사건에 연루될 수도 있으며, 그 결과는 공판에까지

Organisierten Kriminalität speziell auf dem Gebiet der Rauschgift-
kriminalität unter besonderer Berücksichtigung der V-Mann-Problematik,
Frankfurt a.M. 1990, 88면 이하.

38　함부르크 부장검사 쾬케Köhnke가 1992년 1월 22일 독일연방의회 법사위원
　　회의 공청회에서 잠입수사관에 대해 긍정적으로 어떻게 평가하였는지를 아
　　무런 의심 없이 읽지는 않는다: "잠입수사관은 전후 베를린에서 유래한다.
　　그는 충분한 영향을 남겼다. 나는 이것을 결코 잊지 못할 것이다. 그는 최고
　　전성기의 부비 숄저Bubi Scholz와 같은 타입이었다: 롤렉스를 차고, 금목걸이
　　를 하고, 줄무늬양복을 입은, 그러나 현장에서 바로 용인된 대부분 피부색
　　이 검은 사람들이었다."

영향을 미칠 수 있다는 것이다. 실제로 형사소송법 같은 보편적인 소송 법률이 이런 위험을 감행한다면, 형사소송법에 들어 있는 소송의 보장에 특히 더 주목해야 한다. 그리고 이것은 뒤에서 보여주겠지만 또 가능하다.

2. 투입의 요건

잠입수사관의 투입에는 형식요건과 실제요건이 있다. 실제요건 중의 하나는 범죄유형과 범행방식이고, 다른 하나는 중범죄로서 범죄의 형식규정에 따른 것이며, 제110조a에 모아 놓았다. 제1항 1호와 2호는, 형벌구성요건은 '영역'을 가진다는 생각을 법률에 도입하고 있다. 이것은 가령 제100조a의 카탈로그와 비교하면 매우 부정확하다. 조달범죄 같은 것은 그럼 허용되지 않는 향정신성의약품거래의 영역에 속하는 것인가? 중범죄의 경우는 재범의 위험(제110조a 제1항 2문[39]) 또는 범죄의 의미가 투입(제110조a 제1항 4문)을 (물론 개개의 상이한 보충조항으로서) 정당화시킨다. 중요한 것은 제110조a 제1항의 보충조건이다: 언급한 영역에서 잠입수사관의 투입은 다른 방법으로는 해명이 불가능하거나 매우 어려울 경우에만 허용된다는 것이다. 리스는[40] 이제 효력을 발휘하는 현행법의 다음과 같은 어려움을 정확하게 지적한 바 있다: 이러한 보충조건은 또 제100조a의 통신감청에서 제

---

39 여기서 동일한 혐의자와 관련해서는 반드시 제한이 있어야 하는데, 모든 범죄는 되풀이될 수 있기 때문이다.

40 Rieß, Ged. Schr., Meyer, 386면 이하.

100조c의 비공개로 한 말의 녹음과 유사한 방식의 데이터 비교나 비밀감시(제100조c 제1항 1호) 또는 제163조e의 이른바 관찰수배에서도 찾을 수 있다. 너무나 명백히도 수사절차 처분의 단편화에서 여기서 발생하는 순환성은 염두에 두지 않았다: 그럼 이제 전화감청 같은 것은 비밀감시가 성공적이지 않을 경우에만 허용되는 것인가? 이것이 어떻게 해결되어야 할지는 — 법문을 보면 — 불명확하다. 그러나 리스의 견해가 해결책을 지시관계 밖에서 찾아야 하고, 비례성원칙이 이에 대한 척도가 될 수 있다는 것을 뜻한다면 이는 동의할 수 있다.

투입의 형식요건에서는, 특히 지시권이 문제가 된다. 일견에는 제110조b 제1항이 지금까지의 일반 실무를 단순히 법적으로 정착시킨 것처럼 보인다: 즉 투입은 검찰과 경찰 간에 합의되는 것이다. 특히 제110조b 제2항은 두 경우에 법관의 동의를 요구하고 있다: 특정한 피의자에 대해 행해지는 투입과 잠입수사관이 일반적으로 통행이 허용되지 않는 주거에 투입되는 경우이다. 무엇 때문에 법률이 1호에서 법관의 동의를 요구한다고 하는지는 불명확하다.[41] 아이젠베르그의, 방법의 비밀성에 들어 있는 신뢰파괴는 법관의 통제하에 있어야 한다는 가정은 옳다고 할 수 있다.[42] 그러나 크라우스는 의심스러울 때에는 여전히 경찰에 의해서 제안될 수 있으며, 그 외의 투입에서도 타인, 즉 아직 알려지지

---

41 Hassemer, KritJ 1992, 570면도 참조.
42 Eisenberg, NJW 1993, 1036면. 모든 형태의 비밀수사에서 법관의 유보에 관하여는 Lammer, Verdeckte Ermittlungen (주 21), 204면.

않은 배후인물을 숨기는 것에 관한 것이라는 점을 이미 언급한 바 있다.[43] 따라서 실무에서는 2호가 더 중요해질 것이며, 2호에 의하면 투입을 위해서는 법관의 동의가 필요하고, 이는 '잠입수사관이 일반적으로 통행이 허용되지 않는 주거에 투입되는 경우'이다.[44][45] 여기서 문제는 먼저 '투입'개념을 어떻게 이해해야 할 것인가 하는 점이다. 일견에는 이것이 개별처분에 관한 것, 예컨대 중개인과 그의 주거에서 임박해 있는 접촉처럼 보인다.[46] 이는 예컨대 수색에서처럼 수사절차에서 전통적인 기본권 침해의 이해와도 상응할 수 있다. 그렇지만 법을 이렇게 이해해도 되는지는 의문이다. 반대로 먼저 실무에 가까운 해석은 말한다: 잠입수사관이 실제 새로운 형태의 법인격으로서 어떤 조직영역에 잠복되었다면, 타인의 주거에 출입해야 하는 불가피성은 종종 우연적으로 발생한다. 그러므로 법률은 — 제110조b 제2항의 등급화된 동의 요구에서 추측할 수 있듯이 — 실무에서는 오로지 사후동의가 될 수 있는 일반적인 경우로서의 사전동의를 요구하는 것이다.[47] 그렇지만 개별처분으로 이해되지 않는 것에 대해서는 제

---

43 Krauß, StV 1989, 324면.
44 원칙상 이에 대해 비판적인 것은 특히 잠입수사관의 출입권이 기본법 제13조(주거의 불가침성)와 합치할 수 없다고 하는 견해인 Frister, StV 1993, 151면 이하. Weil, ZRP 1992, 243면 이하도 참조.
45 '일반적으로 통행이 허용되지 않는'을 추가함으로써 주거의 광범위한 개념은, 기본법 제13조(주거의 불가침성)의 이해에 상응하게 제한될 필요가 있다; 역시 이러한 입장은 Hilger, NStZ 1992, 524면과 각주 148.
46 유사하게는 Hilger, NStZ 1992, 524면과 각주 149.
47 힐거는 타인 주거의 출입에 대한 필요성은 어느 정도 서서히 구체화되며, 그래서 수사법관의 절차가 아직 더 고려되어야 한다고 한다. 이것은 실제 상

110조b 제2항 4문이 말해주는데, 이에 의하면 법관이 3일 이내에 동의하지 않을 때도 '처분'을 종료해야 한다. 왜냐하면 이 표현으로 단지 잠입수사관이 72시간 동안 주거에 머무는 개별투입을 말하는 것이 될 수도 있기 때문이다.[48] 여기에 또 결국 법률 스스로 (그리고 이 말은: 일반적으로) 권한 있는 자의 동의로 타인 주거에 들어가도 되는 잠입수사관의 실제 권능을 만든 것이다(제110조c). 이 모든 것을 종합적으로 고려하면 제110조b 제2항에서 '투입' 개념은 수사처분 '잠입수사관' 전체와 관련된 것으로 법률을 이해할 필요가 있다. 그러나 이것을 일관되게 생각한다면 투입영역에서도 타인 주거에 출입하지 않는 잠입수사관의 투입은 전혀 없을 것이다. 하지만 이것은 투입의 시초에 충분한 안전으로 타인 주거에 들어가는 것을 제외시킬 수 있는 경우가 아니라면 법관은 — 피상적으로 특별한 경우에 해당하는 제110조b 제2항 2호 규정과는 상반되게 — 모든 잠입수사관의 투입에 사전 동의해야만 한다는 것을 말한다;[49] 제110조b 제2항 2문의 긴급권한은 오로지 이 경우에 관한 것이다. 타인의 주거에 대한 출입의 일반적인 권한대리권이 부여될 수도 있다는 이의에 대해서는 제110조c로 항변할 수 있다.

이러한 해석은 '잠입수사관'의 수사방법의 의미에 대한 다른

황과도, 실제 가능성과도 부합해서는 안 된다고 한다. Krüger, Kriminalistik 1992, 595면도 참조.
48 지나치게 반어적이기는 하나, Strate, ZRP 1990, 145면도 참조.
49 마찬가지로 Krüger, Kriminalistik 1992, 595면.

관계에서도 타당하다: 투입의 실제요건이 충족되었는지,[50] 새로운 법인격의 형성이 정당화되는지, 그리고 경우에 따라 수사기관이, 연방대법원이 마침내 그 의미를 강조한[51] 제163조a 제4항 2문의 고지의무에서 면제될 수 있는지는 법관에 의해 통제된다.

이 사례들에서 문서관리는 제110조d 제2항 2문에 규정되어 있다. 이에 따르면 결정과 다른 자료들은 제1항의 요건들을 충족시킬 때에 비로소 서류에 첨부시킨다. 이것과 관련하여 그것이 수사절차에 관한 것인 한 이 규정은 납득할 수 있는 것인데, 여기에 제147조(기록열람권)에서 명확해지는 수사 지휘자의 우위에 대한 본질이 있기 때문이다.

3. 잠입수사관의 권한

잠입수사관이 수집한 정보들은 소송에 도입해야 한다. 이와 관련된 문제들을 논하기에 앞서 먼저 잠입수사관의 권한에 관한 몇 가지 언급이 필요하다. 또 이 권한이 이제 형사소송법에 개략적으로 규정되어 있기 때문에 허용되는 처분의 분야는 구분할 수 있다.

잠입수사관은 제110조c에 따라 가장신원을 사용하여 타인 주거에 출입해도 되며, 형사소송법은 이를 명시적으로 인정하고 있다. 다만 부언할 점은 이 가능성의 법률상 언급은 실제로는 잠

---

50 여기서 언급할 것은, 최근 판례에 의하면 수사법관이 기본권 침해에서 확장된 심사권을 가진다는 점이다. 많은 참고문헌과 함께 Kleinknecht/Meyer, § 162 난외번호 14 참조.
51 BGHSt 38, 214면 이하.

입수사관의 광범위하게 변화된 법적 동질성을 생각하면 이상하다는 것이다; 그러나 법률은 바로 사실상 국가가 공무원의 형상으로 거실에 있다는 점을 고려하고 있다. 제110조d 제1항이 규정하는 바와 같이, 주거 소유자가 경우에 따라서는 수 년 후에 반드시 알게 되는 것은 소위 법치국가적인 은폐수단이다. 이 외에도 잠입수사관은 법률의 의미처럼, 하지만 제100조e의 마지막 문장에서도 직접 도출되듯이, 제100조c에 따라 감시할 수 있으며, 특히 주거 밖에서 비공개로 한 말을 녹음할 수 있다(지시에 대한 유보 제100조d 제1항). 이미 이 같은 자세한 규정상의 사실에서 잠입수사관이 어떤 경우에도 이른바 환경의 제약을 받는 범죄를 저질러서는 안 된다는 것이 도출된다. 나아가 그의 권한은 형사소추 범위에서 보통 경찰관의 권한과 상응하지만(제110조c 2문),[52] 이것은 많은 수사처분이 수사의 공개성을 전제로 하기 때문에(예컨대 수색과 압수) 당연히 고려되지 않는다. 아주 특이한 것은 사회민주당도 입법과정에서 비난한[53] 제110c조 제2항의, 잠입수사관의 권한은 "형사소송법과 다른 법규정들"에 따른다는 둘째 문장 부분이다. 입법 자료에 의하면 이것으로써 경찰법에서의 예방경찰적인 권한을 말한 것이라고 한다.[54] 그러나 어떻게 형사소추

---

52 이른바 잠입수사관의 진압업무와 예방업무의 어려운 경계에 대해서는 여기서 자세히 다루지 않기로 한다. 이에 관하여는 예컨대 Weil, ZRP 1992, 243면 이하, 광범위하게는 Weßlau, Vorfeldermittlungen, Berlin 1989, 86면 이하, 127면 이하 참조.
53 BT-Drucks. 12/2720, 46면 이하.
54 BT-Drucks. 12/2720, 47면 참조.

영역에서 이 권한이 형사소송법을 통해서 제약되어야 하는가? 그러므로 제110조 제3항(전자기억장치의 조사에 관한 규정)이 다른 법규정에서의 권한(예컨대 독일 연방헌법보호법 제8조 이하)을 형사소송법으로 전이함으로써 그 규정들을 확장하는 것이 아니라, 다른 권한은 이에 영향을 받지 않는다는 자명성을 표명하는 것이라는 점을 분명히 해 둘 필요가 있다.

4. 공판에서 인식의 사용

이제 다루어야 하는 것은 절차적으로 가장 중요한 문제인 증거목적을 위해서 인식을 소송에 도입하는 것이다. 사실 변호에 결정적인 이 물음은, 곧 분명해지겠지만 직접적인 방법으로는 언급할 수 없었으며, 잠입수사관의 법규정에 대한 앞의 분석이 필요하였다.

a) 비록 일반사례가 현 소송의 현실과 부합하지 않는다 하더라도 소송법적인 일반사례를 먼저 확인할 필요가 있다: 어떤 사실의 증거가 잠입수사관의 인지에 달려있다면 그는 증인으로 신문받아야 한다. 사안에 따라 요구되는 보호처분은 제68조가 규정하고 있다(이 맥락에서 이에 대한 비판적인 평가는 여기서는 하지 않기로 한다). 중요한 것은 — 숨겨져 있는 — 제200조 4문(신원의 전부 또는 일부를 공개해서는 안 되는 증인을 거명하면 (…) — 옮긴이)의 규정이다. 이 문장이 언어적으로 실패한 것이라는 점은 차치하더라도

(원래는 '(…) 신원이 공개되지 않거나 일부만 공개되어야 하는 (…)'이라고 해야 한다), 법문의 해석은 분명해 보인다: 이는 오로지 증인의 지정에만 적용된다.

그러나 잠입수사관이 비밀로 되어야 한다면 그는 증인으로 거명되지 않는다고 해야 한다. 그렇지만 제200조에 대한 자료들을 읽으면(BT-Drucks. 12/989, 44면), 여기서 소송관여자들의 주체의 지위를 용인한다는 점이 분명해지며, 이것은 무엇보다도 폭발력을 발휘할 수 있다. 즉 제200조 4문의 규정이 또 제96조(공적인 서류)의 경우에도 적용된다고 자료에서는 말한다. 이 규정에 따르면 잠입수사관은 제110조b 제3항에 따라서도 반드시 봉쇄되어야 한다. 이러한 경우들을 관련시키는 것은 제200조에서 피고인과 법원이 잠입수사관의 신원을 비밀로 해야 하는 사람의 진술과 대면하게 된다는 것을 대비해야 한다는 식으로 논증된다. 이제 통상적으로 이러한 진술은 그러나 — 보통 거명되는 — 전문증인을 통해서나, 아니면 기록의 낭독을 통해 담당법원의 심리에 도입된다. 그러므로 제200조에서 봉쇄된 잠입수사관의 경우도 이에 해당하는 것으로 한다면, 이 규정은 실질적 증인개념도 도입하는 것이며, 이 개념은 유럽 인권선언 제6조 제3항 d호의 유럽 인권재판소의 관점과도 일치한다.[55] 따라서 이는 '실제의' 인지가 매개되어서만 소송에 도입되는 증인을 인정하는 것이다.

---

55 예컨대 EGMR, StV 1992, 500면 (Tz. 44) 참조. 형사소송에서 유럽인권선언의 의미에 관한 개관으로는 Kühne, Strafprozesslehre, 제4판 1993, 난외번호 29-40.2. 참조.

b) 이렇게 해서 이미 잠입수사관의 인지를 소송에 도입한, 즉
이른바 잠입수사관의 봉쇄에 따라 증거대용물을 통해 소송에 도
입한 실제적인 일반사례가 언급되었다.[56] 이 경우를 또 제110조
b 제3항은 말해준다. 개정된 형사소송법은 이 경우 잠입수사관
의 인식이 형사소송에 도입될 수 있는지, 만약 도입될 수 있다면
어떻게 도입될 수 있는지에 대해 명시적인 언급은 없지만, 바로
앞에서 규정하고 연방대법원도 동의한 실무 관행을 공공연하게
따르고 있다. 이 실무 관행은, 예컨대 그린발트[57]와 뤼데르센[58]이
재차 언급한 의구심이 일리는 있으나, 여기서는 비판적으로 검토
하지 않기로 한다. 확고히 해 둘 점은 — 판례가 항상 강조한[59] —
두 증거대용물이 더 좋지 않은 증거이며, 또 형사소송법 제244조
제2항(사안의 진상을 밝히기 위한 법원의 직권 증거조사에 관한 규정)의
개정에 따라 법원은 여전히 더 신빙성 있는 증거를 사용할 의무
가 있다는 것이다. 이것은 더 중요해질 것이다.

정확하게 관찰해야 할 것은 먼저 제110조b 제3항이다. 여기
서 1문은 잠입수사관의 신원이 투입의 종료 후에도 비밀로 될 수

---

56 자세한 것은 Arloth, Geheimhaltung von V-Personen und Wahrheits-
findung im Strafprozess, München 1987, 92면 이하 참조.
57 Grünwald, FS Dünnebier, 347면 이하.
58 Lüderssen, FS Klug, 제2권, 527면 이하.
59 이미 RGSt 48, 246면 이하 참조; 그 밖에도 BVerfGE 57, 250면 이하
(277면 이하); NJW 1992, 168면; EGMR, MDR 1991, 406면 이하
(Kostovski 사건); BGHSt 17, 382면 이하; 32, 115면 이하; 33, 83면 이
하, 178면 이하; 34, 15면 이하; 36, 159면 이하. 이에 관한 기초적인 것은
H. E. Müller, Behördliche Geheimhaltung und Entlastungsvor-
bringen des Angeklagten, Tübingen 1992, 20면도 참조.

있다고 한다. 이를 잠입수사관의 법규정을 고려하여 법문과 체계적 검토에 따라 해석하면 (실제) 신원과 가장신원은 구분될 필요가 있다. 그러면 잠입수사관은 어쨌든 가장신원으로서 증인으로 나서야만 하며, 이 가장신원은 또한 제110조b 제3항에 따라 비밀로 될 수 없다고 제110조b 제3항을 이해해야 한다. 실제로 힐거도,[60] 형사소송법 자체도 규정하고 있는 이 조문을, 경우에 따라서는 비록 검찰과 수사법관이 실제 신원을 안다고 하더라도(제110조b 제3항 2문 참조), 당해 법원이 경찰의 재량에 따라 속아도 되는 방법으로 해석한다. 힐거에 의하면 이제 이른바 다음의 단계가 생긴다:[61]

— 제110조b 제3항에 따른 본래 신원의 보호 = 가장신원하에서의 진술;

— 가장신원하에서의 진술에다가 증인보호 첨가(제68조, 인적사항에 관한 신문);

— 또 제68조가 불충분하다면 바로 제110조b 제3항 3문에 의한 완전한 봉쇄.

이렇게 해서 힐거는 입법자에게 제110조b 제3항에서 세 문장 안에 '신원' 개념이 두 가지 상이한 의미, 즉 1문에서는 '본래 신원'으로, 3문에서는 '본래 신원에다가 가장신원을 첨가'한 의미로 사용되는 것은 언어적 무능이라고 비난한다. 엄격하게 법문

---

60 NStZ 1992, 524면 이하.
61 NStZ 1992, 524면.

을 고수하고, 이에 따라 '신원'을 '본래 신원'으로 이해한다면 다음과 같은 것이 도출될 것이다: 잠입수사관에 대한 제96조(관공서에서 직무상 보관하는 문서에 관한 규정)의 적용이 늘 유추형식으로 일어났지만, 제110조b 제3항 3문은 본래 신원의 봉쇄를 제한하는 명시적인 법규정을 가지고 있기 때문에, 법률에서 제96조의 유추 적용을 허용하는 계획에 반하는 흠결은 생기지 않는다; 잠입수사관은 적어도 가장신원으로 항상 증인으로 나와야 할 것이다. 이 엄격한 해석을 ― 추측할 수 있는 일이지만 ― 따르지 않고 또 제110조b 제3항에 따른 가장신원의 봉쇄가 허용된다고 한다면 한 가지 문제를 비켜가지 못한다: 바로 제68조의 증인보호의 확장에 따라 봉쇄설명에 대한 요구가 높아진다는 점이다. 이제 제110조b 제3항 3문의 요건을 진술하는 것으로는 더 이상 충분하지 않으며, 그 밖에도 제68조의 보호가능성이 왜 충분하지 않은지를 자세히 설명할 필요가 있다. 입법자가 이것을 고려하였는가는 의문이다. 그렇지만 동법 제244조 제2항(사안의 진상을 밝히기 위한 법원의 직권 증거조사에 관한 규정)을 고려한 체계적 해석은 이러한 해석을 불가피하게 한다.

비밀보호의 가능성을 위해 제110조b 제3항 3문이 제시하는 이유들 중에는 잠입수사관의 장래의 이용가능성에 대한 위험성도 있다. 이 규정은 이러한 형태로는 법치국가적 형사소송원칙과 합치될 수가 없다; 그러므로 이 규정은 제한적으로 해석할 필요가 있다.

연방헌법재판소는 유명한 정보원 판결의 두 개의 부문장에서

(BVerfGE 57, 284, 289) 신원의 공개를 통해 그의 장래이용이 위험하게 될 수 있다면 정보원의 신원을 비밀로 하는 가능성을 긍정하였다. 그러나 이러한 설명이 판결의 근본이유가 되지 않는다면 구속력을 가질 수가 없다.[62] 연방대법원은 BGHSt 33, 83면 이하(92면) 판결에서도 정보원의 장래이용에 대한 가능성이 봉쇄설명을 정당화시키는 이유가 아니라는 점을 분명히 한 바 있다. 이제 개정된 형사소송법이 바로 봉쇄에 대한 이유를 대는 것이라고 할 수도 있다. 그러나 이 규정에는 뒤의 설명에서 밝혀지는 바와 같이, 단지 제한된 효과만을 부여할 수 있다: 잠입수사관은 이제 비밀수사의 특별형태로서 형사소송법의 수사절차에 통합되었다: 잠입수사관의 투입 요건은 범죄혐의이다; 수사법관은 원칙적으로 투입에 동의해야 한다; 잠입수사관의 인식은 동일한 소송법의 당해 심판법원에게 구체적인 수사절차의 인지상태를 정확하게 해명하여 제공해야 한다(제244조 제2항). 제100b조 제3항 3문을 봉쇄설명에 관한 종래의 실무적 의미에서 이해하면 단순한 경찰행위상의 고려들은 보통 잠입수사관이 단지 다른 소송이나 또 이른바 전략적 투입에서 여전히 필요하기 때문에 이러한 구체적 소송에서 심판법원이 증거대용물을 지시해야 한다는 점을 야기할 수도 있다. 이러한 규정은 이미 켈러[63]도 정확하게 강

---

62 연방헌법재판소법 제31조 참조; 이해할 수 없게도 연방헌법재판소가 아무런 비판도 하지 않았던 변호인을 배제한 임시신문과 관련해서는 BGH (GS) St 32, 115면 이하 및 Bruns, StV 1983, 382면 이하, 385면도 참조.
63 Keller, StV 1984, 525면.

조한 바와 같이 불가피한 결과가 있을 수 있으며, 즉 A 소송에서 B 소송으로, B 소송에서 C 소송으로 계속해서 잠입수사관이 정년의 나이가 될 때까지 지시될 수도 있다는 것이다. 그러나 형사소송법 규정으로서의 이러한 규정은 자기모순이다: 이 규정은 잠입수사관을 수사절차로 도입하고, 그를 즉각 다시 여기서 퇴출시키는 것이다.

그 밖에도 다음과 같은 것이 있다: 판례에서는 증거대용물이 어떤 고도의 의심의 여지가 있는 증거가치를 가지는지에 대해 충분히 언급하였다;[64] 이것은 잠입수사관이 공무원이라는 사실과는 전혀 무관한데, 여기서 문제는 가장 신빙성 있는 증거를 조사하는 당해 심판법원의 가능한 방법에 관한 것이기 때문이다. 이를 통해 피의자에게는 오로지 합목적성의 이유에서 신빙성 있는 증거가 없다는 이유로 자유침해(형벌)를 정당화하지 않은 채 받아들여야만 하는 위험에 처해지게 된다. 통상적인 시민들에게 제110조b 제3항에 열거된 사례들에서의 이 위험은 기대가능한지도 모른다;[65] 그러나 경찰전략상의 이유 하나만으로는 받아들일 수가 없다.

제110조b 제3항 3문의 조화로운 해석을 시도한다면 제68조(인적사항에 대한 증인신문과 진술의 제한)의 확장된 증인보호를 다시 받아들일 필요가 있다. 그럼 제110조b 제3항 3문은 단지 잠입수

---

64 주 59의 문헌 참조.
65 여기서 또 '염려에 대한 동기'는 봉쇄설명에서 단지 주장으로만 그쳐서는 안 되고, 설득력 있는 이유가 제시되어야 한다.

사관의 신원과 가장신원을 그의 신문에서 비밀로 하는 가능성을 넓혀주는 것이지만, 그를 법원에 출두하고 스스로 진술해야 하는 의무에서 면제시켜주는 것은 아니다. 그래야만 제68조와 제110조b 제3항 3문 및 제244조 제2항의 맥락적인 해석이 가능하다.

이러한 설명은 경찰 정보원에게도 동일하게 적용되어야 한다; 왜냐하면 제110조b 제3항은 제96조(직무상 보관하는 공적 문서)를 구체화하기 때문이며, 마찬가지로 이러한 증인의 봉쇄는 제68조를 통한 '여과(신원이 밝혀짐으로서 생기는 위험에 관한, 즉 염려의 동기에 대한 사유들 — 옮긴이)'에 의해서만 허용된다. 따라서 상급직무기관은 제68조의 처분들이 무엇 때문에 은폐에 충분하지 않은가를 설명할 필요가 있다. 이 이유가 빠지면 개정된 법률상의 이 봉쇄는 명백한 법적 결함이 있는 것이다; 또 연방대법원의 최근 판례에 의하면[66] 증거대용물을 다시 사용하는 것도 더 이상 허용되지 않는다.

그러므로 요약하자면, 형사소송법의 새로운 규정에 따르면 형사소송에서 잠입수사관을 증인으로서 배제하는 것은 오히려 명백하게 의도했던 규칙으로서의 예외가 되어야 할 것이다.

c) 이제 정확하게 분석해야 할 것은 투입의 요건들이 지켜졌는지에 대한 물음이 어떤 의미를 갖는가 하는 점이다. 먼저 고려해야 할 것은 잠입수사관 스스로가 증인으로 출두하는 경우이다. 투입

---

[66] BGHSt 36, 159면 이하.

이 — 종종 이 경우가 되어야겠지만 — 특정한 피의자에게 있는지
또는 투입 도중에 타인의 주거에 들어갔는가가 우선 해명되어야
한다; 앞에서 주장하는 견해에 따르면 거의 모든 경우에 법관의 동
의를 필요로 한다. 보통은 규정에 맞는 방법이 기록에서 도출될 것
이다. 그러나 제110조d 제2항이 규정하는 비밀소송 때문에 기록
은 완전하지 않다. 그러므로 자유로운 증명의 방법으로 법관의 동
의가 있다는 검찰의 설명이 있어야만 할 것이다. 다만 당해 심판법
원이 수사법관의 결정을 열람하는 것을 그의 판결에 필요한 것으
로 보는 경우에 충분할 수 있을지가 의문이다. 이때 제244조 제2
항과 제110조d 제2항 2문 간에 충돌이 생긴다. 이를 해결하는 데
서 고려할 점은 제110조d 제2항이 바로 당해 심판법원에서 공판
을 앞당겨 놓은 수사절차에서 나오는 규정이라는 것이다. 이 소송
에서의 인식을 당해 심판법원에게 주지 않겠다는 것은 그 자체가
모순일 텐데, 제96조(직무상 보관하는 공적 문서)의 경우와는 달리 여
기서는 동일한 소송에 대한 소송관여자들의 차단이 서로에 대해
일어날 수도 있기 때문이다. 진상조사를 위해서 이 문서들에 대
하여 개입해야 할 필요성이 생긴다면 문서들은 보충되어야 한다.
이러한 충돌에 대한 결정은 법원과 또 피의자들이 증거로 도출할
수 있는 헌법상의 이유를 근거로 한다: 즉 법원의 의무는 자신에
게 부과된 정당한 판결을 하는 것이며,[67] 공정한 소송은 피의자
의 권리이다. 이것은 당해 형사소송을 위해서 문서의 증거를 고

67 BGH NJW 1992, 1973면 이하 참조; BGH NJW 1993, 1214면도 참조.

려한 연방헌법재판소의 판결에서도 명백히 도출되는 것이다.[68]

그러나 법관의 동의가 없다면 이는 어떤 효과가 있는가? 여기서는 원칙적으로 두 가지 방법이 가능하다: 이 지시명령은 특별한 의미가 없으며, 잠입수사관이 인식한 것을 사용하는 것을 별문제 없이 허용하는 것이라고 — 다수설이 수색과 압수에서 취하는 것과 유사하게[69] — 가정할 수 있다. 하지만 이 견해는 법률의 입장과 부합하지 않는다. 왜냐하면 입법자는 투입 시 기본법 제13조(주거의 불가침성)의 보호 영역에서 침해가 발생할 경우에는 명시적으로 법관의 동의가 필요하다고 하기 때문이다. 동의의 결함이 아무런 효과도 없다면 법률에 반하여 동의는 불필요해질 것이다. 여기서 다시 형사소송법에 들어온 비밀소송이 영향력을 발휘할 필요가 있다. 왜냐하면 수색과 압수의 경우에 관련된 사람은 그 처분의 공개성 때문에 최소한 방어는 할 수 있지만, 잠입수사관의 경우는 그렇지 않기 때문이다.

따라서 법관의 동의를 투입의 구성요소로 보고, 이에 결함이 있을 경우는 역시 결과에 연결시키는 다른 방법만이 남는다. 판례에 의하면 모든 소송규칙에 대한 위반이 증거사용금지가 되는 것은 아니다. 연방대법원은 최근 제163조a 제4항 2문에 따른 통지의무의 사례와 제136조에 있는 고지권의 사례에서[70] 다음과

---

68 NStZ 1983, 273면 이하; BGHSt 36, 305면 이하도 참조.

69 많은 다른 참고 문헌이 제시된 Kleinknecht/Meyer, § 94 난외번호 21 참조. 비판적으로는 Kühne, NJW 1979, 1053면 이하.

70 BGHSt 38,215면 이하(= Roxin의 평석이 있는 JZ 1992, 918면 이하)와

같이 표현한 바 있다: "(…) 증거사용의 가부에 대한 판단은 광범위한 이익형량에 따라서 이루어져야 하며, 이때 소송위반의 중대성 및 당사자의 법적으로 보호된 영역에 대한 의미는 진실이 모든 수단과 방법을 가리지 않고 발견되어서는 안 된다는 고려처럼 중요한 것이다 (…); 그렇지만 증거사용의 금지는 침해된 소송규정이 형사소송에서 피의자의 소송법상 지위의 기초를 보장하기 위하여 규정된 것일 때는 항상 적용된다."[71] 이제 연방대법원은 체계적으로 비교할 만한 전화감청소송에서 감청에서 법관의 동의 없이 획득한 결과는 증거로 사용할 수 없다는 불가피한 결론을 이끌어 냈다.[72] 그러나 이 문제는 잠입수사관에서 훨씬 더 난해하다. 왜냐하면 여기서는 개별적이고 구체적인 수사처분에 관한 것이 아니라, 바로 일반적인 '투입'에 관한 것이기 때문이다. 엄격하게 법률에 충실한다면, 가령 제110조b 제2항 2호에 따라 피의자의 주거에서 획득한 인식은 가능한 증거사용을 위하여 투입이 법관의 승인을 받은 것인지를 반드시 조회해야 할 것이다. 그러나 이러한 인식절차들을 사후적으로 투입에서 분리하여 해결하는 것이 불가능한 것처럼 또 불합리한 일이기도 하다. 남는 것은 다음과 같은 양자택일뿐이다: 즉 모든 증거사용금지를 부정하든지, 이것은 그럼 다시 법관의 동의요구를 없애는 것이 될 것이다. 아니면 투입에 대한 법관의 동의를 '잠입수사관'이라는 수

Roxin의 평석이 있는 BGH JZ 1993, 425면 이하.
71 JZ 1993, 425면.
72 BGHSt 31, 304면 이하.

단의 본질요소를 가지고 해석하는 것이다. 이러한 본질요소의 결
함이 어떤 결과를 가져다주는지를 고려한다면 일반적인 증거사
용의 금지에 대한 가정은 정도를 넘는 것이다; 경찰이 결국 수사
를 비밀스럽게 한다는 것은 그 자체가 피의자의 주체의 지위를
지양하는 취급이다. 여기에는 두 가지 해결책이 있다: 첫째는 잠
입수사관의 투입이 허가되었는지에 관한 물음에 대해서 사후적
으로 법원이 행하는 가설적 심사이다; 전화감청에서 연방대법원
은 벨프의 이 제안에[73] 대해 다루지는 않았지만, 여기서는 이를
다시 검토할 필요가 있다. 그래서 허용성이 도출된다면 잠입수사
관을 제110조a 이하의 규정처럼 그렇게 취급해야 한다. 이렇게
하지 않는다면 증거사용의 금지에서 다른 가능성이 도출된다: 이
때 잠입수사관은 투입의 상황을 이 논쟁에서 스스로 해명할 수
있도록 개인적으로 증인으로 신문받아야만 한다. 이를 상부 직무
기관에서 불가능하게 한다면 봉쇄는 명백히 위법한 것인 동시에
증거대상물도 봉쇄된다. — 이 제안은 약간 모험적인 것이기는
하나, 이렇게 하지 않고는 이러한 분쟁적인 사례에서 법률을 조
화롭게 해석하는 다른 가능성을 찾을 수가 없다.

　　잠입수사관이 스스로 증인으로 신문받는 것이 아니라, 예컨
대 투입을 지휘하는 공무원이 증인으로 들은 것을 말하는 것으로
신문받거나 조서낭독을 하는 사례들에 대해서도 간단히 언급해

---

73 Welp, Die strafprozessuale Überwachung des Post- und Fernmelde-
　　verkehrs, 1974, 216면 이하 참조.

둘 필요가 있다. 여기서 법원이 우선 설명해야 하는 것은 봉쇄설명이 법적으로 올바른 방법으로 제출되었는지 여부이다: 이것이 신규정 전보다 훨씬 엄격한 조건이라는 것은 이미 설명하였다. 그 다음 확인되어야 하는 것은 법관의 필수적인 사전 동의가 있는가 하는 점이다. 이러한 동의가 없다면 증거대용물의 경우, 앞에서 제안한 가설적인 심사만이 증거대용물을 증거로 사용할 수 있게 한다. 지속적인 판례의 입장에 의하면 이 경우 증거사용에 대한 질문에 특히 주목하였다.[74]

끝으로 마지막 한 가지 더 언급할 점은 잠입수사관의 활동과 관련해서 뿐만 아니라, 또한 아주 명백하게 그 활동과 관련한 투입을 통해 얻은 다른 증거들(지문, 다른 증인의 수사, 범행흔적이나 범행수단 등)의 사용에 관한 것이다. 먼저 여기서 투입에 대한 법관의 동의가 없다면 다시 증거사용의 문제가 제기될 수 있다. 주지하는 바와 같이 연방대법원은 전화감청이라는 상당히 강력한 침해에서 이러한 원거리 영향을 부인하였다;[75] 당연히 잠입수사관의 투입을 위해서도 연방대법원의 의견에 동의해도 될 것이지만, 다만 가설적 수사진행과정의 판단을 위해서는 법적 평가에 관한 언급이 필요하다(법률은 다른 방법으로는 수사가 희망이 없거나 매우 어려워졌을 때에만 투입을 인정한다).

훨씬 더 복잡한 것은, 투입을 하는 동안 제100조c의 비밀감시

---

74 이에 관하여는 Fezer, JZ 1985, 496면 이하도 참조.
75 BGHSt 32, 68면 이하.

가 행해져야 하는 사안이다. 이하에서는 단순히 비공개로 한 말의 녹음은 무고한 자의 법영역에 대한 매우 중대한 침해로 간주되어야 할 것이다(제100조c 제1항 2호). 이러한 처분은 이 조문의 제2항에 따라 오로지 피의자나, 법문이 말하는 것처럼 행위자와 관련되거나 이렇게 연관되려고 하는 사람들에게만 행해져야 한다. 이를 지시할 수 있는 것은 제100조d에 따라 법관뿐이며, 지체의 위험이 있을 때는 또 검찰이나 잠입수사관 자신이다(이 경우에는 투입이 구체적인 피의자에게 행해지기 때문에 이 시점은 또 제110조b 제2항의 동의의무를 없애준다). 이때 잠입수사관은 다만 자신의 투입을 정당화시키는 범죄 카탈로그를 제100조a(제100조c 제1항 2호)의 카탈로그와 교환해야 한다. 잠입수사관이 스스로 지시를 하면 지체 없이 법관의 확인이 필요하다.[76] 이 규정이 바로 잠입수사관의 업무에 적용된다는 것은 다른 비밀유지규정, 즉 제101조 제1항, 이를 제4항이 지시하며, 여기서 명시적으로 "비공개로 수사하는 공무원"이라고 하는 데서 도출되고, 여기에는 어쨌든 잠입수사관도 포함된다.

주지하는 바와 같이 이러한 증거는 문서증거나 검증증거의 방법으로 공판에 도입된다. 그러나 이제 당해 법원에는 ─ 전화감청에서와는 달리 ─ 이러한 중대한 침해의 적법성에 대한 판단

---

76 제100조d 제1항 2문이 제98조b 제1항 2문을 지시하는 것은 이렇게 이해할 필요가 있다; 그 지시가 검찰을 통해서 할 때는 법관의 확인이 필요하지만, 검찰의 보조공무원들을 통해서 할 때는 법관의 확인이 필요 없다고 하는 것은 있을 수 없는 일이다.

이 법률 자체에 의해서 많은 경우에는 허용되지 않는 특수성이
생긴다: 제101조 제4항과 제101조 제1항의 연결을 보라; 관련
자료는 수사목적이나 공공의 안전이나 사람의 신체나 생명, 그리
고 투입되어 공개적으로 수사하지 않는 공무원의 다른 사용에 대
한 위험이 발생하지 않을 때 비로소 문서로 첨부해야 한다. 그러
나 어쨌든 수사법관이 처분을 심사했다고 이의를 제기할 수도 있
다. 그렇지만 이와 반대로 연방대법원의 판결 BGHSt 32, 68면
이하에서는 수사법관이 제100조a를 제대로 읽지 않은 것을 언급
하는 것으로도 충분하다: 이러한 사례 및 이와 유사한 사례들은
직접 실무의 판단에 대한 긴급에서 항상 새로이 발생할 수 있는
일이다. 이것을 제101조 제4항(고지의무와 그 예외)의 방법으로 통
제에서 제외시킨다면, 이 지점에서 형사소송을 경찰의 조종에 완
전히 개방하는 것이 되는데, 경찰 외에는 그 누구도 제101조의
요건을 확정할 수 없기 때문이다.

　연방대법원은 — 수사법관은 — 법원이나 검찰을 통한 관공서
서류의 압수 가능성에 관한 1992년 3월 18일자의 주목할 만한
결정에서, 행정부(여기서는 경찰, 그러나 또 검찰도 포함)가 '전적으
로 사법부 담당인 형사소송의 진행에 직접적으로 영향'을 가질
수 있다는 것은 권력분립의 원칙에서 있을 수 없는 일이라고 분
명하게 말한 바 있다. 이러한 배경 위에서 제101조 제4항은 오로
지 수사절차에서 문서처리에 관한 것에만 해당된다는 헌법합치
적 해석이 적절하며, 이것은 또 비밀유지의 근거인 '수사목적의

위험성'을 말하는 것이다. 이러한 해석은 비록 입법자가 전혀 원한 것이 아니라 하더라도, 독일 형사소송법의 구조와 이 소송에 관여한 사람들의 주체성이라는 특성을 고려하여 요구되는 것이다.

Ⅳ. 결어

새로운 규정들이 형사소송의 규정들로서 형사소송법의 체계에 동화되기 위해서는 어떤 노력이 더 필요한지 분명해졌을 것이다. 입법자가 이 점에서 거의 아무런 노력을 하지 않았기 때문에 이 부분에서도 여전히 타당한 근거에서 형사소송법이라고 할 수 있기 위하여 노력하는 것은 이제 학문의 과제이며 무엇보다도 실무의 과제이다.

[부록] 독일 형사소송법의 잠입수사관에 관한 규정

본문의 이해를 돕기 위해 1992년부터 시행되고 그동안 여러 차례 개정을 경험한 독일 형사소송법의 잠입수사관에 관한 중요 규정을 소개하면 다음과 같다
— 옮긴이:

제110조a(잠입수사관; 투입의 요건)

(1) 다음 각 호의 하나에 해당하는 중대한 범행이 있었다는 충분한 사실적 근거가 있는 경우에는 범죄의 규명을 위하여 잠입수사관을 투입할 수 있다:

　　1. 금지된 마약거래 또는 무기거래, 화폐위조 또는 유가증권위조 분야의 범죄

　　2. (법원조직법 제74조a와 제120조의) 국가안보 영역의 범죄

　　3. 상업적 또는 상습적 범죄 또는

　　4. 단체의 구성원에 의하여 또는 다른 방법으로 조직된 범죄.

　　잠입수사관은 중죄의 규명을 위하여 특정한 사실을 근거로 재범의 위험성이 있는 경우에도 투입될 수 있다. 투입은 다른 방법으로는 해명이 불가능하거나 현저히 어렵게 될 것으로 예상되는 경우에만 허용된다. 그 밖에도 잠입수사관은 중죄의 규명을 위하여 범죄가 중대하여 투입이 요구되고 다른 조치로는 규명할 가망성이 없을 것으로 예상되는 경우에 투입될 수 있다.

(2) 잠입수사관은 경찰공무원으로서 경찰공무원직 중에서 대여하여 장기적으로 계획하여 변경된 신원(가장신원)으로 수사하는 자이다. 잠입수사관은 가장신원으로 법률거래행위를 할 수 있다.

(3) 가장신원의 생성 또는 유지를 위하여 불가피한 경우에 그에 상응하는 증명서를 발급, 변경, 사용할 수 있다.

제110조b(검찰과 법관의 동의; 신원에 대한 비밀유지)

(1) 잠입수사관의 투입은 검찰의 승인을 받은 후에 비로소 허용된다. 지체하면 위험할 우려가 있고 검찰의 결정을 적시에 받을 수 없을 때에는 지체 없이 결정해야 한다; 검찰이 3근무일 이내에 동의할 수 없을 때에는 그 조치를 종

료해야 한다. 동의는 서면으로 해야 하며 기간을 정해야 한다. 투입의 요건이 존속하는 동안에는 기간을 연장할 수 있다.

(2) 투입은 다음의 하나에 속하는 경우에는 법원의 동의를 필요로 한다:

   1. 특정한 피범행혐의자를 대상으로 하는 경우 또는

   2. 일반적으로 출입이 허용되지 않는 주거에 잠입수사관이 들어가는 경우. 지체하면 위험할 우려가 있는 경우에는 검찰의 승인으로 충분하다. 검찰의 결정을 제때에 받을 수 없을 때에는 지체 없이 투입해야 한다. 법원이 3근무일 이내에 승인하지 않는 경우에는 조치를 종료해야 한다. 제1항 3문과 4문을 준용한다.

(3) 잠입수사관의 신원은 투입의 종료 후에도 계속하여 비밀로 할 수 있다. 투입의 승인에 관한 결정을 담당하는 검찰과 법원은 신원을 자신에게 밝힐 것을 요구할 수 있다. 그 밖에도 제96조의 조건에 따라 형사소송에서 신원에 대한 비밀유지는 특히 공개가 잠입수사관이나 타인의 생명, 신체 또는 자유를 위태롭게 하거나 잠입수사관의 계속적인 활용 가능성을 위태롭게 할 것이라는 염려에 대한 근거가 있을 때는 허용된다.

제110조c(잠입수사관의 권한) 잠입수사관은 가장신원을 사용하여 권한자의 승낙을 받아 주거에 출입할 수 있다. 가장신원을 이용하는 것을 넘어 출입권이 있는 것처럼 기망하여서 승낙을 받아서는 안 된다. 그 밖에도 잠입수사관의 권한은 이 법과 기타 법규정에 따른다.

사항색인

305

법철학자로서의 칸트

2024년 4월 1일 초판 발행

지은이 라이너 차칙|옮긴이 손미숙|펴낸이 안종만·안상준|펴낸곳 ㈜박영사
등록 1959.3.11. 제300-1959-1호(倫)
주소 서울특별시 금천구 가산디지털2로 53, 210호(가산동, 한라시그마밸리)
전화 (02) 733-6771|팩스 (02) 736-4818
홈페이지 www.pybook.co.kr|이메일 pys@pybook.co.kr

편집 **박가온**
기획/마케팅 **박세기**
표지디자인 Benstory
제작 고철민·조영환

ISBN 979-11-303-4622-9 (93360)

* 파본은 구입하신 곳에서 교환해 드립니다. 본서의 무단복제행위를 금합니다.

정 가 26,000원